Alex Viany:
Crítico e Historiador

Coleção Debates
Dirigida por J. Guinsburg

Equipe de Realização – Revisão: Juliana Simionato; Diagramação: Sérgio Kon; Produção: Ricardo W. Neves, Heda Maria Lopes, Raquel Fernandes Abranches.

arthur autran
ALEX VIANY: CRÍTICO E HISTORIADOR

PATROCÍNIO:

UM PROJETO PETROBRAS CINEMA

Dados Internacionais de Catalogação na Publicação (CIP)
(Câmara Brasileira do Livro, SP, Brasil)

Autran, Arthur
  Alex Viany : crítico e historiador / Arthur Autran. -- São Paulo : Perspectiva ; Rio de Janeiro : Petrobras, 2003. -- (Debates ; 290)

  Bibliografia.
  ISBN 85-273-0339-6

  1. Cinema – Brasil – História 2. Crítica Cinematográfica 3. Viany, Alex, 1918 – – Crítica e interpretação I. Título. II. Série

03-1339   CDD-791.430981

Índices para catálogo sistemático:
1. Cineastas brasileiros : Apreciação crítica
   791.430981

Direitos reservados à
EDITORA PERSPECTIVA S.A.
Av. Brigadeiro Luís Antônio, 3025
01401-000 – São Paulo – SP – Brasil
Telefax: (0--11) 3885-8388
www.editoraperspectiva.com.br
2003

> *Sempre evitei falar de mim,*
> *falar-me. Quis falar de coisas.*
> *Mas na seleção dessas coisas*
> *Não haverá um falar de mim?*
>
> João Cabral de Melo Neto,
> "Dúvidas Apócrifas de Marianne Moore".

Dedico este trabalho ao meu avô,
Domingos Hamilton Botelho Mourão,
exemplo de vida aos 84 anos, e à memória
de meu pai,
Affonso Ribeiro Franco de Sá,
que me levou a amar o cinema.

SUMÁRIO

Agradecimentos 15
Prefácio – *Jean-Claude Bernardet* 17
Introdução 21
1. De Hollywood ao Realismo 27
   De Pedro Lima a Vinicius de Moraes – Via
    Hollywood 27
   Filme 34
   A Questão do Realismo em *Filme* 39
   A Questão do Realismo em *A Cena Muda* 43
   A Industrialização do Cinema Brasileiro 47
   A Questão do Conteúdo Autêntico no Cinema
    Brasileiro 51
2. O Realismo Socialista e o Nacional-Popular 55
   A Experiência na Maristela 55
   O Comunismo e os Congressos 58

11

Que Fazer?... 73
O Cinema Independente 80
O Realismo, o Nacional e o Popular 87
3. Alex Viany e a Crítica Cinematográfica 105
A Crítica nos Anos de 1950................. 105
Agulha no Palheiro I....................... 112
Agulha no Palheiro II 119
Rua sem Sol 122
Sobre o Domínio do Meio.................... 126
4. As Histórias do Cinema Brasileiro 131
Pedro Lima e Vinicius de Moraes 131
Pery Ribas, Flávio Tambellini e Salvyano Cavalcanti de Paiva 135
Jota Soares, Humberto Mauro, Adhemar Gonzaga e Múcio P. Ferreira.......................... 137
Walter Rocha 145
Francisco Silva Nobre 146
José Roberto D. Novaes, Carlos Ortiz, B. J. Duarte e Paulo Emílio Salles Gomes 149
5. As Histórias de Alex Viany 163
Antecedentes 163
"Breve Introdução à História do Cinema Brasileiro" 165
"O Cinema Brasileiro por Dentro" 172
6. A *Introdução ao Cinema Brasileiro* 191
A Publicação da *Introdução ao Cinema Brasileiro*................................... 191
O Texto da *Introdução ao Cinema Brasileiro*..... 196
Álvaro Lins e Noel Rosa 196
A "Introdução" da *Introdução ao Cinema Brasileiro* 197
A Infância Não Foi Risonha e Franca 200
No Princípio Era o Verbo (Que Atrapalhava) ... 211
Viagem (com Escalas) à Terra de Vera Cruz 219

A "Informação" da *Introdução ao Cinema Brasileiro* 230
A Recepção da *Introdução ao Cinema Brasileiro* 235
7. Historiografia, Cinema Novo e a *Introdução ao Cinema Brasilerio* 247
Biofilmografia de Alex Viany 259
Bibliografia................................. 265

AGRADECIMENTOS

O presente trabalho resulta de uma dissertação de mestrado apresentada em 1999 à Escola de Comunicações e Artes da Universidade de São Paulo. Como toda pesquisa, ela envolveu várias pessoas e instituições que colaboraram para a sua realização. Nesse sentido gostaria de agradecer em primeiro lugar ao meu orientador, Prof. Dr. Jean-Claude Bernardet, que incansavelmente me questionou, enriquecendo as análises por mim desenvolvidas. Agradeço ainda à banca examinadora da qualificação e da defesa, composta pelos Profs. Drs. José Inácio de Melo Souza e Ismail Xavier.

Fundamental foi o auxílio do Prof. Hernani Heffner, que me facultou acesso ao Arquivo Alex Viany, depositado na Cinemateca do MAM, sem o qual a pesquisa certamente ficaria bastante empobrecida. A Cinemateca Brasileira, especialmente na figura de Djair Rodrigues de Souza, e a Biblioteca do Museu Lasar Segall foram também incansáveis no atendimento aos inúmeros pedidos de consultas de revistas, recortes e documentos.

Luciana Araújo, Glênio Povoas, Luís Alberto Rocha Melo, Adriana Dalla Ono e Luiz Felipe Miranda, verdadeiros companheiros, conversaram muito comigo sobre diversos aspectos desenvolvidos no trabalho. Mariarosaria Fabris, Fernando Trevas Falcone, Fatimarlei Lunardelli e Luiz Adelmo Fernandes gentilmente cederam documentos, filmes e informações.

Noé Gertel, Rudá de Andrade e José Renato Santos Pereira receberam-me atenciosamente para dar entrevistas sobre Alex Viany e o meio de cultura cinematográfica dos anos de 1950.

José Carlos Avellar e Nanci Fernandes colaboraram para que a dissertação pudesse ser publicada.

Márcia Regina Rodrigues, Affonso e Lileana Franco de Sá, Domingos e Edna Mourão apoiaram-me afetiva e emocionalmente.

Finalmente, agradeço ao CNPq e à Fapesp, instituições cujas bolsas viabilizaram a realização da pesquisa, bem como à equipe da Perspectiva, casa responsável por esta edição, e à Petrobras que possibilitou a publicação do livro.

PREFÁCIO

No decorrer do século passado, se estruturou uma maneira de escrever a história do cinema. Entre os vários parâmetros com que lida esse discurso histórico estão os filmes, os diretores, os estilos e as escolas, os temas etc. Outros, que poderiam, e mesmo deveriam, integrar esse discurso ou estão ausentes, ou merecem apenas menções ocasionais e marginais, tais como os fotógrafos, os montadores, os equipamentos, as emulsões etc. Para não falar da circulação dos filmes, da crítica, do público, temas que podem ter sido objeto de estudos específicos, mas que dificilmente são integrados ao que entendemos por "história do cinema".

A história do cinema brasileiro seguiu basicamente essa linha. O que se compreende por vários motivos, entre os quais o fato de que os historiadores dos anos de 1950 e 1960 tinham que proceder a um amplo levantamento de dados, tamanhas eram as lacunas em relação aos fatos. E também porque essa história se deu como a missão fundamental de mostrar às camadas cultas da sociedade – e principalmente aos cineastas – que o cinema brasileiro tinha um passado, que ele não recomeçava do zero a cada novo filme, que o Brasil tinha uma tradição cinematográfica.

Essa tarefa foi cumprida. De anos para cá, outras necessidades apareceram e jovens historiadores exploram novas áreas. Uma delas é o pensamento referente ao cinema, e mais especialmente ao cinema brasileiro. Não é absolutamente novo. Alex Viany fizera referência a pronunciamentos de Humberto Mauro; existem, entre outros, o famoso capítulo sobre a revista *Cinearte* na biografia de Mauro escrita por Paulo Emílio Salles Gomes, e o belo texto de Maria Rita Galvão sobre as idéias relativas ao cinema independente nos anos de 1950. E, evidentemente, o ensaio, mais abrangente, de José Carlos Avellar sobre a ideologia do cinema latino-americano. Mas as idéias sobre cinema nunca chegaram a constituir o eixo central das investigações de um historiador, embora Salles Gomes tivesse dado como nome à disciplina de história do cinema no curso de 1965 na Universidade de Brasília: História do Cinema e das Idéias Cinematográficas.

O estudo das idéias sobre cinema brasileiro me parece ter encontrado dois obstáculos principais, um é o modelo da história universal a que aludi anteriormente. E o outro, mais delicado e específico: numa cinematografia em que produzir e comercializar filmes é tão difícil, os historiadores apostaram na realização dos filmes. Só o fato de se conseguir realizar um filme era uma vitória. Diante disso, julgou-se preferível deixar de lado a ideologia dos filmes e dos cineastas, para não correr o risco de empanar essas vitórias e os esforços monumentais que elas supunham.

É justamente uma investigação totalmente voltada para a ideologia cinematográfica que Arthur Autran propõe. Seu primeiro trabalho nessa linha concerne o pensamento do crítico Pedro Lima. É um trabalho de garimpagem, a tentativa de encontrar algum pensamento organizado num conjunto de textos destinados à imprensa e que não se apresentam como a exposição sistemática de um pensamento.

Este novo estudo de Arthur Autran aborda o pensamento de Alex Viany. É um trabalho fundamental, porque além de Viany ter deixado uma obra mais sistemática, ele é um dos fundadores do discurso histórico sobre cinema brasileiro. De fato, sua *Introdução ao Cinema Brasileiro* é a primeira narrativa extensa que abrange a história dessa cinematografia desde os primeiros tempos até o momento de sua publicação. A partir desse livro de 1959, a tradição cinematográfica passou a existir.

O trabalho de Artur Autran é relevante não apenas por ser um estudo de ideologia cinematográfica, não apenas por ser essa ideologia a de Viany, mas inclusive porque é necessário que os novos historiadores se posicionem diante de seus antecessores. O que Arthur Autran faz com rigor.

Jean-Claude Bernardet
Professor da ECA-USP

INTRODUÇÃO

Por ocasião do lançamento da segunda edição da *Introdução ao Cinema Brasileiro*, o cineasta Carlos Diegues publicou o texto "Ciclos ou Crises", no qual procura refletir sobre a importância do livro e do seu autor, Alex Viany[1].

Essa mesma *Introdução ao Cinema Brasileiro*, por exemplo, primeira no gênero, agora reeditada, foi um dos fatores de aproximação de toda uma geração que, com sua publicação original em 1959, tomava consciência de que havia uma certa tradição à qual nunca nos haviam remetido, por ignorância e também preconceito.

Carlos Diegues afirma ainda que Viany "... foi um dos responsáveis maiores pela modernização do cinema brasileiro". Também Glauber Rocha, Leon Hirszman, Joaquim Pedro de Andrade e David Neves, em momentos diferentes, atribuí-

---

1. Carlos Diegues, "Ciclos ou Crises", *Cinema Brasileiro: Idéias e Imagens*, Porto Alegre, Editora da UFRGS/SESU/PROED, 1988. pp. 96-100.

21

ram a Viany um papel fundamental no sentido de revelar uma tradição histórica do cinema brasileiro e/ou contribuir para a sua modernização. Pelo conjunto de depoimentos, registros escritos e memórias dos componentes do Cinema Novo, apenas Paulo Emílio Salles Gomes tem tanto destaque como formador intelectual.

Só esses aspectos já tornariam necessária uma pesquisa a respeito da *Introdução ao Cinema Brasileiro* e da obra crítica de Alex Viany. Mas, além disso, o livro foi a primeira narrativa sobre a história do cinema brasileiro a estabelecer relações causais mínimas, inserindo-se no contexto de um amplo movimento de cultura cinematográfica.

Este trabalho aborda a obra do crítico e historiador Alex Viany desde a sua volta dos Estados Unidos para o Brasil, em fins de 1948, marcando o início do seu interesse efetivo pela produção nacional, até a publicação da *Introdução ao Cinema Brasileiro*, em 1959. O intuito é identificar e discutir as principais idéias estéticas, políticas e industriais do autor no período citado, o arcabouço ideológico das mesmas e como elas incidem na formação do discurso historiográfico elaborado por Viany. Paralelamente, esboçarei um quadro da crítica cinematográfica nos anos de 1950, buscando compreender a inserção de Viany e as motivações pelas quais nessa década ocorre a afirmação da importância da pesquisa histórica sobre cinema no Brasil.

***

A edição original da *Introdução ao Cinema Brasileiro* é composta de uma "Introdução" e duas grandes partes, "História" e "Informação". Salvo indicação contrária, sempre que a *Introdução ao Cinema Brasileiro* for aqui mencionada estou me referindo à primeira edição[2], pois o livro foi reeditado duas vezes, em 1987 e 1993.

Como o ponto central deste texto é a *Introdução ao Cinema Brasileiro*, é a partir das questões aí suscitadas que ana-

---

2. Alex Viany, *Introdução ao Cinema Brasileiro*, 1ª ed., Rio de Janeiro, Instituto Nacional do Livro, 1959.

lisarei a produção intelectual anterior de Alex Viany. Faz-se necessária, portanto, uma pequena reflexão sobre o livro, cuja discussão detalhada efetua-se no último capítulo.

A "Introdução" (pp. 9-14) explica resumidamente a gênese do livro e as complicações para a sua escrita e para a sua publicação. A "História" (pp. 15-174) narra os eventos passados do cinema brasileiro, estendendo-se até fatos contemporâneos à redação final. Por último, temos a "Informação" (pp. 175-487), que compreende uma extensa filmografia, listagem de profissionais, índices, textos de legislação cinematográfica e fotos.

A "História" está subdividida da seguinte forma:

I. A INFÂNCIA NÃO FOI RISONHA E FRANCA
1. De Como o Rapazinho se Fez Homem
2. Um Esforço Individual: Almeida Fleming
3. Um Surto Regional: Campinas
4. Outro Surto Regional: Recife
5. Outro Esforço Individual: Humberto Mauro

II. NO PRINCÍPIO ERA O VERBO (QUE ATRAPALHAVA)
6. Onde o Rapazinho Leva um Tombo
7. Dois Diletantes na Indústria: Gonzaga & Santos
8. Onde o Rapazinho Enfrenta Crise após Crise

III. VIAGEM (COM ESCALAS) À TERRA DE VERA CRUZ
9. A Visita do Filho Pródigo
10. Onde se Contam Tropeços e se Dá uma Receita

A periodização proposta por Alex Viany, conforme comentário de Jean-Claude Bernardet, é marcada pela utilização da evolução humana como metáfora para o desenvolvimento do cinema brasileiro. Temos a infância, depois a adolescência (o "rapazinho") e finalmente a idade adulta (o "homem"). O curioso, nota Jean-Claude Bernardet, é o "rapazinho", após se tornar "homem", continuar "rapazinho"[3]. Insinua-se uma falta de maturidade do cinema nacional?

3. Jean-Claude Bernardet, *Historiografia Clássica do Cinema Brasileiro*, São Paulo, Annablume, 1995, p. 19.

Segundo Michèle Lagny, a idéia do progresso cinematográfico marcado pelo "nascimento" chegando até uma "maturidade triunfante" é recorrente na obra de vários autores, dentre os quais Georges Sadoul, em cuja *Histoire du cinéma mondial* há capítulos intitulados "Les débuts de Pathé", "Premier essor américain" e "Nouvel epanouissement en URSS". Para Lagny, Sadoul elaborou uma história "narrativa, cronológica e teleológica"[4].

A *Introdução ao Cinema Brasileiro* tem forte inspiração no modelo utilizado por Sadoul. É narrativa ao recontar o desenvolvimento da produção, assinalando seus principais acontecimentos, personalidades e filmes. Também é cronológica, e o capítulo "A Infância Não Foi Risonha e Franca" concentra os comentários sobre o cinema mudo, "No Princípio Era o Verbo (Que Atrapalhava)" trata do surgimento do som e da afirmação da chanchada, e "Viagem (Com Escalas) à Terra de Vera Cruz" aborda as experiências industriais dos anos de 1950 e o cinema independente. Finalmente, ela também é teleológica, mas aí surge uma grande diferença entre Alex Viany e Georges Sadoul, pois para este a "maturidade triunfante" do cinema está em pleno andamento e tem duas características centrais, no campo artístico é marcada por um conjunto de filmes que compõem um cânone e no campo econômico pela existência de um sistema industrial de produção solidamente embasado na distribuição e exibição; Alex Viany também se utiliza desses dois vetores, mas a "maturidade triunfante" do cinema brasileiro ainda irá acontecer, pois a industrialização não se consolidou nem há um núcleo de filmes artisticamente representativos em nível mundial, o que existe são "lições da história" que devem orientar tanto a política industrial quanto a perspectiva cultural dos realizadores.

Em uma análise sumária é possível afirmar que as "lições da história" convergem, do ponto de vista econômico, para a constatação dos fracassos das tentativas industriais e para a indicação de várias medidas estatais de proteção e apoio à produção, viabilizando assim a industrialização. Do

---

4. Michèle Lagny, *De l'histoire du cinéma*, Paris, Armand Colin, 1992, p. 89.

ponto de vista artístico, o cânone formado pelas "lições da história" é composto de filmes que conseguiram expressar "brasilidade", e, além disso, filmes nos quais havia indícios de realismo, especialmente quando havia "aculturação" do neo-realismo italiano. Como base ideológica geral temos o pensamento nacionalista de esquerda, cuja influência sobre o crítico é fundamental. A partir desses elementos centrais é que analisarei a obra intelectual de Alex Viany no período mencionado.

Observo que abreviei da seguinte forma o nome dos periódicos nos quais Alex Viany escreveu: *AS = Aster, CM = A Cena Muda, FI = Filme, FU = Fundamentos, HO = Hoje, JC = Jornal do Cinema, LE = Leitura, MA = Manchete, PA = Panfleto, PN = Publicidade & Negócios, PO = Positif, PT = Para Todos, RC = Revista de Cinema, RG = Revista do Globo* e *SN = Shopping News*.

1. DE HOLLYWOOD AO REALISMO

De Pedro Lima a Vinicius de Moraes – Via Hollywood

Alex Viany voltou para o Brasil em dezembro de 1948, após uma temporada de três anos e oito meses em Hollywood como correspondente de *O Cruzeiro*. Na *Introdução ao Cinema Brasileiro*, esse retorno marca o seu interesse pelo cinema nacional:

> Por outro lado, confesso, com vergonha e arrependimento, que só pisei duas ou três vezes em estúdios brasileiros antes de partir para o exotismo de Hollywood. Entregue desde 1934 às lides da imprensa cinematográfica, nem posso pensar agora nas ocasiões perdidas: quantas preciosas entrevistas, quantas importantes observações, quanto material que nunca mais me chegará às mãos!
> De 1949 para cá, tenho participado ativamente de todos os movimentos do cinema brasileiro, como jornalista, sempre, e esporadicamente como argumentista, roteirista, produtor, diretor, coordenador e curioso em todos os setores (p. 13).

A culpabilidade, marcante nesse trecho, é uma constante do intelectual brasileiro na sua relação com a cultura nacional. Basta lembrar, para ficar restrito ao pensamento cinematográfico, dos lamentos de Paulo Emílio Salles Gomes e de Francisco Luiz de Almeida Salles por terem demorado a atentar para a importância do cinema brasileiro.

Efetivamente, logo após retornar dos Estados Unidos, Alex Viany publica o artigo "Um Milagre, Com Urgência", no qual fica caracterizado o interesse pela produção nacional (*CM*, 1º fev. 1949).

Almiro Viviani Fialho, que no início da carreira havia "americanizado" o nome para Alex Viany tal a paixão pelo cinema hollywoodiano, foi introduzido por Pedro Lima no jornalismo através de um concurso intitulado "O Que Pensam os Fãs?", promovido pelo *Diário da Noite* em 1934. Viany contava, então, com apenas dezesseis anos incompletos.

A viagem para Hollywood só foi possível devido a um empréstimo feito por familiares. E certamente foi difícil para o carioca suburbano de Cascadura conseguir a soma suficiente para cobrir os seus gastos de viagem e os de Elza Viany, sua esposa, pois para uma família de extração pequeno-burguesa tais gastos eram vultosos. Em Hollywood, além de ser correspondente de *O Cruzeiro*, Alex traduzia filmes americanos para o português.

Ao voltar dos Estados Unidos, Alex Viany concedeu entrevista justamente a Pedro Lima, declarando-se desencantado com o cinema americano e afirmando que este atravessava a "maior crise de sua história". A reportagem foi publicada em todo país, pelos órgãos ligados aos Diários Associados, logo após seu desembarque no Brasil[1]. Como causas concretas da crise do cinema americano Viany apontava: *1*. A inflação americana que aumentara o custo de vida, reduzindo a quantidade de vezes que o espectador ia ao cinema. *2*. A baixa qualidade dos filmes. *3*. A concorrência da televisão, pois os estúdios tinham dúvidas se deveriam produzir filmes para esse veículo. *4*. O refluxo dos mercados externos, por conta de restrições e da concorrência. *5*. E, o mais importante, a separação imposta pelo governo ao truste cinematográfico.

1. Pedro Lima, "Carlitos, em Face de Sua Posição Política, Sofre Séria Campanha", *Diário de S. Paulo*, 22 dez. 1948.

Alex Viany (centro) e os astros Lee Bowman e Susan Hayward.

Como fatores positivos de Hollywood, além dos filmes de John Huston e Val Lewton, salientava:

> Alex confessou que o que mais apreciou em Hollywood, foi a oportunidade de ver os grandes filmes antigos, exibidos por grupos especializados de cineastas, e por um cineminha em Fairfax Avenue, que felizmente ainda não descobriu o cinema falado.

Na entrevista a Pedro Lima citava ainda as cinematografias italiana, francesa e mexicana como as mais interessantes naquele momento.

Aliada a essa nova posição frente ao cinema, há uma clara posição política. Com o seu verdadeiro nome publica no semanário esquerdista *Panfleto*, no primeiro semestre de 1949, artigos contra a guinada à direita do então presidente Harry Truman, contra a belicosa política externa norte-americana com relação à Guerra Fria e sobre a discriminação racial nos Estados Unidos. Sua posição política de centro-esquerda e um radical desencanto com o *american way of life* são evidentes.

Além do contato direto com a produção industrial em Hollywood, Viany freqüentou nos Estados Unidos cursos de cinema, nos quais teve professores como Edward Dmytryk, Adrian Scott, Herbert Biberman e Paul Ivano. Mas as amizades lá feitas foram os motores principais das transformações, destacando-se as relações com Hans Winge e Vinicius de Moraes.

Sobre a primeira amizade há poucas informações disponíveis, mas certamente ela teve importância política e artística para Viany, pois Winge era comunista e colaborador do dramaturgo Bertolt Brecht[2]. Já a amizade com Vinicius de Moraes, então vice-cônsul brasileiro em Los Angeles, foi bastante intensa e perdurou por vários anos. No projeto da revista *Filme*, elaborado por Alex Viany e por Vinicius de Moraes, cristalizam-se as mudanças da orientação intelectual do jovem crítico.

2. Sobre Hans Winge ver Paulo Emílio Salles Gomes, "As Decepções de Brecht", *Crítica de Cinema no Suplemento Literário*, Rio de Janeiro, Embrafilme/Paz e Terra, 1982, vol. I, pp. 116-119.

Em junho de 1947, numa das freqüentes cartas a Carlos Fernando de Oliveira Santos, pela primeira vez Viany refere-se ao projeto comum com Vinicius de Moraes de criar uma revista "séria" de cinema[3]. Um mês depois, escreve entusiasmado, anunciando que a revista já era uma realidade. Alex e Vinicius haviam conhecido Adolpho Bloch em Hollywood, que se dispôs a financiar a empreitada, com os dois críticos como diretores da publicação. Adolpho Bloch naquele momento ainda não estava no ramo de publicações, possuindo apenas uma gráfica no Rio de Janeiro. "Não será uma revista sobre Hollywood. Será uma revista sobre cinema, tratando-o como arte responsável. Título: 'Filme'"[4].

Não se pretendia uma revista como as já existentes no Brasil, muito ligadas à política do *star system*. O remetente pede a Carlos Fernando que anuncie o aparecimento de *Filme* na ABCC (Associação Brasileira de Cronistas Cinematográficos), da qual o amigo residente no Rio de Janeiro fazia parte. Isso mostra que Viany estava informado sobre o movimento cinematográfico brasileiro, mesmo residindo em Hollywood. Tais informações vinham, sobretudo, através de Carlos Fernando.

Nessa mesma carta, há demonstrações claras das novas posições em relação ao cinema e à política.

Não vim aqui para ser galã, nem para dirigir a Lana Turner. Desilusão tenho, e muita – mas nisso estou com a totalidade das pessoas inteligentes de Hollywood, inclusive atores, diretores, escritores etc.

E:

Apesar de eu não concordar com as teorias do comunismo, sou obrigado a achar que estão muito mais perto das necessidades dos povos do que muitos outros regimes – principalmente o de Dutra.

---

3. Carta de Alex Viany para Carlos Fernando Santos, Hollywood, 8 jun. 1947, Arquivo Alex Viany, Cinemateca do MAM.
4. Carta de Alex Viany para Carlos Fernando Santos, Hollywood, 21 jul. 1947, Arquivo Alex Viany, Cinemateca do MAM.

Carlos Fernando não perde tempo e assegura estar empolgado com *Filme*, anunciando o surgimento da revista para os membros da ABCC[5].

Também Vinicius de Moraes não esconde o seu entusiasmo, pedindo colaborações aos amigos no Brasil como Manuel Bandeira[6].

Apesar do empenho de Carlos Fernando em acompanhar *Filme* na Gráfica Bloch, o processo emperra. Isso por dois motivos: *1.* O fato de todo material ser escolhido, em boa parte traduzido e revisado por Vinicius e Alex, que estavam em Hollywood, enquanto a revista era impressa no Rio de Janeiro. *2.* A falta total de anunciantes, tornando as despesas de Bloch vultosas.

No final de 1947 o casal Alex e Elza Viany decide voltar ao Brasil, mas só em um ano conseguiriam cumprir o intento. Ao longo de 1948 tenta-se tocar *Filme*. Depois de muitas idas e vindas, Vinicius e Alex entendem ser melhor esperar este último chegar ao Brasil para a revista sair.

Na correspondência[7], Viany deixa claro o seu desejo de expor uma postura política em *Filme*.

> Mas "Filme" já é uma revista política. Francamente liberal da esquerda, como você poderá constatar relendo o "Cenário" e a reportagem sobre a "Conferência contra o Controle do Pensamento".

A sua própria coluna em *O Cruzeiro*, "Cine-Revista", expressaria uma análise cinematográfica com preocupações políticas.

> Aliás, nessa seção de "O Cruzeiro" você deve ter notado, se a lê, estou cada vez mais interessado em analisar não somente o valor de cada filme como obra de cinema, mas também como documento social e influência política.

---

5. Carta de Carlos Fernando Santos para Alex Viany, Rio de Janeiro, 29 out. 1947, Arquivo Alex Viany, Cinemateca do MAM.
6. Carta de Vinicius de Moraes para Manuel Bandeira, Hollywood, 14 set. 1947, Arquivo Vinicius de Moraes, Fundação Casa de Rui Barbosa.
7. Carta de Alex Viany para Carlos Fernando Santos, Hollywood, 16 abr. 1948, Arquivo Alex Viany, Cinemateca do MAM.

O trecho acima demonstra uma perspectiva crítica bastante diferente daquela predominante então no Brasil, tal diferenciação tem atrás de si a figura de Vinicius de Moraes.

Na primeira metade da década de 1940, pelas páginas do jornal carioca *A Manhã*, Vinicius de Moraes era um dos principais críticos cinematográficos brasileiros. Ele então sustentava os velhos pressupostos do Chaplin Club[8], que não imiscuíam na análise sobre os filmes e teorias cinematográficas soviéticos a questão do comunismo. Ou seja, não se levava em conta a questão político-ideológica na reflexão cinematográfica. Porém, desde 1942, o poeta e crítico estava mudando suas posições políticas e mesmo estéticas, a partir da amizade com o escritor americano Waldo Frank[9]. Deixando idéias próximas ao Integralismo, pela influência de Frank, Vinicius alinha-se com o campo democrático[10].

Nos Estados Unidos as posições de Vinicius já são de esquerda e sua análise cinematográfica passa a levar em consideração os aspectos político-ideológicos, conforme é possível aferir no artigo "Três Filmes Europeus" (*FI*, ago. 1949), no qual aborda *Roma, Cidade Aberta* (Roberto Rossellini, 1945), *L'espoir* (André Malraux, 1939) e *A Tortura de um Desejo* (Alf Sjöberg, 1944). O autor, inicialmente, lembra o "caráter eminentemente político" dos dois primeiros e o caráter mais "psicológico" do filme sueco. Sobre *Roma, Cidade Aberta*, Vinicius de Moraes comenta positivamente a representação da resistência italiana contra a opressão nazi-fascista, que "...cumpre assim a missão primacial de qualquer obra de arte que queira permanecer além do seu tempo: revelá-lo com a sua linguagem própria pelo uso de seus mais sentidos temas". Já *L'espoir*, apesar de dirigido por André Malraux –

---

8. José Inácio de Melo Souza, *A Carga da Brigada Ligeira. Intelectuais e Crítica Cinematográfica (1941-1945)*, São Paulo, tese de doutorado apresentada à ECA-USP, 1996, p. 20.

9. Este escritor, hoje pouco conhecido, teve obras traduzidas para o português nos anos de 1930 e 1940 que provocaram viva impressão na intelectualidade brasileira. Ver Brito Broca, "Waldo Frank", *Papéis de Alceste*, Campinas, Editora da Unicamp, 1991, pp. 292-293.

10. Vinicius de Moraes, "Cronologia da Vida e da Obra", *Obra Poética*, organizado por Afrânio Coutinho, Rio de Janeiro, José Aguilar, 1968, p. 66.

qualificado como "intelectual de confiança do reacionário De Gaulle" –, narra a história da luta contra Franco, "...feita com o povo que lutava, com a cara maravilhosa do povo, cuja determinação e ódio aos fascistas espanhóis se lhes parece saltar das expressões cruas".

Nesse momento a formação intelectual de Alex Viany sofre grande influência do diplomata e poeta Vinicius de Moraes, incluindo-se aí as preocupações com o cinema brasileiro, pois Vinicius já se interessava pela questão desde o início dos anos de 1940.

Filme

Na virada de 1948 para 1949, a situação do movimento de cultura cinematográfica no Brasil era animadora. No Rio de Janeiro os críticos reuniam-se na ABCC, que aglutinava, entre outros, Pedro Lima, Moniz Vianna, Hugo Barcelos, Jonald e Van Jafa[11]. Em São Paulo havia o Clube de Cinema de São Paulo, fundado em 1946, que congregava os principais críticos e estudiosos de cinema da cidade, tais como Benedito Junqueira Duarte, Rubem Biáfora e Francisco Luiz de Almeida Salles[12].

Logo que chega ao Brasil, Alex Viany passa a ser cobrado por Vinicius de Moraes, no sentido de apressar a saída do primeiro número de *Filme*. E Vinicius começa a fazer contatos com importantes críticos e estudiosos estrangeiros, para obter colaborações. Os contatos mais intensos são com Jay Leyda e Marie Seton, chegando-se a programar um número especial da revista dedicado a Eisenstein[13].

---

11. A ABCC foi fundada em 1945 tendo como seus principais articuladores Jonald, Edmundo Lys e Pedro Lima. Ver Manoel Jorge, "A Associação dos Críticos de Cinema", *O Mundo*, Rio de Janeiro, 16 abr. 1953.

12. Maria Rita Galvão, *Burguesia e Cinema: O Caso Vera Cruz*, Rio de Janeiro, Civilização Brasileira/Embrafilme, 1981, p. 34.

13. Carta de Vinicius de Moraes para Alex Viany, Los Angeles, 14 maio 1949, Arquivo Alex Viany, Cinemateca do MAM. Carta de Marie Seton para Vinicius de Moraes, Londres, 18 dez. 1949, Arquivo Vinicius de Moraes, Fundação Casa de Rui Barbosa.

apa da revista *Filme*.

Em agosto de 1949, *Filme* é publicada como "órgão oficial do Círculo de Estudos Cinematográficos" (CEC), um cineclube recém-fundado que reunia boa parte dos críticos e estudiosos cariocas.

A redação da revista era constituída por Alex Viany (diretor responsável), Vinicius de Moraes (diretor cultural), Carlos Fernando Santos (diretor gerente), Jorge Bastos (diretor artístico), Rodrigo Goulart (diretor substituto) e Mário Capistrano (orientador técnico). A Gráfica Bloch era a responsável pela impressão. Legalmente a publicação pertencia a Alex Viany, já que Vinicius de Moraes não poderia aparecer como proprietário devido às normas do Itamarati.

Na capa do primeiro número temos Charles Chaplin, como Monsieur Verdoux. Além de duas críticas ao filme *Monsieur Verdoux* (Charles Chaplin, 1947) – escritas por James Agee e Arnaud d'Usseau –, há uma transcrição do poema "Canto ao Homem do Povo, Charlie Chaplin" – de Carlos Drummond de Andrade – e uma gravura inspirada em Carlitos – de Oswaldo Goeldi. É curioso notar que o primeiro número de *O Fan* – o órgão oficial do Chaplin Club –, publicado em agosto de 1928, também estampa uma foto de Chaplin. Ademais, há nessa edição de *Filme* um artigo de Plínio Sussekind Rocha, um dos principais membros do Chaplin Club.

A confluência entre o Chaplin Club e *Filme* não é casual, deve-se a Vinicius de Moraes. Este, desde 1930, havia entrado em contato com o ideário do antigo cineclube através de Octavio de Faria, colega na Faculdade de Direito[14]. Apesar da modificação ideológica operada por Vinicius, seu débito com tal ideário ainda era muito grande. Representativa disso é a sua emoção ao receber um bilhete escrito pelo próprio Chaplin, no qual o criador de Carlitos promete enviar uma mensagem para *Filme*, promessa nunca cumprida[15].

A ligação com *O Fan* e o Chaplin Club dava a *Filme* o beneplácito do então tido e havido como o mais importante movimento de reflexão sobre cinema no Brasil, endossando

---

14. Vinicius de Moraes, "Cronologia da Vida e da Obra", *op. cit.*, p. 64.
15. Carta de Charles Chaplin para Vinicius de Moraes, Hollywood, 15 dez. 1949, Arquivo Vinicius de Moraes, Fundação Casa de Rui Barbosa.

a "seriedade" da revista. Aliás, além de Plínio Sussekind, os únicos brasileiros que assinam matérias na revista são Carlos Drummond de Andrade – o poema sobre Chaplin –, Oswaldo Goeldi – a gravura de Chaplin –, Vinicius de Moraes e Alex Viany. Todas as outras dez matérias assinadas são traduções de artigos já publicados no exterior.

Poder-se-ia atribuir tal predominância ao fato desse número ter sido, na sua maior parte, preparado quando Viany ainda estava nos Estados Unidos, mas no segundo número de *Filme*, de dezembro de 1949, ainda há uma disparidade. Além de Alex Viany, com dois artigos, temos Vinicius de Moraes, Salvyano Cavalcanti de Paiva, Plínio Sussekind Rocha e Moniz Vianna, com um texto cada. Os outros dez artigos assinados são traduções, e somente um deles foi escrito especialmente para *Filme*, o de Hans Winge.

O cinema brasileiro não teve destaque nos dois números, restringindo-se à descrição das suas atividades principais na coluna "FILME em Todo o Mundo". Essa coluna não era assinada. No primeiro número anunciava-se o sucesso estrondoso de público das fitas *Este Mundo é um Pandeiro* (Watson Macedo, 1947) e *O Ébrio* (Gilda de Abreu, 1946), as tentativas de construção de estúdios no Brasil realizadas pelos americanos Howard Randall e Edward Rowley Jr. e a estréia próxima de alguns filmes nacionais que suscitavam esperanças – tais como *Terra Violenta* (Eddie Bernoudy, 1949), *Jangada* (Raul Roulien, filme inacabado), *Estrela da Manhã* (Jonald, 1950) e *Caminhos do Sul* (Fernando de Barros, 1949). O segundo número noticiava o fracasso dos planos tanto de Howard Randall como de Edward Rowley Jr., a tramitação do projeto de lei na Câmara dos Deputados que criaria um Conselho Nacional do Cinema coordenador da atividade no país, a chegada ao Brasil de Alberto Cavalcanti e a sua contratação pela Vera Cruz, e a estréia de "abacaxis" como *Uma Luz na Estrada* (Alberto Pieralisi, 1949) e *Inocência* (Luiz de Barros e Fernando de Barros, 1948) contraposta a bons filmes como *Caminhos do Sul* e *Também Somos Irmãos* (José Carlos Burle, 1949).

Sobre o cinema nacional, além do espaço na coluna "FILME em Todo o Mundo", temos o artigo de Salvyano Cavalcanti de Paiva – "A Arte de Cortar" – que trata da censura cinematográfica brasileira, publicado na edição de dezembro.

Pode, à primeira vista, parecer contraditória toda a defesa feita por Alex Viany em prol do cinema nacional quando observamos o pouco destaque deste em *Filme*. Entretanto, deve-se atentar para o pequeno peso do cinema nacional nas discussões dos críticos sobre estética e/ou teoria no período imediatamente anterior à Vera Cruz. A preocupação em fornecer atualização teórica, através de *Filme*, pode ser aferida no primeiro número no "Cenário", que era o editorial da revista:

> Nossos planos são simples: publicar e transcrever o que de mais capaz existe em matéria de cinema, do passado e do presente, de modo a ir colocando o leitor a par dos problemas estéticos e práticos da imagem em movimento, vistos por historiadores, teóricos e críticos dentro do prisma comum da dignidade da arte; e, ao mesmo tempo, manter uma seção crítica ativa, que se caracterize pela direteza, isenção e maturidade de seus apanhados.

Algumas importantes revistas são citadas como fornecedoras de material: *La revue du cinéma* (França), *Bianco e Nero* (Itália), *Penguin Film Review* e *Sequence* (Inglaterra), *Hollywood Quarterly* e *American Cinematographer* (E.U.A). Na correspondência passiva de Alex Viany podem ser achadas cartas de Mario Verdone (por *Bianco e Nero*), Jean George Auriol (por *La revue du cinéma*), Alves Costa (pela revista portuguesa *Projecção*) e Eugênio Hintz (pela revista *Cine Club del Uruguay*), dentre outros. É importante o fato de *Filme* ser o "órgão oficial" do CEC, pois esse cineclube, além de financiá-la, tornava possível a ampliação das relações da revista para a rede internacional de cineclubes. Isso fica claro pela correspondência com Alves da Costa e Eugênio Hintz, uma vez que suas revistas possuíam o mesmo caráter. Tais relações facilitavam não apenas a circulação das revistas pelos países envolvidos, mas ainda a circulação de cópias de filmes. Naquele momento, no mundo inteiro, as cinematecas ainda eram poucas. A função dos cineclubes passava não apenas pela exibição, mas também pela guarda de filmes e a difusão de livros e revistas sobre cinema.

O modelo comercial, por trás do projeto de *Filme*, é semelhante àquele seguido com sucesso por algumas publicações na França. Nesse país, segundo René Prédal, logo após a Segunda Guerra Mundial surgem revistas diretamente ligadas às federações de cineclubes – como é o caso de *Cinéma* e *Image et son* –, o que acabava por garantir um público fiel, o dos freqüentadores dos cineclubes de determinada federação[16]. Ora, *Filme* surge ligada ao CEC e tinha como público-alvo, além dos críticos, os cinéfilos e cineclubistas. A revista, no seu segundo número, dedica até uma rubrica aos cineclubes, conclamando-os para um congresso desse tipo de entidade. Não se atinava, entretanto, que a França não apenas já tinha uma tradição de cultura cinematográfica, como ainda as grandes dificuldades para aumentar o número de cineclubes e cineclubistas no Brasil, formando o público para *Filme*. Na realidade inverteu-se a equação comercial: na França já havia as federações de cineclubes e daí foram criadas revistas; no Brasil era uma revista, apoiada por um cineclube, que desejava criar mais cineclubes.

Apesar da necessidade cultural premente, como meio de difusão teórica mais sofisticada para críticos, estudiosos e cineclubistas, não havia mercado consumidor no Brasil para esse tipo de periódico. Após o segundo número, *Filme* deixa de ser publicada, certamente devido à inviabilidade econômica, pois os anúncios e a venda são insuficientes para cobrir os custos de uma revista com excelente padrão de edição.

A Questão do Realismo em Filme

Conforme indiquei anteriormente, a proposta de *Filme* era atualizar o cabedal teórico da crítica cinematográfica brasileira. A atualização se expressa, principalmente, na discussão sobre a necessidade de maior compromisso social por parte dos filmes, especialmente os produzidos em Hollywood. Nesse sentido *Filme* publicou artigos como: "O Papel Social do Cinema" de Ruth A. Inglis (ago. 1949), "Sem Varinha de Condão" de William Wyler (ago. 1949) e "Crise em Hollywood"

---

16. René Prédal, "France – depuis la guerre", *Cinemáction*, n. 69, 4º trimestre, Paris, 1993.

de Vinicius de Moraes (dez. 1949). O texto de Ruth A. Inglis condena a censura e atribui à média da produção hollywoodiana pouca consciência do seu papel social. O artigo de Wyler parece fazer coro ao anterior e através do exemplo do seu filme *Os Melhores Anos de Nossa Vida* (1946) mostra um modelo de preocupação com o social pela história da reintegração de três ex-combatentes americanos da Segunda Guerra Mundial, definindo o filme como "... o retrato de algumas pessoas – gente de verdade, enfrentando problemas reais". O artigo de Vinicius ataca o Código de Produção, as ligas de decência americanas e o sistema industrial, que impediriam a realização de filmes "dignos" e "sem medo", uma das poucas exceções seria *Os Melhores Anos de Nossa Vida*.

Alex Viany assinou no primeiro número (*FI*, ago. 1949) somente um artigo, em homenagem a Walter Huston. No segundo número (*FI*, dez. 1949), além de outra homenagem, dessa vez a Wallace Beery, escreve um artigo do maior interesse, "Quatro Filmes Modestos", abordando as produções norte-americanas *Punhos de Campeão* (Robert Wise, 1949), *Ninguém Crê em Mim* (Ted Tetzlaff, 1949), *Amarga Esperança* (Nicholas Ray, 1948) e *O Gângster* (Gordon Wiles, 1947). Tais filmes teriam os seguintes pontos comuns:

> Todos foram feitos com pouco dinheiro – um deles por um estúdio pequeno [*O Gângster*] –, todos conquistaram os aplausos da crítica responsável, todos foram, de uma ou outra maneira, francamente experimentais.

A última característica chama atenção, pois o que seria "experimental" nesses filmes? A resposta encontra-se no realismo, a questão mais desenvolvida pelo autor.

Na análise de *Punhos de Campeão*, Alex Viany cita dois outros críticos cariocas – Hugo Barcelos e Moniz Vianna – que atentaram para o realismo do filme. Moniz Vianna, mais específico, observa um "realismo cronológico", pois a duração do filme coincide com a da história contada, sem elipses temporais. Partindo de tal reflexão, Alex Viany compara *Punhos de Campeão* a *Festim Diabólico* (Alfred Hitchcock, 1948), no qual também não existem elipses temporais. Enquanto

Hitchcock fica restrito ao mesmo espaço por "diletantismo técnico", a obra de Robert Wise seria mais "cinemática", uma vez que mostra as ações em vários lugares. Ou seja, Viany valoriza o corte em detrimento do plano-seqüência.

Ninguém Crê em Mim é adaptação de um romance policial americano escrito por Cornell Woolrich. Segundo o crítico, a obra de Woolrich buscava na vida real seus personagens e jogava-os em situações perigosas. Quanto ao filme:

> Situando-se, também, entre os chamados semidocumentários – não pelo assunto, mas pela técnica –, a obra de Tetzlaff mostra claramente que a realidade de todos os dias, as caras não-glamourizadas, os ambientes sem retoque, as vielas sem polimento, contribuem de maneira definida e definitiva para a consecução de uma realidade cinemática – mesmo numa história intrinsecamente tão melodramática como a de Woolrich. Ao vermos uma situação incomum apresentada por gente tão comum, toda a improbabilidade desaparece.

O Gângster é valorizado por ser uma adaptação que consegue transportar o "clima" do romance policial americano, marcado para Alex Viany, entre outras coisas, pelo "realismo".

Somente em relação à *Amarga Esperança* não há considerações envolvendo de forma direta o realismo. Porém, tanto este como os outros três filmes retratam personagens socialmente marginalizados, lutando contra injustiças.

Em "Quatro Filmes Modestos" a temática social insinua-se, ao meu ver, como uma das características centrais do realismo para Alex Viany.

No artigo intitulado "Neo-realismo no Cinema Americano"[17], que deveria ter sido publicado em *Filme* mas ficou inédito devido ao fim precoce da revista, Alex Viany tenta aprofundar sua compreensão a respeito do realismo, ou neo-realismo, americano.

> Se vamos acreditar na evidência – e fazemos questão de acreditar –, o cinema americano volta a suas fontes mais puras: volta ao ar livre de *The Great Train Robbery*, onde começou, e volta às admiráveis tentativas de apresentação de uma realidade social, ao caminho aberto pelos primeiros

---

17. Alex Viany, "Neo-realismo no Cinema Americano", Rio de Janeiro, s.d. (datil), Arquivo Vinicius de Moraes, Fundação Casa de Rui Barbosa.

filmes curtos de Griffith, por *Intolerância* e *A Turba* – e, mais recentemente, produtos da última crise, por *Fúria, Vive-se uma Só Vez, A Legião Negra, O Fugitivo* e *Esquecer, Nunca!*
Nesse ínterim, a herança realística do cinema – que vem desde os dias em que Lumière fotografou a saída dos operários de sua fábrica – desenvolveu-se no documentário.

Depreende-se da transcrição acima que o realismo é uma característica de nascença do cinema, presente já na obra de Lumière. A mesma idéia, aliás, pode ser encontrada em Georges Sadoul[18].

Viany elogia ainda diretores como o John Ford de *As Vinhas da Ira* (1940), que filmam ao ar livre e não em "estúdios abafados", estando mais próximos da realidade. E assinalo que esse filme também aborda a luta dos oprimidos, no caso uma família arrasada pela depressão econômica dos anos de 1930.

Apesar da importância dada à filmagem em locação, o próprio crítico não a entende como determinante para o realismo. E menciona *Os Melhores Anos de Nossa Vida* como realista, apesar da fita ter sido filmada quase inteiramente em estúdio. É a história do filme que, por "aproximar-se bastante da vida", o tornava realista. Também o artigo desse diretor, publicado em *Filme*, é citado por Alex Viany:

> Como indica William Wyler em seu artigo, "Sem Varinha de Condão", o realismo não é apenas uma tarefa do diretor e do cinegrafista. Precisa vir do próprio cenário [roteiro]. Se o cenário estiver ligado a coisas reais, a verdadeiros problemas e soluções sociais, a tarefa do diretor e do cinegrafista, de dar realidade cinemática à história, é muito facilitada.

Viany, baseando-se em William Wyler, considera como elemento fundamental do realismo cinematográfico o roteiro, entendido como história, voltado para questões sociais relevantes e suas possíveis soluções. Aí sim seria possível atingir a "realidade cinemática", mas atenção, porque:

> A realidade cinemática é, forçosamente, diferente da que conhecemos, através de nossos próprios olhos, no mundo real. As lentes da câmera não

---

18. Georges Sadoul, *História do Cinema Mundial*, São Paulo, Martins, 1963, pp. 22-23.

vêem exatamente o que os olhos vêem, e os olhos, entre outras coisas, não fazem *close-ups*. Essa realidade é, em verdade, um simulacro da realidade.

Outras características do realismo são levantadas, como a desglamourização dos atores ou a utilização da profundidade de campo. Porém elas não são obrigatórias: "Já deve estar provado, penso, que o realismo cinemático não tem e não deve obedecer a fórmulas. Sendo realidade é, consequentemente, inimigo das fórmulas".

Mesmo diante dessa extrema fluidez no entendimento do realismo, o crítico não hesita em afirmar a necessidade de seguir a tradição iniciada por Lumière.

A apresentação e a interpretação – ou mesmo a distorção artística, como na sátira – da realidade é a função precípua do cinema. Se essa tradição não for seguida, o filme irá fazer companhia ao romance de folhetim. Cinema é arte popular, e não vulgar.

Na dicotomia estabelecida entre "popular" e "vulgar" fica implícito que para um filme ser "popular" não basta ter grande público e nem necessariamente expressar a cultura do povo – porque ela pode não dar conta da realidade. O cineasta, para tornar o seu filme "popular", deve representar a realidade e apresentá-la ao povo. Ora, temos aí um pressuposto que futuramente será caro ao CPC (Centro Popular de Cultura) e ao Cinema Novo: o do artista como intérprete dos interesses do povo, pois esses movimentos, *grosso modo*, entendiam a cultura "popular" como instrumento de educação política e social do povo[19].

A Questão do Realismo em A Cena Muda

Sem *Filme* como veículo, é através das páginas de *A Cena Muda* – revista na qual mantém a coluna semanal "Telas da Cidade" desde agosto de 1949 – e também de colaborações

---

19. Maria Rita Galvão e Jean-Claude Bernardet, *O Nacional e o Popular na Cultura Brasileira – Cinema: Repercussões em Caixa de Eco Ideológica*, São Paulo, Embrafilme/Brasiliense, 1983, pp. 138-139.

esparsas em outros periódicos, que o crítico vai tentar clarificar a sua compreensão do realismo. A análise dos filmes neo-realistas italianos, aos poucos, adquirirá um papel preponderante.

Nos artigos "O Ano Cinematográfico de 1949 (1ª Parte)" (*CM*, 24 jan. 1950), "O Ano Cinematográfico de 1949 (2ª Parte)" (*CM*, 31 jan. 1950) e "O Ano Cinematográfico de 1949 (3ª Parte)" (*CM*, 7 fev. 1950), o único filme neo-realista italiano com um comentário mais destacado é *Vítimas da Tormenta* (Vittorio de Sica, 1946), mas ele nem chega a estar entre os cinco melhores exibidos no Rio de Janeiro naquele ano, que são: *Punhos de Campeão*, *Antônio e Antonieta* (Jacques Becker, 1947), *O Silêncio é de Ouro* (René Clair, 1947), *Macbeth* (Orson Welles, 1948) e *O Boulevard do Crime* (Marcel Carné, 1945). Mesmo classificando alguns desses filmes como realistas, Viany não amplia a sua compreensão, quando comparada aos artigos de *Filme*. Ao contrário, uma extrema incerteza parece apoderar-se do crítico. A incerteza pode ser aferida pela própria confusão vocabular: "realista", "realístico", "documentário" ou ainda "semidocumentário".

No terceiro artigo sobre o ano de 1949, Alex Viany chega a usar o termo "semidocumentário" no sentido de um gênero cinematográfico no qual estariam incluídos filmes tão diferentes como *Vítimas da Tormenta*, *Louisiania Story* (Robert Flaherty, 1948) e *O Tesouro de Sierra Madre* (John Huston, 1947).

Seguindo observações de Jean-Claude Bernardet, pode-se aventar que toda essa imprecisão é resultado do processo de fetichização da palavra "realismo". Deve-se ainda salientar que, naquele momento, a crítica cinematográfica brasileira discutia bastante a questão do realismo[20].

É na crítica sobre *Paisà* (Roberto Rossellini, 1946) que há avanços substanciais.

---

20. Mariarosaria Fabris estabelece 1947, quando da estréia de *Roma, Cidade Aberta*, como o ano da chegada do neo-realismo italiano ao Brasil. Ver Mariarosaria Fabris, *Nelson Pereira dos Santos: Um Olhar Neo-realista?*, São Paulo, Edusp/Fapesp, 1994, p. 37.

O [4º] episódio, simplíssimo em história e exposição, transmite-nos um senso de realidade raramente alcançado pelo cinema fora do gênero documental. Aliás, tudo ali é documental na melhor acepção da palavra: a câmera surpreende as personagens quase como surpreendeu, por acaso, a tragédia do dirigível Hindenburg, ou aquele avião incendiado que Sam Wood tão bem inseriu em *Trágica Decisão*. Não há preocupação de forma e plástica. O que há é um descaso propositado pelas composições arrumadinhas – sempre em benefício do conteúdo e da simplicidade. Rossellini é um primitivo convicto. Vê-se que conhece as leis básicas do cinema, das quais os cineastas mais ortodoxos não ousam separar-se, mesmo quando um efeito desejado só pode ser obtido através da desobediência às mesmas (*CM*, 4 abr. 1950).

O realismo em *Paisà* estaria no seu despojamento visual, que leva a uma melhor apreensão do conteúdo ao "surpreender" determinado objeto inscrito na realidade. Ainda segundo Viany, Rossellini consegue recuperar para o cinema "a autenticidade perdida dentro dos estúdios". O elogio a *Paisà* também tem relação implícita com o seu conteúdo social, que aborda os problemas decorrentes da guerra.

Retomando, além dessa análise de *Paisà*, o artigo "Neo-realismo no Cinema Americano", no qual o crítico via nas obras de Lumière e Porter índices de realismo, é possível esboçar um esquema histórico que parece nortear Viany.

Dentro de tal esquema a história do cinema está dividida em três etapas. Na primeira, quando o cinema surge, existe a presença do realismo como característica fundamental. Na segunda, quando os estúdios se afirmam – que entendo como metonímia da industrialização –, há um obscurecimento do realismo, que fica restrito ao documentário e a alguns poucos filmes ficcionais com temática social. Finalmente a terceira etapa, a contemporânea, na qual a comoção provocada pela Segunda Guerra Mundial leva a uma preocupação com a realidade, expressa tão-somente através da estética realista. Esta é marcada, sobretudo, por histórias relativas a questões sociais importantes.

Na crítica ao filme de *Obsessão* (Luchino Visconti, 1942), o problema conteúdo/forma delineia-se.

Sabem todos os estudantes de cinema que muito difícil é separar, na análise de um filme, a forma do conteúdo. Nas obras dos cineastas artística e socialmente responsáveis – e estas duas responsabilidades, a bem dizer, são inseparáveis – a forma serve sempre ao conteúdo, sendo tão somente o melhor meio de expressão que o artista encontrou para contar a sua história e expor, da maneira mais gráfica e eloqüente possível, os seus problemas e as suas idéias (*CM*, 21 nov. 1950).

A submissão da forma ao conteúdo que trate dos problemas sociais é uma conseqüência lógica, no pensamento de Viany, da predominância de tal conteúdo para a caracterização do realismo. Diante disso, tudo mais pode ser relativizado, pois, como vimos, o realismo "não obedece a fórmulas".

É ainda no neo-realismo italiano que se encontram os desenlaces melhor resolvidos para o crítico, pois: "Há um meio termo entre os finais felizes dos filmes americanos e os falsos finais trágicos dos filmes franceses. Esse meio termo é que é o realismo"[21].

Este "meio termo" é relativo ao tratamento dramático e estaria plenamente realizado em *Ladrões de Bicicleta* (Vittorio de Sica, 1948).

> Há quem condene o pessimismo de De Sica, mas eu – que sou profissionalmente contra a morbidez e a derrota – reconheço que ele não podia dar uma solução aos problemas de seu herói na sociedade em que o coloca. Se o fizesse, estaria traindo os próprios heróis anônimos que, nas ruas de Roma, inspiraram a sua câmera (*CM*, 31 out. 1950).

Toda essa reflexão em torno do neo-realismo italiano ficará marcada no balanço do ano de 1950 (*CM*, 1º fev. 1951). Eis a lista dos cinco melhores filmes exibidos no Rio de Janeiro, naquele ano, para o crítico: *Ladrões de Bicicleta*, *Obsessão*, *Paisà*, *Em Qualquer Parte da Europa* (Geza Radvanyi, 1947) e *Henrique V* (Laurence Olivier, 1944). Os três primeiros filmes demonstram claramente a importância do neo-realismo para a reflexão do crítico; já *Em Qualquer Parte da Europa*, produção húngara com roteiro de Geza Radvanyi e Béla Balázs, é destacada pela colaboração do teórico húngaro na história de crianças abandonadas no pós-guerra; final-

---

21. Alex Viany, "Sete Dias de Cinema", Rio de Janeiro, 13 ago. 1950 (datil.). Original depositado no Arquivo Alex Viany, Cinemateca do MAM. Este era um programa de rádio semanal apresentado pelo crítico na Rádio MEC.

mente *Henrique V* está presente na lista pelas discussões que suscitou na crítica mundial, especialmente na figura de Guido Aristarco.

A Industrialização do Cinema Brasileiro

As preocupações de Alex Viany relativas ao realismo são pouco aplicadas na análise dos filmes brasileiros. Por quais razões?

A sua posição sobre o documentário de curta-metragem brasileiro dá algumas pistas. Relembro a importância concedida pelo crítico ao documentário em geral, considerado como o repositório do realismo após o advento dos estúdios.

> Sabemos todos que não há razão para a pobreza técnica e artística da grande maioria de nossa produção de curta-metragem. A única razão que poderíamos apontar seria, naturalmente, a obrigatoriedade de sua exibição em todos os cinemas brasileiros – que, sem dúvida, tem animado muitos amadores irresponsáveis à fabricação de complementos tolos, inúteis e insuportáveis. Mas até isso não é suficiente para explicar a proporção por demais pequena de bons documentários curtos produzidos no Brasil nos últimos anos (*CM*, 16 ago. 1949).

Não é de se estranhar a simbiose filme curto/documentário, pois, naquele momento, quase todos os filmes com essa duração eram de não-ficção, ou seja, atualidades, documentários, cine-jornais, institucionais etc. Nesse trecho é possível identificar uma prevenção político-ideológica contra o documentário nacional ligada à proteção instituída por Getúlio Vargas em 1932 para esse tipo de produção[22]. Seguindo tal linha de raciocínio, o documentário brasileiro, na visão de Alex Viany, ao invés de ser o repositório do realismo, não passava na maioria das vezes de propaganda governamental.

Então quem sabe o crítico não percebe tendências realistas nos filmes brasileiros de ficção? Vários deles, entre 1949

---

22. O decreto 21.240/32 determinava, entre outras medidas relativas à atividade cinematográfica, a exibição compulsória de um filme brasileiro curto acompanhando o longa estrangeiro. Essa foi a primeira legislação federal brasileira sobre cinema.

e 1950, foram realizados em locação, um fator importante para o realismo, mas não determinante, conforme já vimos ao discutir o texto "Neo-realismo no Cinema Americano".

No balanço do ano de 1949 dedicado ao cinema nacional (*CM*, 14 fev. 1950), o filme de maior destaque, *Caminhos do Sul*, é saudado justamente pela utilização de locações ao ar livre. Para Maria Rita Galvão, o crítico estaria atento ao "processo histórico" do neo-realismo[23]. Entretanto, ao meu ver, a tentativa de Viany de valorizar a fita acaba por diluir-se a partir dos seus próprios conceitos sobre o realismo.

De fato, mesmo não existindo cópias de *Caminhos do Sul*, as fotos e o resumo do enredo levam-me a pensar que se trata da representação estilizada do pampa gaúcho. Além disso, o filme tem como atriz Tônia Carrero, com todo o seu *glamour*. Alguns dos aspectos que Alex Viany mais elogia nos realismos – americano, italiano ou francês – são justamente a falta de *glamour* dos atores e a ausência de estilização do cenário ou locação. E, principalmente, a característica apontada como central para o realismo, uma história sobre temas sociais relevantes, passa longe de *Caminhos do Sul*, cujo tema é considerado fraco (*CM*, 10 jan. 1950).

É importante atentar que no esquema histórico de Alex Viany, indicado anteriormente, o realismo – e o neo-realismo em particular – é uma volta ao passado glorioso, após a industrialização efetiva do cinema marcada, sobretudo, pelos estúdios. Mas o cinema nacional é tão atrasado que sequer passou pela industrialização, e esse é o horizonte de Viany ao analisar a produção brasileira. O realismo, portanto, não pode servir como categoria de análise.

Um problema no pensamento de Viany é que nos países com indústria cinematográfica desenvolvida o realismo faz parte da própria essência do cinema, um surgiu com o outro, para depois se perderem devido à industrialização; já no Brasil, o realismo não está presente na fase pré-industrial, segundo o entendimento de então do crítico.

---

23. Maria Rita Galvão, "O Historiador Alex Viany", em Alex Viany, *Introdução ao Cinema Brasileiro*, 2ª ed., Rio de Janeiro, Alhambra/Embrafilme, 1987, p. XII.

Tônia Carrero em *Caminhos do Sul*.

Ou seja, Viany trabalha com categorias diferentes para julgar o cinema internacional e o brasileiro. No primeiro caso, trabalha-se com um referencial marcado pelo realismo como estética. No segundo caso, com um processo de industrialização que permitiria abandonar o atraso corrente. Só assim podemos entender a intervenção do crítico, inteiramente favorável aos estúdios que o americano Howard Randall pretendia construir em São Gonçalo, estado do Rio de Janeiro (*RG*, 9 jul. 1949).

A preocupação com a industrialização reflete-se na observação de Viany sobre aspectos técnicos dos filmes nacionais, destacando sempre o que considerar uma evolução ou problemático em demasia. Eis alguns exemplos:

> A cinegrafia de Edgar Brasil é quase sempre limpa e bem iluminada. O som é quase sempre bom [Sobre *Também Somos Irmãos*] (*CM*, 27 set. 1949).

> Mesmo falha a continuidade existe. E existe um certo sentido de caracterização no tratamento das personagens, assim como um evidente cuidado na escolha de composições e angulações. A fotografia de Hélio Barroso Neto, na qual colaboraram Scliar e Fanto, é quase sempre de boa qualidade especialmente nos exteriores [Sobre *Caminhos do Sul*] (*CM*, 10 jan. 1950).

> Há poucos coordenadores – e pouquíssima coordenação [montagem] – nos filmes brasileiros. Até agora, pode-se dizer, não houve um só filme que fosse bem cortado e montado. Nisso, estamos urgentemente necessitados do auxílio estrangeiro, e compreendendo-o, diversos produtores já importaram coordenadores treinados em outros centros de produção. Só assim poderemos formar uma equipe nacional de montadores – e só assim serão evitados erros crassos de corte e montagem que ainda caracterizam o produto brasileiro (*CM*, 14 fev. 1950).

Na mesma época Alberto Cavalcanti, à frente da Vera Cruz, estava contratando técnicos estrangeiros em várias áreas. Como montadores vieram o austríaco Oswald Haffenrichter – ganhador do Oscar por *O Terceiro Homem* (Carol Reed, 1949) – e o inglês Rex Endsleigh[24].

---

24. Afrânio Mendes Catani, "A Aventura Industrial e o Cinema Paulista (1930-1955)", em Fernão Ramos (org.), *História do Cinema Brasileiro*, São Paulo, Círculo do Livro, 1987, p. 205.

A Questão do Conteúdo Autêntico no Cinema Brasileiro

O desenvolvimento industrial do cinema brasileiro não podia se dar de qualquer forma. Na análise da produção nacional a questão do conteúdo também é fundamental. Na já citada crítica sobre *Também Somos Irmãos*, Alex Viany afirma:

> José Carlos Burle e Alinor Azevedo merecem parabéns pela coragem demonstrada na feitura desse drama social. Se não conseguiram escapar, muitas vezes, de situações melodramáticas e inconvincentes, conseguiram, por outro lado, dar um cunho de sinceridade e honestidade a seu estudo da discriminação racial no Brasil.

O elogio ao filme é proveniente do tratamento sério de um problema social, conforme já vimos, essa é a característica essencial do realismo para Viany, mas em nenhum momento ele qualifica *Também Somos Irmãos* de realista. Apenas que: "É um passo acertado numa direção acertada".

Seria a direção do realismo? Não é especificado. Ao longo de 1950 a preocupação com o conteúdo continua, mas na forma da exigência do caráter nacional. As críticas negativas a *Quando a Noite Acaba* (Fernando de Barros, 1950) cobram essa característica.

> Entretanto, como bom organizador e trabalhador consciencioso [o diretor, Fernando de Barros], ele há de concordar comigo quando digo que o grande público preferiria, mesmo num espetáculo comercial, uma história mais legitimamente brasileira, com personagens e problemas brasileiros (*CM*, 4 jul. 1950).

Alex Viany não especifica o que seria uma história brasileira ou personagens e problemas brasileiros. Quem sabe, em *Também Somos Irmãos*, o elogio fosse ao tratamento de um problema brasileiro, com personagens brasileiros? No máximo o crítico qualifica de "autêntico", em *Quando a Noite Acaba*, as tomadas de um morro carioca ou o personagem interpretado por Roberto Acácio trabalhando.

A crítica de *Caiçara* (Adolfo Celi, 1950) tem semelhanças com a de *Quando a Noite Acaba*.

> A história, do italiano Adolfo Celi, que também faz no filme a sua estréia como diretor cinematográfico, é falsa e desenraizada, procurando

51

Maria Felix e Pedro Armendariz em *Enamorada*.

compensar, através do uso de tipos interessantes e motivos folclóricos fascinantes, a pobreza intrínseca da trama (*CM*, 21 dez. 1950).

A solução para a Vera Cruz seria contratar roteiristas brasileiros, pois eles saberiam "ambientar" corretamente as histórias em relação à terra e ao povo brasileiros. Porém, *Quando a Noite Acaba* também teve problemas de "ambientação", com um roteirista português há muito estabelecido no Brasil, Fernando de Barros. Além do mais, alguns meses antes, o articulista havia apoiado a contratação de montadores estrangeiros. Nesse caso, creio, entende-se que a montagem não influencia o caráter nacional da produção. Ao que tudo indica, a definição é dada de acordo com o nível de "ambientação" do roteiro. Mas Alex Viany não conceitua de forma clara o "autêntico" ou o "ambientado" em relação ao Brasil. Podemos apenas inferir de seus textos que os morros, a música popular ou os personagens populares iam nessa direção.

Mesmo considerando o roteiro, entendido como a história, a peça fundamental para qualificar tanto o realismo como a ambientação, até 1951 esses dois conceitos correm paralelos sem efetivamente serem cruzados.

O exemplo, naquele momento, para o cinema brasileiro era o cinema mexicano, em particular os filmes de Emílio Fernandez e Gabriel Figueroa. Veja-se o comentário sobre *Enamorada* (Emílio Fernandez, 1946):

"Enamorada" é, antes de mais nada, um espetáculo agradável. E sempre nos dá um gostinho da gente e das coisas mexicanas, que Fernandez & Figueroa, para gáudio de todos os fãs, continuam a analisar em filme após filme, num esforço elogiável de dar uma verdadeira tradição popular ao cinema de sua fascinante terra (*CM*, 4 jul. 1950).

Coincidentemente essa crítica foi publicada junto com a de *Quando a Noite Acaba*. Atingir uma "verdadeira tradição popular" é o possível e desejável para o cinema brasileiro, que só então começava a se industrializar.

Concluindo, é correto inferir que o realismo faria parte de uma etapa posterior e superior em relação à etapa na qual se encontrava o cinema brasileiro. Este deveria atingir a industrialização, para poder aspirar ao realismo. Talvez a "autenticidade" fosse um primeiro passo para o realismo, mas aí está criado um problema, pois, seguindo o esquema de Viany, perderíamos a "autenticidade" na medida em que a industrialização avançasse. Entretanto, o historiador não estabelece ligações claras entre realismo e "autenticidade".

2. O REALISMO SOCIALISTA E O NACIONAL-POPULAR

A Experiência na Maristela

Alex Viany mudou-se, no início de 1951, com a mulher e uma filha pequena para São Paulo, pois foi contratado em janeiro daquele ano como argumentista e roteirista da Maristela[1]. O "Departamento de Cenários" da empresa contratara também Millôr Fernandes, Max Nunes, Guilherme Figueiredo, Miroel Silveira, Carlos Ortiz e Ortiz Monteiro[2]. Viany pretendia ainda dirigir filmes na Maristela. Note-se que devido ao seu trabalho na atividade cinematográfica, se tornam mais escassas suas colaborações na imprensa.

1. Leon Eliachar, "Cinema Brasileiro Rumo a São Paulo", *A Cena Muda*, n. 3, Rio de Janeiro, 18 jan. 1951.
2. Afrânio Mendes Catani, *À Sombra da Outra*, São Paulo, dissertação de mestrado apresentada à FFLCH-USP, 1983, p. 109.

O crítico, desde a sua volta para o Brasil, vinha tentando ingressar na produção, porém sem muitos resultados. Já em 1949 escreveu um roteiro intitulado *Última Noite*, que deveria ser dirigido por Salomão Scliar e produzido por Andrea de Robillant. No ano seguinte participou como co-roteirista, ao lado de Ruy Santos e Jorge Ileli, e assistente de direção de *Aglaia*, filme inacabado de Ruy Santos. Em 1950 também são recorrentes os anúncios pela imprensa de que dirigiria *Sangue da Terra*, adaptação do romance *Cacau*, de Jorge Amado, com produção de Carmen Santos.

É, portanto, o emprego na Maristela que dá a oportunidade concreta de Alex Viany passar para a produção. Nesse momento sua atividade teórica concentra-se inicialmente em aulas ministradas no Seminário de Cinema, promovido pelo Museu de Arte de São Paulo, com o curso "Cinema Mudo e Sua História"[3]. As atividades de Viany na Maristela envolvem principalmente a retomada do roteiro *Última Noite*, cujo novo diretor seria Rugero Jacobbi, e a preparação de um outro roteiro intitulado *Sangue na Estrada*[4].

Acontece que a situação econômica da empresa complica-se rapidamente, e, a 21 de abril de 1951, Carlos Ortiz, Marcos Marguliès, José Ortiz Monteiro e Alex Viany, todos funcionários da casa, divulgam para a imprensa o "Relatório Sobre a Cinematográfica Maristela S. A."[5]. O documento inicia com uma reflexão sobre a importância educativa do cinema, caracterizado como arte popular.

> No presente momento, já não é mais possível insistir no filme de caráter meramente comercial. Uma prova disso é o desinteresse gradativo pelo cinema americano e o crescente entusiasmo pelo cinema de maior conteúdo.

---

3. Carta de Florentino Barbosa e Silva para Alex Viany, São Paulo, 23 jan. 1951, Arquivo Alex Viany, Cinemateca do MAM.
4. Leon Eliachar, "Ver Para Crer", *A Cena Muda*, n. 13, Rio de Janeiro, 29 mar. 1951.
5. Alex Viany, Carlos Ortiz, José Ortiz Monteiro e Marcos Marguliès, "Relatório sobre a Cinematográfica Maristela S. A.", em Carlos Eduardo Ornelas Berriel (org.), *Carlos Ortiz e o Cinema Brasileiro na Década de 50*, São Paulo, Secretaria Municipal de Cultura, 1981, pp. 64-66.

O aspecto industrial do cinema não é negado ou obscurecido, ao contrário, ele também é assinalado. Ocorre que, dentro da lógica do relatório, como o público – devido ao aumento da sua "consciência cultural" – crescentemente rejeita os filmes sem conteúdo, realizar esse tipo de filme significa fracassar não apenas artisticamente, mas também na bilheteria. No caso específico do filme brasileiro, esse conteúdo é definido, ao longo do relatório, como decorrente de "temas de caráter nacional".

Em maio, segundo Afrânio Mendes Catani, Marinho Audrá – o diretor-superintendente e responsável maior pelos investimentos na Maristela – deixa seu cargo, sendo substituído por Benjamin Finenberg[6]. Alex Viany, Carlos Ortiz e Ortiz Monteiro são demitidos nos primeiros dias de junho por Finenberg. Em resposta à demissão, divulgam em vários órgãos da imprensa a "Carta Aberta aos Amigos do Cinema Brasileiro"[7].

Uma questão presente de forma mais ou menos tênue no "Relatório Sobre a Cinematográfica Maristela S. A.", que se aguça na "Carta Aberta aos Amigos do Cinema Brasileiro", é a acusação contra os estrangeiros que trabalhavam no cinema nacional. Nesse último documento afirma-se:

> Logo que principiaram a trabalhar na Maristela, os abaixo-assinados puderam ver que a nova produtora ressentia-se de inúmeras deficiências de organização, originárias preliminarmente do próprio desconhecimento do ramo por parte dos proprietários da empresa, sem dúvida bem intencionados, e principalmente das debilidades profissionais de muitos dos técnicos alienígenas, garantidos por longos e onerosos contratos.

O "principal" problema seria decorrente dos "longos e onerosos contratos" de técnicos estrangeiros sem qualificação. Mas a ação nefasta deles não se esgotava aí. Mario Civelli, diretor-geral de Produção da Maristela, era estrangeiro e com apenas uma experiência no cinema nacional, o filme *Luar do*

---

6. Afrânio Mendes Catani, *op. cit.*, p. 146.
7. Alex Viany, Carlos Ortiz e José Ortiz Monteiro, "Carta Aberta aos Amigos do Cinema Brasileiro", em Carlos Eduardo Ornelas Berriel (org.), *op. cit.*, pp. 66-68.

Sertão (Tito Batini e Mário Civelli, 1947), salvo, segundo a carta aberta, pelo "brasileiro" Tito Batini. A demissão de Mario Civelli pouco ou nada adiantou, pois Benjamin Finenberg era ainda pior, além de estrangeiro era ligado profissionalmente a distribuidoras como a Paramount e a Metro. Na carta aberta as decisões de Finenberg, de reduzir a produção da Maristela para dois filmes anuais e demitir vários profissionais, acabam por caracterizá-lo como "interventor" ligado ao truste de Luiz Severiano Ribeiro. E os articulistas lembram que este, ao adquirir a Atlântida, também reduziu a produção da companhia para dois filmes por ano. No final do documento afirma-se não haver perseguição dos seus redatores contra os técnicos estrangeiros, desde que competentes, e menciona-se como exemplo positivo o fotógrafo italiano Aldo Tonti.

Os ataques contra os profissionais estrangeiros tornar-se-ão uma marca registrada dos nacionalistas, inclusive aqueles ligados à esquerda. Esses ataques xenófobos têm duas origens. A primeira, que parte de uma confusão ideológica, deve-se ao amalgamento da ação de empresas estrangeiras no Brasil com os seus funcionários de origem estrangeira, esses passam a responder como se fossem os responsáveis diretos por aquelas. A segunda deve-se à concorrência em um mercado de trabalho muito restrito, no qual os estrangeiros levavam a melhor, até porque em geral possuíam mais conhecimentos técnicos.

O Comunismo e os Congressos

O aspecto mais importante da passagem de Alex Viany pela Maristela não está diretamente ligado à empresa. Trata-se da sua conversão ao comunismo de forma convicta. Até a sua vinda para São Paulo podemos caracterizar o crítico como de esquerda, mas de forma difusa, sem nenhuma ligação teórica ou institucional profunda com o comunismo ou o PCB (Partido Comunista Brasileiro).

Em São Paulo, Viany conheceu várias pessoas ligadas concomitantemente ao cinema e ao PCB tais como Carlos Ortiz, Nelson Pereira dos Santos, Galileu Garcia e Roberto

Santos. Além disso, essa época foi marcada, segundo Antônio Canelas Rubim, por uma intensa campanha de formação ideológica orientada pelo partido, que chegou a montar uma rede de escolas para a divulgação do ideário stalinista, nos chamados "cursos Stálin". Alex Viany, em depoimento a Rubim, afirmou ter freqüentado um desses cursos[8].Uma vez engajado no PCB, Alex Viany participou ativamente de acontecimentos que agitaram o meio cinematográfico.

Alberto Cavalcanti, fora da Vera Cruz desde o início de 1951, foi encarregado por Getúlio Vargas de elaborar o anteprojeto do INC (Instituto Nacional de Cinema). Como nota José Inácio de Melo Souza, o anteprojeto impulsionou a organização das mesas-redondas promovidas pela APC (Associação Paulista de Cinema), que ocorreram nos dias 30 e 31 de agosto e no dia 1º de setembro de 1951[9]. O caráter das mesas-redondas era contrário a Cavalcanti, havendo um forte sectarismo ideológico por parte dos seus promotores, ligados em geral ao PCB. Devo relembrar que, de um ponto de vista político, nesse momento o partido opunha-se ferozmente ao governo Vargas.

Alex Viany tomou parte na organização do evento e no artigo "Mesas Redondas da APC" expôs os motivos do debate.

> Na história da evolução do cinema brasileiro, são decisivos os momentos que ele atravessa atualmente. Em primeiro lugar porque, depois de um largo período em que esteve entregue a aventureiros, curiosos e – no melhor dos casos – artesãos bem intencionados entra agora numa fase de aprimoramento técnico. Em segundo lugar, porque já há, mau grado a inépcia e a irresponsabilidade de muitos dos seus dirigentes, um princípio de base industrial. E, finalmente, porque o povo, cansado da brutalidade dos filmes norte-americanos e da morbidez de muitas películas européias, tem demonstrado estar disposto a aceitar todas as produções nacionais que apresentem um mínimo de qualidades técnicas e artísticas (*HO*, 28 ago. 1951).

Da citação acima é possível inferir que a História é importante, para Alex Viany, por possibilitar a percepção dos

---

8. Antônio Canelas Rubim, *Partido Comunista, Cultura e Política Cultural*, São Paulo, tese de doutorado apresentada à FFLCH-USP, 1986, p. 231.
9. José Inácio de Melo Souza, *Congressos, Patriotas e Ilusões*, São Paulo, 1981 (datil.), p. 52.

"momentos" decisivos para a ação. A utilização do plural na palavra "momentos" deve-se aos vários níveis objetivados pela ação, pois ela não era voltada apenas para a industrialização, mas também para o desenvolvimento técnico e artístico.

Voltando ao anteprojeto, ele foi discutido no terceiro dia de debates. O clima é assim descrito por Afrânio Mendes Catani:

> Cavalcanti não pôde ou não quis comparecer ao debate, mandando em seu lugar um membro de sua equipe de trabalho, o crítico de cinema do *Diário Carioca*, Décio Vieira Ottoni. A reação por parte dos congressistas era de total oposição aos termos do anteprojeto, e Vieira Ottoni mal conseguiu falar[10].

O sectarismo não era comum a todos aqueles ligados de alguma forma ao Partido Comunista. É digna de registro a posição de Salvyano Cavalcanti de Paiva que, em carta a Alex Viany, pondera sobre os exageros nos ataques publicados na imprensa partidária, dirigidos contra Cavalcanti e o seu anteprojeto[11].

Mas Alex Viany, ao contrário, seguia totalmente a chamada "linha justa". Significativa é uma carta ao amigo Vinicius de Moraes[12], que nesse momento auxiliava Cavalcanti na elaboração do anteprojeto. O poeta e diplomata voltou de Los Angeles para o Rio de Janeiro em 1951 e, segundo registra Carlos Augusto Calil, desejava ingressar na produção cinematográfica[13]. O contato entre Vinicius e Alex manteve-se através de correspondência, mas o afastamento é progressivo devido aos posicionamentos políticos e cinematográficos de ambos. Na carta, após relatar "a justa e incontrolável indigna-

---

10. Afrânio Mendes Catani, "A Aventura Industrial e o Cinema Paulista (1930-1955)", em Fernão Ramos (org.), *História do Cinema Brasileiro*, São Paulo, Círculo do Livro, 1987, p. 279.
11. Carta de Salvyano Cavalcanti de Paiva para Alex Viany, Rio de Janeiro, 21 ago. 1951, Arquivo Alex Viany, Cinemateca do MAM.
12. Carta de Alex Viany para Vinicius de Moraes, São Paulo, 4 set. 1951, Arquivo Alex Viany, Cinemateca do MAM.
13. Carlos Augusto Calil (org.), "Com sua Permissão, Vinicius de Moraes...", em Vinicius de Moraes, *O Cinema de Meus Olhos*, São Paulo, Companhia das Letras/Cinemateca Brasileira, 1991, pp. 19-20.

túlio Vargas e Alberto Cavalcanti.

ção" na mesa-redonda da APC contra o anteprojeto, Viany observa:

> No caso, como em tudo, atualmente, não há mais que duas atitudes. Ou somos pela independência do Brasil, ou somos pelo entreguismo e pelo Getúlio. Ou será que ainda há "homens de esquerda" com ilusões quanto à política do governo?
> De minha parte, quero que você saiba, de uma vez por todas, que sou 100% contra Getúlio Vargas e tudo o que ele representa. Portanto, sou 100% contra o anteprojeto que cria o INC ou qualquer outro que não situe de maneira positiva quais são os inimigos do cinema brasileiro, e que não indique como combatê-los.

A oposição simplista imperialismo *versus* nacionalismo é uma das marcas registradas da ideologia stalinista. Não existe lugar para brechas ou contradições dentro do sistema, e qualquer forma de diálogo é entendida como capitulação. A ruptura com tudo que não siga os dogmas é a solução.

A exasperação stalinista fica bem caracterizada na produção intelectual do crítico. Para continuar com Cavalcanti e o INC, observe-se o texto "A Ameaça do Instituto Nacional de Cinema", no qual ficam expostas as razões dos ataques ao anteprojeto (*AS*, out. 1951). Basicamente, para Alex Viany, o INC seria uma nova versão do DIP (Departamento de Imprensa e Propaganda) do Estado Novo, um "super-DIP", e isso porque: o órgão ficaria atrelado ao Ministério da Justiça – quando o ideal seria o Ministério da Educação[14]–, promoveria a censura prévia dos argumentos e roteiros, monopolizaria a importação de filme virgem e faria um fichário cadastrando todos os profissionais da área cinematográfica. Complementando seus ataques, Viany afirma que a censura prévia atingiria os "elementos democráticos" do cinema brasileiro, pois se um deles tentasse produzir adaptações de obras como *Os Sertões* ou *O Triste Fim de Policarpo Quaresma* – qualificadas como críticas em relação à realidade brasileira –, o INC fatalmente as censuraria ou negaria o repasse de filme virgem.

---

14. Segundo Anita Simis, o anteprojeto de Cavalcanti previa que o INC ficaria subordinado ao Ministério da Educação. Ver Anita Simis, *Estado e Cinema no Brasil*, São Paulo, Annablume/Fapesp, 1996, p. 164.

Toda essa argumentação é exemplar dos métodos utilizados pelos intelectuais e/ou jornalistas stalinistas naquele momento. A partir de um ou dois pontos polêmicos invalida-se todo o anteprojeto, especulando ao máximo com os pontos negativos. Pior do que isso, o procedimento de aproximar o governo Vargas dos anos de 1950 com o do Estado Novo era característico não apenas dos comunistas, mas também da imprensa de direita com o *Correio da Manhã* e *O Estado de S. Paulo* à frente. Não se cogitava, naquele momento, a possibilidade de alianças entre a esquerda e o trabalhismo em nenhum campo da sociedade.

O Partido Comunista, embora estivesse na ilegalidade, mantinha uma ampla rede de comunicação, entre jornais e revistas, e sua militância nos meios intelectuais e artísticos era bastante expressiva[15]. A principal revista de divulgação cultural do partido, na primeira metade dos anos de 1950, foi a paulista *Fundamentos*. Para Mariarosaria Fabris a publicação, criada em 1948, começou a demonstrar um interesse mais efetivo por cinema a partir de abril de 1950 – no seu número 14 –, chegando em julho de 1951 – no número 20 – a dedicar ao cinema a maior parte das suas matérias[16].

Alex Viany publicou três longos artigos em *Fundamentos*: "Breve Introdução à História do Cinema Brasileiro", "A Função do Crítico de Cinema" e "O Cinema Nacional".

"Breve Introdução à História do Cinema Brasileiro" saiu no número 20 (*FU*, jul. 1951) e não o comentarei aqui, pois efetuarei uma detida análise em capítulo posterior dedicado aos textos sobre história do cinema brasileiro escritos por Viany. Basta assinalar essa como a primeira reflexão aprofundada do crítico sobre a história do cinema nacional.

O artigo "A Função do Crítico de Cinema" expõe as novas concepções estéticas de Alex Viany, marcadas pelo stalinismo (*FU*, fev. 1952). O pressuposto inicial do autor é que cabe ao crítico educar o público, apontando as qualida-

---

15. Para uma abordagem ampla sobre a questão cultural para o Partido Comunista ver Antônio Canelas Rubim, *op. cit.*

16. Mariarosaria Fabris, *Nelson Pereira dos Santos: Um Olhar Neo-Realista?*, São Paulo, Edusp/Fapesp, 1994, pp. 64-65.

des e os defeitos de cada obra cinematográfica. A partir daí, passa a distinguir os tipos de crítico: aqueles que apenas reproduzem os modelos de crítica elaborados pelos departamentos de publicidade das produtoras de Hollywood; os "fósseis" que, apesar de estudar a arte cinematográfica, não reconhecem o cinema sonoro, apreciando apenas o cinema mudo; e os "estetas". Para Viany o primeiro grupo não pode ser levado a sério e o segundo ficou parado no tempo, não precisando fazer maiores comentários; a sua preocupação recai sobre o terceiro grupo.

> Sem ter parado inteiramente no tempo, pois admitem a evolução da forma, estes críticos [os "estetas"] insistem no princípio superado – e superado há tantos séculos! – da arte pela arte, condenando tudo em que haja conteúdo humano e positivo, afirmando que a arte só deve servir à Arte (assim mesmo, com maiúscula), e lamentando cada passo que o cinema dá para diminuir o abismo que o separa do povo.

Para o autor, o fim do "abismo" entre o cinema e o povo não se dá através dos filmes comerciais hollywoodianos, que afinal de contas têm um grande público, pois nesse caso os espectadores estariam "viciados" no produto hegemônico no mercado.

> Durante muitos anos, a moral de nossas platéias foi de tal maneira minada que elas chegaram a perder muitas de suas características nacionais, aceitando sem sentir o cosmopolitismo degenerado de Hollywood.
> Esta visto que os críticos desonestos, os fósseis, os reacionários e os formalistas contribuíram para esse estado de coisas. E o pior é que há críticos aparentemente honestos nesse meio – alguns deles com foros de democratas e mesmo esquerdistas. Mas esses críticos traem o público que os lê, desmentem todos os princípios políticos que afirmam seguir, quando escrevem uma coisa assim: "A história não presta (ou não tem conteúdo), mas o filme é tão bem feito que merece ser visto".

A função do crítico seria discernir nos filmes suas características nacionais ou, por oposição, cosmopolitas, a partir da análise do conteúdo. A forma ocuparia um lugar secundário dentro do quadro analítico do crítico e totalmente subordinada ao conteúdo. Ou seja, sem um conteúdo nacional a forma não pode ser boa, somente a partir da existência de um conteúdo nacional se pode aferir a realização do filme como forma.

Ao centrar-se na relação do crítico com o cinema brasileiro, a discussão tem implícita a idéia de que se o conteúdo nacional é o elemento mais importante na análise de um filme, então o crítico estaria mais bem qualificado para analisar as obras do país em que vive.

> De uns anos para cá, o cinema brasileiro parecia ir adquirindo as mais estranhas características: houve uma enxurrada de filmes de ambiente praiano, e a necrofilia dominou os cineastas patrícios. Suicídios, crimes, enterros e cemitérios começaram a constituir lugares comuns.
> Ao mesmo tempo, a maioria absoluta dos críticos nada fazia para combater a influência do cosmopolitismo dos filmes estrangeiros (especialmente norte-americanos), cantava hosanas ao formalismo das importações violentas, sádicas, derrotistas e degeneradas – e, no que diz respeito ao cinema nacional, deixava de lado a crítica às histórias sem pátria e sem sentido para soltar vivas ao princípio de industrialização de nosso cinema e ao melhoramento de nosso nível técnico.

E Alex Viany adverte que um filme não é brasileiro apenas por sua ação transcorrer no Brasil ou por ter sido filmado em estúdios brasileiros.

> *Caiçara, Presença de Anita, Terra é Sempre Terra, Suzana e o Presidente, Anjo do Lodo, Liana a Pecadora, Ângela* e outros filmes recentes não podem ser tidos como brasileiros se nada apresentaram de brasileiro e nada contribuíram para a formação de uma tradição cinematográfica brasileira.

Para Viany esses filmes não são brasileiros, pois não têm características brasileiras, são cosmopolitas e pessimistas. A pergunta que se pode fazer é: o que torna um filme brasileiro? Ou, para ficar nas fixações do crítico, o que torna o conteúdo do filme um conteúdo brasileiro?

> E esses filmes [aqueles "legitimamente brasileiros"], como nós os entendemos, têm de ser positivos, têm de mostrar o povo e seus problemas, têm de ir buscar na vida do povo as características de uma arte nova e essencialmente popular.

Acima está descrito um quarto grupo de críticos, aqueles que julgam o filme a partir do conteúdo e lutam pelo fim do "abismo" entre o cinema e o público. Embora o autor não use a terminologia, são os críticos seguidores do realismo socialista como orientação. Nesse momento as idéias zdhanovistas são as dominantes no PCB, dentre os vários matizes de realismo socialista, seguindo de perto as orientações soviéticas[17]. Antônio Canelas Rubim assim caracteriza esse realismo socialista:

> Segundo este modelo, rigidamente definido por Zdhanov e seus discípulos, a arte deveria conjugar o realismo com o romantismo revolucionário, através do qual se captaria o movimento transformador da realidade, mesmo que ele só existisse enquanto indícios ou sementes. Na quase totalidade das produções culturais este movimento do real é, sem mais, identificado com o Partido Comunista e seus militantes[18].

À luz dessa explicação é possível articular melhor o que Viany tem dificuldade em definir. Os "problemas do povo" brasileiro tinham de ser mostrados, mas sem pessimismo, com soluções que pudessem ser identificadas com o ideário do Partido Comunista, isso seria a base de um conteúdo nacional. A caracterização nacional tem grande importância devido à oposição stalinista do cosmopolitismo *versus* nacionalismo, sendo aquele representante do imperialismo e este das forças populares.

O artigo "O Cinema Nacional" (*FU*, jun. 1952) anuncia efusivamente o sucesso do I Congresso Paulista do Cinema Brasileiro, ocorrido entre 15 e 17 de abril de 1952, e divulga como próxima a realização do I Congresso Nacional do Cinema Brasileiro. É a partir das resoluções do conclave paulista e das expectativas em relação ao nacional que o autor analisa a conjuntura do cinema brasileiro. Alex Viany reafirma que o cinema brasileiro começava a industrializar-se, intensificando-se a formação dos quadros técnicos e artísticos e o aumento da renda dos filmes nacionais de qualidade melhor. Apesar desses pontos positivos, a situação era preocupante.

---

17. A morte de Andrei Zdhanov, em 1948, não impediu a continuidade da predominância das suas idéias no controle da produção artística, ver Jay Leyda, *Historia del Cine Ruso y Soviético*, Buenos Aires, Editorial Universitario de Buenos Aires, 1965, p. 506.
18. Antônio Canelas Rubim, *op. cit.*, p. 311.

O que temos à frente é o problema da existência e da sobrevivência do cinema brasileiro. Assim, de pouco adiantará a solução parcial de problemas da produção se também não forem solucionados os mais graves problemas com que se defronta o cinema brasileiro nos setores da distribuição e da exibição. E, por outro lado, não estará garantida a sobrevivência de nosso cinema apenas através de leis que assegurem a exibição de nossa produção no mercado interno.

Esse parágrafo é demonstrativo dos avanços de Viany na compreensão sobre a problemática do cinema brasileiro. Tais avanços podem ser identificados na consciência da necessidade de garantir a distribuição e a exibição para que a produção tivesse continuidade, bem como pelo entendimento de que apenas a reserva de mercado não era suficiente para promover a industrialização.

A influência do stalinismo fica clara na bipolaridade típica dessa teoria, que é esboçada pelo autor:

Para que se encontre uma solução geral e satisfatória, é necessário procurar, antes de mais nada, a raiz dos males que afligem a nossa indústria cinematográfica nascente. E essa raiz, comum aos três setores de que falamos, é a crescente penetração dos monopólios estrangeiros, direta ou indiretamente, na estrutura do movimento cinematográfico brasileiro.

Se por um lado o stalinismo, através do realismo socialista zdhanovista, empobreceu muito as análises fílmicas de Alex Viany, por outro lado, forneceu um instrumental que, apesar de mecânico, permitiu-lhe ampliar a reflexão econômica sobre o cinema brasileiro. Até esse momento mesmo os críticos comunistas – como Carlos Ortiz e Salvyano Cavalcanti de Paiva – não analisavam o cinema como imbricação profunda entre arte e indústria, isso para não falar dos "estetas" – especialmente Moniz Vianna, Almeida Salles e B. J. Duarte – que em geral o analisavam somente como arte. Apesar dos pesares, por intermédio do stalinismo, Viany passou a realizar uma análise materialista e isso consistiu em uma novidade fundamental para o pensamento cinematográfico industrial brasileiro. Não se partia da inspiração distante do cinema americano, buscava-se uma base concreta observando o mercado brasileiro.

Representativo da lucidez do crítico, nesse aspecto, é ele não defender uma cota de tela para a produção nacional e sim a restrição na importação de filmes estrangeiros. Em países como a Alemanha tal sistema fora adotado há muito, mas no Brasil não se aventava esta solução, mesmo os que pregavam o protecionismo para a produção nacional contentavam-se com a cota de tela[19].

Finalizando o artigo, há uma convocação para que no I Congresso Nacional do Cinema Brasileiro seja formado o Movimento de Defesa do Cinema Brasileiro, cuja criação foi proposta na Declaração de Princípios do congresso paulista. Esse movimento é claramente calcado nos Centros de Estudo e Defesa do Petróleo e da Economia Nacional[20]. Aliás, no próprio artigo, compara-se a causa do cinema com a do petróleo. Da mesma forma que os centros, o Movimento de Defesa do Cinema Brasileiro serviria como uma frente nacionalista sob a hegemonia dos comunistas.

> Nessa frente, que é o Movimento de Defesa do Cinema Brasileiro, só não estarão os inimigos de nosso cinema. Mas, assim, eles serão desmascarados mais rapidamente, e mais facilmente poderão ser combatidos.

Toda a expectativa quanto ao I Congresso Nacional do Cinema Brasileiro não era injustificada. O congresso paulista – no qual Viany presidiu os trabalhos do segundo dia e apresentou as teses "Responsabilidades e Direitos do Escritor de Cinema", "Problemas da Produção à Exibição" ou "Problemas do Cinema Brasileiro – da Produção à Exibição" e "A Missão do Crítico de Cinema"[21] – debateu e propôs várias questões que seriam os eixos das discussões cinematográficas na década de 1950 e mesmo depois.

A tese "A Missão do Crítico de Cinema"[22] discute inicialmente os problemas profissionais do crítico.

> Quando não está no cinema ou escrevendo sobre cinema, tem de garantir a sua subsistência ou em outras funções jornalísticas ou mesmo em funções inteiramente desligadas do cinema e do jornalismo.

19. Anita Simis, *op. cit.*, p. 129.
20. Antônio Canelas Rubim, *op. cit.*, p. 199.
21. José Inácio de Melo Souza, *op. cit.*, pp. 56, 135-136.
22. Alex Viany, "A Missão do Crítico de Cinema", São Paulo, abr. 1952 (datil.), Arquivo Alex Viany, Cinemateca do MAM.

Ademais, vários críticos seriam improvisados na função, não conhecendo realmente a arte cinematográfica. Para o autor, a solução estaria na criação de uma associação de classe específica e ele lembra a existência da ABCC – órgão presidido por Viany no período 1950-1951 –, mas reconhece que a atuação dessa era praticamente restrita ao Rio de Janeiro. Sugere, então, a formação da Associação Paulista de Cronistas Cinematográficos, que deveria discutir um programa e apresentá-lo no I Congresso Nacional do Cinema Brasileiro, com a finalidade de reformular a ABCC e torná-la uma entidade realmente de âmbito nacional.

Até esse momento, as preocupações da tese não repetem as do artigo "A Função do Crítico de Cinema". Mas ao abordar os métodos que os críticos deveriam seguir, sua argumentação vai pelo mesmo caminho: ao crítico cabe aproximar o público do cinema de qualidade, para tanto deve utilizar uma linguagem acessível, pois o público procura orientação. Além disso:

> O crítico deve saber que o público vai ao cinema para ver uma história. E o público está absolutamente certo nisso. O que mais vale num filme é a história.

Já sabíamos, pelo artigo publicado em *Fundamentos*, que a história – como expressão do conteúdo – era o elemento mais importante na análise do crítico, porém, ali não havia menção à coincidência do público também se interessar prioritariamente pela história.

Na relação do crítico com o cinema brasileiro, repete que a "missão" é, ao analisar as histórias, separar as brasileiras das cosmopolitas, não elogiando acriticamente o processo de industrialização.

O mais interessante na tese é a sugestão de que a associação dos críticos deveria recomendar aos seus filiados seguirem nas análises, *grosso modo*, os critérios expostos por Viany. Ou seja, a associação mais do que defender os interesses profissionais serviria como um órgão de controle ideológico.

Ressalto que a tese "Responsabilidades e Direitos do Escritor de Cinema"[23] complementa o artigo "A Função do Crítico de Cinema" e a tese "A Missão do Crítico de Cinema". Aquela tese, na parte dedicada às responsabilidades, supõe que a "despersonalização" da produção nacional é causada pela "importação de técnicos estrangeiros" e pela "imitação de sucessos cinematográficos estrangeiros". Caberia ao argumentista e/ou roteirista escrever histórias que contribuíssem "para a formação de um estilo brasileiro de cinematografia, que tenha ligações com a vida e os problemas de nosso povo, ou que pelo menos reflita alguma coisa de seus hábitos e costumes".

Já vimos, ao tratar da missão dos críticos, como se sustenta ideologicamente tal concepção. O importante é atinar para a posição central do argumentista e/ou roteirista, pois como o conteúdo define o "estilo brasileiro" no roteiro já se poderia antever ou mesmo definir tal estilo. Essa posição converge, não casualmente, com o pensamento cinematográfico soviético produzido sob a influência do zdhanovismo, segundo o qual argumento e roteiro são os eixos fundamentais da criação cinematográfica. É curioso notar que os excessos em torno do argumento e do roteiro, segundo Albert Cervoni, foram uma das causas principais do número reduzido de produções soviéticas no final dos anos de 1940 e no início dos anos de 1950[24].

A segunda parte da tese de Viany é dedicada aos direitos do escritor de cinema, já havendo sido exposta nas mesas-redondas da APC. O autor defende a melhoria das condições de trabalho dos profissionais contratados pelos estúdios – estes, a seu ver, deveriam conceder um "prazo razoável" para a elaboração dos roteiros e pagar melhores salários – e entende que os profissionais independentes deveriam arrendar seus textos e não mais os vender. Defende também:

---

23. Alex Viany, "Responsabilidades e Direitos do Escritor de Cinema", São Paulo, abr. 1952 (datil.), Arquivo Raquel Gerber, Cinemateca Brasileira.

24. Albert Cervoni, "Le cinéma 'stalinien' ", em Jean-Loup Passek (org.), *Le cinéma russe et soviétique*, Paris, Centre Georges Pompidou/ l'Enquerre, 1981, p. 80.

Tal como na França, o escritor de cinema deve ter a garantia de que sua história não será modificada, sem consentimento seu, pelo produtor ou mesmo pelo diretor.

É importante notar a convergência dessa reivindicação com a idéia de que no roteiro já haveria a definição ou a negação do "estilo brasileiro". Distendendo a proposição de Viany, é possível pensar que, no limite, um roteiro "brasileiro" resultaria em um filme "brasileiro" mesmo realizado pelos estúdios "cosmopolitas".

No I Congresso Nacional do Cinema Brasileiro, realizado no Rio de Janeiro entre 22 e 28 de setembro de 1952, há novamente a participação intensa do crítico que ocupou o cargo de secretário do conclave e quando do encerramento leu a declaração de princípios e as resoluções. Alex Viany apresentou as teses "Responsabilidades e Direitos do Escritor de Cinema" – discutida em São Paulo – e "Distribuição Única dos Filmes Brasileiros" – que parece ser a mesma apresentada no congresso paulista com o título "Problemas da Produção à Exibição" e defendia a constituição de uma distribuidora central para escoar toda a produção nacional[25].

Para levar as propostas do I Congresso Nacional do Cinema Brasileiro à Comissão de Cinema da Câmara Federal, na qual se discutia a criação do INC, foi nomeada uma comissão composta por Moacyr Fenelon e Gustavo Nonnenberg (representantes dos produtores), Alex Viany (representante dos trabalhadores), Oswaldo Massaini (representante dos distribuidores) e Edmundo Lys (representante dos críticos).

O II Congresso Nacional do Cinema Brasileiro realizouse em São Paulo, entre 12 e 20 de dezembro de 1953. Alex Viany já havia voltado a residir no Rio de Janeiro, por isso fez parte da delegação carioca e foi o seu representante na mesa diretora da abertura solene. Apresentou a tese "Limitação de Importação e Taxação do Filme Estrangeiro por Metro Linear", cujo relator foi Cavalheiro Lima e que teve viva repercussão no conclave e na imprensa[26].

25. José Inácio de Melo Souza, *op. cit.*, p. 76.
26. Não consegui encontrar cópia desta tese, para analisá-la foram usados José Inácio de Melo Souza, *op. cit.*, pp. 105-108; Flávio Tambellini,

Antes de analisar a proposta de Viany, é necessário atentar que, segundo José Inácio de Melo Souza: "O II Congresso Nacional do Cinema Brasileiro é marcado profundamente pela crise da grande produção"[27].

Ou seja, naquela altura a Maristela estava parada e as dificuldades da Vera Cruz configuravam-se de forma clara, havendo constante divulgação pela imprensa dos problemas financeiros dessa companhia.

A tese de Alex Viany é o desdobramento muito desenvolvido de um ponto abordado no texto "O Cinema Nacional": a restrição à importação dos filmes estrangeiros. Na tese, Viany entende ser necessário, primeiramente, fazer um levantamento anual do número total de filmes que podem ser consumidos pelo mercado brasileiro, para então estabelecer por meio legal – a Lei do Contingente – a quantidade máxima de filmes importados. O autor exemplifica: em 1952 entraram no Brasil novecentos filmes estrangeiros enquanto a produção nacional foi de pouco mais de trinta filmes, dever-se-ia, portanto, limitar a importação a no máximo setecentos filmes estrangeiros, abrindo espaço no mercado para a produção brasileira em escala industrial. Complementando a "Lei do Contingente", sugeria o aumento da taxação do filme importado impressionado, que de Cr$ 1,50 o metro linear deveria passar para Cr$ 10,00 ou Cr$ 8,00 – nesse caso se o filme fosse copiado no Brasil. Por último, previa-se que as rendas auferidas com a cobrança da taxa acima seriam revertidas pelo governo na produção cinematográfica, através da criação da Carteira Bancária de Crédito Cinematográfico. O plenário aprovou integralmente a tese, não sem antes haver forte oposição daqueles favoráveis ao aumento da taxação do metro linear mas que consideravam Cr$ 10,00 um preço abusivo, tais como o produtor Jayme Pinheiro e o exibidor Monsueto de Gregório.

"Cinema", *Diário da Noite*, São Paulo, 17 dez. 1953; Fernando de Barros, "Relatório do 3º e 4º Dias do Congresso", *Última Hora*, São Paulo, 18 dez. 1953; Carlos Oliveira, "Haverá Salvação Para o Cinema Nacional?", *Manchete*, n. 88, Rio de Janeiro, 26 dez. 1953; "O 'Esquema Aranha' é a Morte do Cinema Nacional", *Imprensa Popular*, Rio de Janeiro, 29 dez. 1953.

27. José Inácio de Melo Souza, *op. cit.*, p. 98.

A posição de Jayme Pinheiro merece destaque, pois tem como pano de fundo a questão político-ideológica. Isso fica claro quando, após o congresso, o Sindicato Nacional da Indústria Cinematográfica, órgão do qual Jayme Pinheiro era membro influente, retira o seu apoio às decisões tomadas. O motivo que justificou tal decisão foi a recomendação de reatar relações comerciais e diplomáticas com os países do leste europeu.

Em resposta, Alex Viany escreve a "Carta Aberta a Jayme Pinheiro" (*JC*, fev. 1954). Qualificando o destinatário de "conservador", argumenta:

> Você bem sabe que, apesar de nossas profundas e irreconciliáveis divergências políticas, sempre o respeitei como um grande conhecedor dos problemas do cinema brasileiro. E nunca hesitei em trabalhar a seu lado, como nunca hesitei em trabalhar ao lado de quem quer que fosse, logo que estivéssemos tratando de interesses do cinema brasileiro.

Aí está um típico exemplo da ideologia nacionalista, utilizada para encobrir as diferenças políticas e também os interesses corporativos. Todos deveriam submeter-se aos "interesses do cinema brasileiro" como se esses fossem convergentes para a esquerda e a direita, para os trabalhadores e para os produtores. E Viany reforça o seu raciocínio ao afirmar que muitos "conservadores" estranharam as atitudes de Jayme Pinheiro.

Que Fazer?

A fase de exasperação stalinista no pensamento estético de Alex Viany, traduzida na sua adesão ao zdhanovismo, começa a diluir-se no segundo semestre de 1953, época na qual aos poucos retorna à atividade sistemática na imprensa. Podemos constatar essa diluição numa enquete promovida por Jorge Ileli, da qual Viany participa[28].

---

28. Jorge Ileli, "O Momento do Cinema Nacional", *A Cigarra*, n. 234, Rio de Janeiro, set. 1953.

Se *O Cangaceiro* e *Sinhá Moça* e, antes, *O Comprador de Fazendas*, *Caminhos do Sul*, etc., indicaram o caminho dos assuntos brasileiros, apesar de falseá-los, filmes como *Amei um Bicheiro* e *Agulha no Palheiro* estão muito mais dentro da realidade, não só em seus orçamentos, mas também no *tratamento brasileiro* que deram aos personagens e às situações [grifo do texto original].

Não se reduz mais a "brasilidade" da obra cinematográfica ao conteúdo, à história ou roteiro. Faz-se necessário um "tratamento brasileiro" para que os "assuntos brasileiros" cheguem a uma expressão nacional.

Caracteriza-se aí o afastamento do realismo socialista de caráter zdhanovista, aproximando-se de outras formas do realismo socialista. Para tanto, de fundamental importância foi a leitura da obra de Guido Aristarco, especialmente a *Storia delle Teoriche del Film*, publicada em 1951. Não foi possível identificar exatamente quando Viany leu o livro, mas certamente até junho de 1953 já o havia feito, pois é a época em que escreve ao crítico italiano tentando editar o livro no Brasil[29].

Para Francesco Casetti, a obra de Guido Aristarco é influenciada pela estética de Georg Lukács e de Antonio Gramsci. Especificamente em relação ao cinema, Casetti define as posições de Aristarco como opostas às de Cesare Zavattini.

> Assim mesmo é possível definir, no centro desse repertório de intervenções, um núcleo de reflexão: à idéia de um confronto direto entre o cinema e a realidade [perspectiva de Zavattini] opõe-se uma relação muito mais complexa [perspectiva de Guido Aristarco]; à idéia de uma orientação inata do cinema para a vida opõe-se a idéia de que esta predisposição deve de uma certa forma ser cultivada e dirigida; à idéia de uma conquista do real fora de qualquer fórmula preestabelecida opõe-se a idéia de que narrando o mundo, o cinema possa e deva pôr-se à mercê das experiências já realizadas pela literatura[30].

Não se deve estranhar o fato de Alex Viany entrar em contato com as teorias de Guido Aristarco. Lembro que, além de manter-se informado lendo os principais críticos europeus,

---

29. Carta de Alex Viany para Guido Aristarco, Rio de Janeiro, 10 jun. 1953, Arquivo Alex Viany, Cinemateca do MAM.
30. Francesco Casetti, "Le néoréalisme italien: le cinéma comme reconquête du réel", *Cinemáction*, Paris, n. 60, jul. 1991, p. 75.

as reflexões de Viany no plano do cinema internacional estão fortemente voltadas para o neo-realismo e, já naquele momento, os seus desdobramentos.

É de registrar-se que Lukács entre 1950 e 1953 havia sido obrigado a abandonar a vida pública, tendo feito "autocrítica" devido às acusações de "revisionismo"[31]. A independência do movimento comunista italiano em relação à União Soviética possibilitava a existência de reflexões como as de Guido Aristarco sem maiores problemas políticos. Como o cinema tinha pouca importância dentro da política cultural do PCB quando comparado com a literatura e as artes plásticas, abria-se espaço para o que no tempo do stalinismo dominante poderia ser considerado um "desvio"[32]. Finalmente, segundo Dênis de Moraes, a partir de 1953 com a morte de Stálin, gradualmente inicia-se o declínio do sectarismo e do próprio realismo socialista[33].

A *História das Teorias do Cinema* comenta e critica as teorias de autores como Leon Moussinac, Dziga Vertov, Béla Balázs, Vsevolod Pudovkin, Serguei Eisenstein, Paul Rotha, Umberto Barbaro, Luigi Chiarini etc. Partindo do entendimento de que os problemas da teoria cinematográfica devem ligar-se aos problemas da estética em geral e que, portanto, o verdadeiro problema é saber qual a estética realmente válida, se a idealista ou a materialista dialética, as preocupações de Aristarco, com relação às teorias analisadas, podem ser condensadas assim:

> Hoje o cinema precisa, mais do que de ensaios que demonstrem a sua natureza antinaturalista e portanto artística (campo já validamente explorado), de profundas análises sobre os novos aspectos estéticos particulares

---

31. José Paulo Netto, *Georg Lukács*, São Paulo, Brasiliense, 1983, p. 66.
32. O início da recepção de Lukács no Brasil data de 1959, ampliando-se após o golpe de 64. Nélson Werneck Sodré na edição de 1960 da *História da Literatura Brasileira* utiliza o conceitual lukácsiano. Ver Celso Frederico, "A Presença de Lukács na Política Cultural do PCB e na Universidade", em João Quartim de Moraes (org.), *História do Marxismo no Brasil*, Campinas, Editora da Unicamp, 1995, vol. II, pp. 184-188.
33. Dênis de Moraes, *O Imaginário Vigiado*, Rio de Janeiro, José Olympio, 1994, pp. 16-17.

que vai apresentando, ou de mais estudos monográficos sobre alguns dos seus meios expressivos, naturalmente considerados no âmbito de uma visão geral dos problemas[34].

Os ensaios que demonstravam o antinaturalismo do cinema eram caracterizados por defender a montagem como base do específico fílmico e o predomínio da imagem sobre o som, tendo cumprido sua função na luta pela afirmação do cinema como arte. Acontece que, para Aristarco, esse momento já havia passado, fazia-se necessário recolocar a discussão teórica sobre cinema em novos padrões, pois os antigos não davam conta dos filmes contemporâneos. Significativamente o último capítulo do livro intitula-se "Crise Duma Teoria e Urgência da Revisão". Afirma-se que a montagem não é específica do cinema sendo encontrada na literatura, na música e até no teatro, o som em alguns casos tem função central na arte cinematográfica, a falta de cortes não pode ser identificada com falta de valor artístico e a cor pode também exercer uma função fundamental no filme.

> Dizer, como acontece ainda muitas vezes, que filmes ou seqüências de filmes são "cinematograficamente" belos, magistrais, sugestivos e assim por diante, enumerando adjetivos, não significa nada ou significa bem pouco: em qualquer caso não constitui juízo crítico mas, quando muito, crítica exclamativa, isto é, pseudocrítica. Filmes ou seqüências de filmes chamados cinematograficamente belos, magistrais, sugestivos etc., encontrarão os seus valores determinantes, as sua íntimas justificações, quando empregados com função psicológica, espiritual, temática, admitindo que tais filmes e tais seqüências contenham uma psicologia, um tema, um conteúdo: elementos necessários para a obra que pretenda ser arte. E é tarefa do crítico e do ensaísta sondar, especificar, encontrar as razões profundas que induziram o realizador a empregar este ou aquele método de trabalho, este ou aquele meio expressivo, esta ou aquela estrutura. Tudo isso só é possível se inserirmos o cinema nos problemas da arte, da vida, da história, da cultura[35].

Guido Aristarco reconhece a importância do "conteúdo" e até sua primazia, mas não o coloca como único elemento para a realização da obra cinematográfica. O crítico precisa

---

34. Guido Aristarco, *História das Teorias do Cinema*, Lisboa, Arcádia, 1961, vol. II, p. 172.
35. *Idem*, pp. 225-226.

atinar para os "meios expressivos" utilizados no filme em função do conteúdo e, à luz de informações históricas e culturais gerais, dialogar efetivamente com as obras.

Os ecos das propostas de Aristarco são sentidos mais claramente no Brasil em 1954, quando da publicação do artigo "A Revisão do Método Crítico", de Cyro Siqueira, no primeiro número da *Revista de Cinema*. Logo depois Alex Viany publica no mesmo periódico "O Realismo Socialista no Cinema e a Revisão do Método Crítico" (jun. 1954). Essa é a mais bem-sucedida reflexão teórica de Viany sobre a questão do realismo socialista.

Inicialmente é destacada a importância de Guido Aristarco nas discussões em torno da revisão do método crítico, que na Europa já aconteceriam há alguns anos. Essa revisão seria necessária devido aos avanços técnicos do cinema como o som, a cor etc.; e também para explicar novas experiências estéticas cinematográficas. O autor ainda analisa a situação da crítica brasileira, ao seu ver muito "espontaneísta" e sem estudo, havendo poucos críticos preocupados com a questão. Cita como exceções: Salvyano Cavalcanti de Paiva, Décio Vieira Ottoni, Walter da Silveira, Alberto Shatovsky e Cyro Siqueira.Viany, baseado em Guido Aristarco, entende na proposta de revisão crítica:

> Trata-se, penso eu, de facilitar-lhe [à crítica] o acompanhamento da evolução estética do cinema, de alertá-la para as possibilidades artísticas que se abrem ao cinema com a descoberta de novos processos mecânicos e com a enunciação de questões estéticas subordinadas a doutrinas filosóficas e políticas.

Tencionando provar que a estética subordina-se à filosofia e à política, Viany interroga:

> Existirá, em verdade, uma completa liberdade individual, tal como querem apregoar, com tão fracos argumentos, os apóstolos da livre iniciativa? Ou seremos receptores e refletores de idéias, que aceitamos ou recusamos, esquecemos ou desenvolvemos, segundo os interesses da classe a que pertencemos, num determinado momento e em determinadas circunstâncias históricas?

O crítico brasileiro, ao defender que as "doutrinas filosóficas e políticas" devem subordinar a compreensão estética, está remetendo, de forma um tanto redutora, à oposição que Guido Aristarco classifica como fundamental entre a estética baseada na filosofia idealista e a estética baseada no materialismo dialético. A redução deve-se ao stalinismo, ainda um referencial forte. Nesse artigo, o crítico soviético V. Tchérbim e a obra *O Método Dialético Marxista* – de Mark Rosental – foram utilizadas à guisa de referências teóricas.

Alex Viany pressupõe a obra de arte como "reflexo" da classe, da época e do país aos quais pertence o artista. Este último pode ser classificado em duas categorias no mundo capitalista: o artista consciente – aquele que defende abertamente idéias de direita ou de esquerda – e o artista inconsciente – aquele que acredita fazer arte pura. O autor reconhece a possibilidade da existência de artistas capazes de transmitir questões "populares" sem nelas "penetrar", ou seja, sem estar "consciente" de tais questões. Porém, esses casos seriam raros, pois o artista, ao interessar-se pelos problemas do povo, tenderia a tornar-se consciente. Embora não afirme, é lícito considerar que, para Viany, o artista ou intelectual pode optar por defender uma classe segundo o seu grau de consciência política, mesmo que ela não seja a sua classe de origem.

Centrando-se nas contribuições do realismo socialista, Alex Viany aborda a relação entre forma e conteúdo declarando que no cinema o segundo predomina sobre a primeira. Porém, demonstrando a desestruturação das idéias zdhanovistas e por conseqüência stalinistas, considera:

> Da mesma maneira, os adeptos do realismo socialista, estou certo, saberão encontrar um equilíbrio que permita a valorização do conteúdo, sem o sacrifício da forma – mesmo porque o conteúdo por mais valores humanos que contenha, pode ser escondido, dispersado ou prejudicado através da aplicação de uma forma deficiente ou inadequada.

Já indiquei idéia semelhante sobre a relação entre conteúdo e forma quando o crítico analisou *Obsessão*, ainda nos tempos de *A Cena Muda* e antes, portanto, da sua entrada no PCB.

Não se sabe como será o equilíbrio entre forma e conteúdo, no qual o último predomina. Mas fica em aberto a possibilidade de que existam múltiplas soluções, dependendo de cada realidade nacional. Posso afirmar isso porque o crítico dá grande destaque ao fato de poucos meses antes ter visto *A Moça dos Cabelos Brancos* (Shui Hua e Wang Bin, 1950), um dos primeiros filmes realizados pela China comunista.

Apesar da boa vontade com que o assistia, estranhei a princípio o método de narrativa, a interpretação dos artistas, e mesmo o que me parecia um certo primarismo na história. Entretanto, com o desenrolar da aventura, comecei a me interessar pela sorte da heroína, e fiquei a pensar como o filme ganharia se visto com uma platéia chinesa.

Alex Viany explica que o cinema nos países socialistas estava subordinado a um programa de educação coletiva. Como na China a grande massa não tinha ainda condições culturais para entender filmes mais complexos, era necessário que as suas produções fossem facilmente compreensíveis. Isso justifica o "primarismo na história". Por outro lado, na União Soviética e em outros países socialistas, assevera o autor, já era possível a exposição de histórias mais complexas.

E nos países capitalistas, entre eles o Brasil, como seria possível a busca do equilíbrio entre conteúdo e forma, já que neles o lucro rege a produção cinematográfica? A responsabilidade recairia sobre os cineastas conscientes de esquerda, cujo dever era tentar fazer filmes com finalidade educativa e/ou cultural, mas Viany não se aprofunda nos impasses inscritos nesta solução. Também não há discussão sobre qual o "equilíbrio" entre conteúdo e forma aplicável ao caso brasileiro.

O último ponto a abordar sobre o texto "O Realismo Socialista no Cinema e a Revisão do Método Crítico" relaciona-se com a observação do crítico de que com o público chinês a apreciação de *A Moça dos Cabelos Brancos* poderia sair ganhando. Ela demonstra, em primeiro lugar, a consciência de que o cinema não é uma arte universal, cada cinematografia nacional desenvolveria o seu modo de expressar-se. Num segundo plano, tal afirmação demonstra a consciência dos limites da atividade crítica e a problemática e enriquecedora relação desta com o público em geral, criando uma via de mão dupla. Infelizmente Viany não encaminha a discussão nesse último sentido, até porque não era do seu interesse imediato, mas abre perspectivas que eram bem raras na crítica brasileira de então[36].

O Cinema Independente

Já na época da sua contratação pela Maristela, Alex Viany mostrava-se reticente em relação à industrialização e sugeria, ainda timidamente, a necessidade da produção independente. Isso pode ser verificado em entrevista concedida à revista *A Cena Muda*:

> Evidentemente, o cinema brasileiro está entrando, por fim, numa fase de industrialização intensa. Por um lado, isso é ótimo, uma vez que abrirá caminho para todos os que querem praticar cinema. Por outro lado, traz as desvantagens da industrialização, que são muitas. Em primeiro lugar, há o perigo da excessiva comercialização dos argumentos, dos artistas e dos diretores – e mesmo os cineastas mais exigentes podem ficar viciados, tal como aconteceu em Hollywood. O ideal é que os produtores independentes, melhorando o seu padrão técnico com a ajuda dos bons estúdios que se constroem, continuem a lutar pelo alevantamento artístico do cinema nacional. Os grandes estúdios, logicamente, pensarão em fazer dinheiro antes de pensar em fazer filmes artísticos (*CM*, 26 abr. 1951).

A industrialização é uma necessidade premente para o cinema brasileiro, porém ela não é um fim, mas um meio. O perigo de cair no ramerrão de Hollywood é assinalado, como solução surgem os independentes. Ao longo da entrevista, a única especificação sobre os independentes é o fato de serem aqueles produtores desvinculados institucionalmente das grandes empresas, Vera Cruz e Maristela.

No artigo "Cinema no Brasil: Um Balanço" (*PN*, 1º mar. 1951) também há ligeira referência aos independentes. Para o crítico, o Serviço Nacional de Cinema, órgão que o vice-presidente Café Filho pretenderia criar, deveria financiar tais pro-

---

36. Para uma interessante discussão no domínio francês a respeito da influência do público sobre a crítica como criadora de uma via de mão dupla ver: Morvan Lebesque, Pierre Marcabru, Jacques Rivette, Eric Rohmer e Georges Sadoul, "Débat", *Cahiers du cinéma*, n. 126, Paris, dez. 1961.

dutores. Observe-se que o apoio estatal não impede os produtores de continuarem independentes.

Após ser demitido da Maristela, Alex Viany procura engajar-se em projetos independentes. A primeira proposta vem de Porto Alegre para trabalhar como roteirista e diretor na Horizonte, produtora fundada pelo velho amigo Salomão Scliar[37], também militante do PCB. Viany vai até Porto Alegre e chega a ficar entusiasmado, mas a coisa desanda e a Horizonte nunca passou do estágio embrionário.

No segundo semestre de 1951 surge a oportunidade de trabalhar como diretor de produção no filme *O Saci* (Rodolfo Nanni, 1952). Vários integrantes da equipe tinham ligações com o PCB: o próprio Nanni, Ruy Santos – fotógrafo –, Cláudio Santoro – músico –, Nelson Pereira dos Santos – assistente de direção – e Artur Neves – co-produtor e argumentista. Aliás, Nanni e Viany já haviam trabalhado em *Aglaia,* filme inacabado de Ruy Santos. *O Saci*, apesar de direcionado para o público infantil, tem elementos que permitem enquadrá-lo dentro das normas preconizadas por Viany e pelo grupo ligado a *Fundamentos* de uma forma mais geral[38]. O filme era baseado na obra homônima de um escritor brasileiro considerado crítico – Monteiro Lobato –, passava-se no campo, através da personagem Dona Benta havia uma abordagem tênue da questão social, através da personagem Tia Anastácia havia o retrato do popular e o tom geral do filme era positivo – sem elementos de "decadência cosmopolita". *O Saci* era a configuração concreta de uma produção independente, conceito que, embora definido de forma bastante difusa, começava a ser amplamente utilizado e debatido no meio cinematográfico.

Em carta a Carlos Fernando ainda durante as filmagens de *O Saci*, Alex Viany afirma:

> Quando vi que a única maneira de fazer coisa decente no Brasil era fundar uma companhia independente, fundei a Zênite. E, acredite ou não,

---

37. Carta de Salomão Scliar para Alex Viany, Porto Alegre, 25 jul. 1951, Arquivo Alex Viany, Cinemateca do MAM.
38. Maria Rita Galvão e Jean-Claude Bernardet, *O Nacional e o Popular na Cultura Brasileira – Cinema: Repercussões em Caixa de Eco Ideológica*, São Paulo, Embrafilme/Brasiliense, 1983, pp. 74-83.

estamos com um programa que vamos cumprir, começando com *Bahia de Todos os Santos* e *M'Boitatá*, filmes que têm grande parte do seu capital já prometido[39].

Apesar do núcleo de produção mais estável, cuja pretensão era realizar outros filmes, os projetos citados não foram desenvolvidos e nem a produtora teve vida longa. O importante aqui é a relevância dada à palavra independente, afinal essa era a "única" forma de realizar cinema decentemente no Brasil. No texto seminal "O Desenvolvimento das Idéias sobre Cinema Independente", Maria Rita Galvão explica:

> O que se chama na época de "cinema independente" é bastante complicado de entender e explicar. Fundamentalmente é o cinema feito pelos pequenos produtores em oposição ao cinema das grandes empresas. Mas nem todo pequeno produtor é necessariamente "independente". Para ser qualificado de independente um filme deve ter um conjunto de características que freqüentemente nada tem a ver com seu esquema de produção – tais como temática brasileira, visão crítica da sociedade, aproximação da realidade cotidiana do homem brasileiro. Misturam-se aos problemas de produção questões de arte e cultura, de técnica e linguagem, de criação autoral, e a "brasilidade"[40].

Como Viany não encontra nas grandes empresas condições para fazer um cinema minimamente crítico e com "brasilidade", da mesma forma que várias outras pessoas, procura-se criar a produção independente. Essa independência era menos no modo de produção do que no conteúdo dos filmes. Mesmo o aspecto formal das fitas realizadas pelas grandes empresas não era de início fundamentalmente questionado, pois como é pelo conteúdo que o filme expressa a existência ou não de "brasilidade" a forma fica a reboque.

O segundo semestre de 1952 marca a volta definitiva do pretendente a diretor para o Rio de Janeiro e a sua entrada na Flama. Esta era uma pequena produtora pertencente a Rubens Berardo Carneiro e Moacyr Fenelon. Se Fenelon já era um

---

39. Carta de Alex Viany para Carlos Fernando Santos, Ribeirão Bonito, 29 fev. 1952, Arquivo Alex Viany, Cinemateca do MAM.
40. Maria Rita Galvão, "O Desenvolvimento das Idéias sobre Cinema Independente", *Cadernos da Cinemateca*, n. 4, São Paulo, 1980.

veterano produtor, tendo participado inclusive da formação da Atlântida, o mesmo não se pode afirmar de Rubens Berardo Carneiro. Este empresário era proprietário da Rádio Continental, Rádio Cruzeiro do Sul e do *Diário Popular*, além da Flama. Seus interesses eram estreitamente ligados aos de Getúlio Vargas, que nesse momento buscava furar o verdadeiro cerco imposto pelos meios de comunicação ao seu governo. A ascensão do empresário no ramo das comunicações iniciou-se justamente com a vitória de Vargas e ele teve influência no decreto 30.179 de 19 de novembro de 1951, que previa a exibição compulsória de no mínimo um filme nacional para cada oito filmes estrangeiros.

Alex Viany dirigiu o seu primeiro filme para a Flama, *Agulha no Palheiro*, que tratarei com mais vagar em capítulo posterior. No momento basta sublinhar que, além do próprio Alex como diretor e roteirista, encontramos do grupo de *O Saci* na equipe de *Agulha no Palheiro*: Nelson Pereira dos Santos – como assistente de direção – e Cláudio Santoro – responsável pela música.

Em 1953 Alex Viany dirigiu o seu segundo filme, dessa vez realizado totalmente sob encomenda. *Rua sem Sol* foi co-produção da Brasil Vita Filmes, Unida Filmes e Cinedistri, que também abordarei com mais atenção posteriormente. Esse filme não se enquadra como produção independente.

Devido às necessidades financeiras, Viany aceita trabalhar como co-roteirista na chanchada *Carnaval em Caxias* (1953) e como diretor de produção de *Balança Mas Não Cai* (1953) – ambos dirigidos por Paulo Vanderley.

Todos esses trabalhos em produções que absolutamente não se encaixavam no ideário independente demonstram a progressiva diminuição na oferta global de postos de trabalho no campo cinematográfico devido à crise das grandes empresas. Ou seja, não apenas estas deixavam de contratar, mas também as produtoras menores pareciam pouco dispostas a arriscar-se e as produções independentes tinham mais dificuldade em integrar capital. Além disso, as demissões efetuadas pelas grandes empresas aumentavam a disponibilidade de mão de obra.

Ao longo dos anos de 1950 não foram poucos os projetos de Alex Viany anunciados pela imprensa, mas nunca produzidos. Para citar aqueles que consegui coletar: *A Voz do Violão, M'Boitatá, Seara Vermelha, Lamparina* e *Estouro na Praça*.

A situação do mercado explica a sua volta paulatina para a atividade na imprensa cinematográfica, marcada por reportagens especiais para *Manchete*, uma das principais revistas da época[41]. Em 1954 passou a colaborar no *Jornal de Cinema* e na edição carioca de *Shopping News*. A periodicidade do primeiro era irregular, mas contém importantes artigos do crítico, que em 1955 passará a redator-chefe da publicação. Já o *Shopping News* carioca era semanal e de forma intermitente Alex Viany aí escreveu durante pelo menos quatro anos.

O último filme dirigido por Alex Viany dentro do recorte proposto foi *Ana*, de 1955, episódio que compõe o longa-metragem *Die Windrose* (*A Rosa dos Ventos*), nunca lançado comercialmente no Brasil. Por não haver críticas a seu respeito, optei por comentar a produção e seus aspectos ideológicos neste capítulo.

Inicialmente o projeto denominava-se *Cinco Canções*, com orientação geral a cargo do documentarista Joris Ivens. O financiamento era proveniente da DEFA, produtora estatal da então Alemanha Oriental, e pretendia-se realizar um filme internacional abordando a questão do trabalho feminino. Os diretores dos episódios seriam: Serge Guerassimov (URSS), Giuseppe De Santis (Itália), Wu Kuo Yin (China), Jean Paul le Chanois (França) e Alberto Cavalcanti (Brasil)[42].

A situação de Alberto Cavalcanti no Brasil tornara-se muito difícil após a sua saída da Vera Cruz, as polêmicas em torno do anteprojeto do INC, a falência da sua produtora Kino Filmes, além do fracasso financeiro e artístico de *O Canto do Mar* (1953) e *Mulher de Verdade* (1954). Dos seus projetos apenas *Simão, o Caolho* (1952) teve boa receptividade. Na procura de outras estratégias de produção aproximou-se do

---

41. A equipe da revista, na época em que Alex Viany publica seus artigos, era composta por nomes como: Antônio Maria, Sérgio Porto, Rubem Braga, Paulo Mendes Campos, Brutus Pedreira e Fernando Sabino.

42. Lorenzo Pellizari, "O Período Internacional e o Declínio (1954-1982)", em Lorenzo Pellizari e Claudio M. Valentinetti, *Alberto Cavalcanti*, São Paulo, Instituto Lina Bo e P. M. Bardi, 1995, p. 50.

comunismo, aceitando um convite para ir à Europa Oriental. Durante a viagem, ele se engajou no projeto *Cinco Canções*. No Brasil, chegou a trabalhar em *Ana*, cuja história foi escrita por Jorge Amado e roteirizada por ele próprio e por Trigueirinho Neto. Porém, ao conseguir engatilhar a produção de um projeto bem mais ambicioso, a adaptação cinematográfica da peça *O Senhor Puntila e Seu Criado Matti* (1955), de Bertolt Brecht, Alberto Cavalcanti volta para a Europa sem ter filmado *Ana*[43]. Aliás, também os episódios italiano e francês tiveram diretores diferentes, respectivamente Gillo Pontecorvo e Yannick Bellon. Cavalcanti, segundo Lorenzo Pellizzari, ficou como "supervisor" e Joris Ivens como "diretor artístico" de *A Rosa dos Ventos*, mas nenhum dos dois acompanhou de perto as filmagens da parte brasileira[44].

Não partiu de Alberto Cavalcanti a decisão de chamar Alex Viany para dirigir *Ana*, pois as relações entre os dois eram bastante complicadas devido aos ataques na imprensa promovidos pelo segundo desde a época em que o primeiro estava encarregado de elaborar o anteprojeto do INC. Em depoimento a José Inácio de Melo Souza, Viany afirma:

> Quando o Cavalcanti ia voltar para a Europa, eu, de repente, fui nomeado para substituí-lo e ele veio de São Paulo, nós firmamos um encontro com ele, a essa altura nós estávamos meio assim, foi um encontro meio difícil, mas eu vi, eu logo quando peguei a história, o roteiro, eu vi que era uma coisa que certamente o Cavalcanti ia modificar muito na própria filmagem[45].

É significativa a utilização da palavra "nomeado" por Viany para descrever a sua entrada na produção. Configura-se como uma decisão do PCB, sem haver consulta prévia a Cavalcanti, e isso foi confirmado por Marinho Audrá – pro-

---

43. Jorge Amado, em seu livro de memórias, afirma ter convencido Alberto Cavalcanti a ir à Europa, além de ter participado com Joris Ivens do "complô" graças ao qual o cineasta brasileiro conseguiu dirigir *O Senhor Puntila e Seu Criado Matti*. Ver Jorge Amado, *Navegação de Cabotagem*, Rio de Janeiro, Record, 1992, p. 492.

44. Lorenzo Pellizzari, *op. cit.*, p. 51.

45. Depoimento de Alex Viany a José Inácio de Melo Souza [S.l.], 21 set. 1978 (datil.), pp. 21-22.

prietário da Maristela, empresa responsável pela produção do filme no Brasil[46].

As filmagens apresentaram dificuldades devido à distância e isolamento da locação, situada em Cocorobó no sertão baiano, mas isso foi contrabalanceado pelo empenho da equipe. Aliás, apesar de atacar constantemente os profissionais estrangeiros, no artigo sobre as filmagens de *Ana* (*JC*, abr.-maio 1955), Viany reconhece a seriedade e a excelência do trabalho de Chick Fowle. Esclarece ainda que os problemas mais complicados eram causados pelo roteiro.

> Tive-o sempre a meu lado [Chick Fowle], ajudando-me a resolver, resolvendo muitas vezes ele próprio, os problemas que surgiam de um roteiro escrito a milhares de quilômetros do local em que nos achávamos – e escrito por alguém que, certamente, jamais vira um pau-de-arara.

Apesar de não se esmiuçar os defeitos do roteiro e/ou história é possível depreender pelo trecho acima que faltava realismo ou pelo menos verossimilhança, e isso era gravíssimo na perspectiva estética de Viany.

Em depoimento posterior, Alex Viany esclarece que Jorge Amado era "figura intocável" dentro do PCB, por isso havia pressões para o roteiro não ser alterado[47]. E, segundo Marinho Audrá, foi Jorge Amado quem assinou o contrato com a Maristela, fato demonstrativo da importância do escritor dentro do partido e do seu engajamento no projeto[48]. Entretanto, no seu volumoso livro de memórias, não há referências a *Ana*.

Apesar das pressões, Viany afirma ter feito algumas mudanças no roteiro, contrariando formalmente sua tese "Responsabilidades e Direitos do Escritor de Cinema", na qual defendia que o roteiro não poderia ser modificado sem a prévia autorização do autor. Isso indica o afastamento de Viany dos cânones do realismo socialista e a experiência de *Ana* certamente aumentou a descrença neles.

---

46. Afrânio Mendes Catani, *op. cit.*, p. 451.
47. Depoimento de Alex Viany para José Inácio de Melo Souza, *op. cit.*, p. 22.
48. Afrânio Mendes Catani, *op. cit.*, p. 452.

O Realismo, o Nacional e o Popular

No desenvolvimento da sua reflexão estética, Alex Viany deixa de lado o realismo socialista como panacéia. A crítica do filme francês *Amar-te é Meu Destino* (Jean Delannoy, 1952) exemplifica bem o processo (*JC*, jun.-jul. 1955).

> O processo da narrativa é complexo. Não se trata apenas de uma história contada numa série de retrospectos. Na concepção de Delannoy e Jeanson [Henri Jeanson, roteirista do filme], os diálogos alcançam uma importância raras vezes vista no cinema, ao mesmo tempo que nada têm a ver com diálogos de teatro.

A condenação do "teatro" não deve ser entendida como a busca de um cinema puro e o elogio à utilização do diálogo prova isso. Considere-se ainda que a contribuição do roteirista Henri Jeanson, vista de forma bastante positiva, é qualificada como "literária".

> Não foi improvisado em coisa alguma, mas cuidadosamente estudado em todos os pormenores. Se se pode lamentar a escolha de tão velho tema, não se pode deixar de admirar a maestria com que foi exposto.

Alex Viany ao destacar o processo narrativo do filme, apesar de considerar o tema do triângulo amoroso muito batido, se reposiciona quanto ao realismo. Entretanto não se volta à opção pela desobediência da sintaxe cinematográfica como forma de descoberta da realidade, conforme escrevera sobre *Paisà* em *A Cena Muda*.

No comentário do filme americano *Marty* (Delbert Mann, 1955), Viany opõe a situação geral da produção e do mercado exibidor americanos à proposta dessa fita (*JC*, ago. 1956). No primeiro caso havia investimentos pesados em processos de cor e de ampliação da tela, objetivando aumentar o caráter "espetacular" dos filmes, além da utilização de um número cada vez maior de estrelas; já *Marty* era preto e branco, com baixo custo de produção, realizado por pessoas originárias da televisão e sem ninguém famoso no elenco. De tal oposição resulta que enquanto a tela pequena da televisão tratava dos temas cotidianos, a tela "cinemascópica" perdia de vista tais assuntos. O conteúdo continua exercendo um papel decisivo para caracterizar o realismo, mas é necessária a sua concatenação com determinadas formas expressivas para que não se perca a espontaneidade e se evite o "exótico". "Melhor, muito melhor, é a marcação da solidão do herói, em trechos indubitavelmente inspirados pelo neo-realismo italiano." Ao criticar três filmes de Ingmar Bergman – *Mônica e o Desejo* (1952), *Quando as Mulheres Esperam* (1952) e *Noites de Circo* (1953) –, apesar de condenar veementemente a ausência de "problemas reais" na obra do diretor sueco, admira os procedimentos narrativos utilizados (*JC*, dez. 1955).

> E considero uma preciosa lição, que poderá ser usada em filmes realistas, a maneira por que Bergman, principalmente no roteiro de *Eva* [confunde o nome da atriz Eva Dahlbeck com o título do filme, *Quando as Mulheres Esperam*], desrespeita a cronologia e nos dá um desfile aparentemente disparatado de pequenos fatos para obter uma impressão geral, a atmosfera que deseja.

Mesmo permanecendo o conteúdo como elemento definidor do realismo, horizonte indubitável para Alex Viany, há que se elaborar um tratamento estético no qual elementos caros ao neo-realismo – como a deambulação e a utilização da locação para expressar a interioridade dos personagens – têm papel relevante. Também inovações estéticas, mesmo que não surgidas em filmes entendidos como realistas, são valorizadas e podem vir a servir a esse tipo de obra. Não se trata mais de enquadrar rigidamente a análise segundo esquemas bastante duros como na fase stalinista, mas também não se voltou à extrema fluidez analítica característica dos artigos de *A Cena Muda* em que há evidente dificuldade de conceituar o realismo, representado em obras tão diferentes entre si como *Os Melhores Anos de Nossa Vida*, *Paisà*, *Punhos de Campeão* ou *Henrique V*.

O comentário sobre os melhores filmes exibidos no Rio de Janeiro em 1957 demonstra bem minhas observações (*PT*, 1ª e 2ª quinzenas, jan. 1958). Foram escolhidos *As Férias do Sr. Hulot* (Jacques Tati, 1953), *A Festa do Casamento* (Richard Brooks, 1956) e *Raízes* (Benito Alazraki, 1955). O filme de Tati é considerado o melhor por abordar as fraquezas comuns aos "humanos" seguindo os preceitos da comédia cinematográfica, ou seja, a graça é proveniente das imagens e não do diálogo. *A Festa de Casamento*, adaptação de uma peça televisiva de Paddy Chayefsky, é comparado a *Marty* por mostrar gente comum em acontecimentos cotidianos. Finalmente *Raízes*, produção mexicana, é considerado politicamente "progressista" e influenciado por Cesare Zavattini.

Um elemento importante nas novas idéias de Alex Viany sobre o realismo é o diálogo, especialmente nos filmes adaptados de peças televisivas. No artigo "A TV Inspira um Cinema Novo" (*LE*, abr. 1958), comenta que Guido Aristarco, na *História das Teorias do Cinema*, demonstra a evolução contida nos filmes de Laurence Olivier – *Henrique V* e *Hamlet* (1948) – com o diálogo tendo papel dramático preponderante, assim colocando em xeque o específico fílmico. Para Viany, as fitas *Um Homem Tem Três Metros de Altura* (Martin Ritt, 1956) e *Doze Homens e Uma Sentença* (Sidney Lumet, 1957), que irritariam os puristas por utilizar diálogos para a progressão da narrativa, eram dignas de elogio.

> Para os que vêem no cinema uma arte popular e responsável *em evolução*, porém, quaisquer investigações assim suscitadas só poderão contribuir para um melhor entendimento dos recursos à disposição do cineasta – ontem, hoje e amanhã [grifo do autor].

***

Em 1956, Alex Viany passa a colaborar no quinzenário cultural *Para Todos*, que, segundo Antônio Canelas Rubim, foi um "marco fundamental" ao quebrar com a orientação stalinista até então comum a todas as publicações ligadas ao PCB. A revista tinha na sua diretoria Oscar Niemeyer, Jorge Amado, Moacir Werneck de Castro, James Amado e Alberto Passos Guimarães. Ela surgiu em maio de 1956, ou seja, no interregno entre a divulgação do relatório Krushev no XX Congresso do PCUS, em fevereiro, e a sua repercussão pública profunda no PCB, em outubro[49].

---

49. Antônio Canelas Rubim, *op. cit.*, pp. 68 e 69.

Com a crise de 1956 e a crítica ao stalinismo, segundo a tese do culto à personalidade, o PC, que anteriormente insistia em diferenciar sua frente democrática de libertação nacional ao puro movimento nacionalista, taxado de burguês, aproxima-se mais e mais e se submete à frente nacionalista[50].

Significativamente Alex Viany publica em *Para Todos* um texto intitulado "A Peça e o Filme", no qual aborda a roteirização da peça teatral *Orfeu da Conceição* de Vinicius de Moraes (*PT*, 2ª quinzena, out. 1956). Após a ruptura devido ao sectarismo ideológico, o crítico reaproxima-se do velho amigo, lembrando ser este "muito mais homem de cinema que de teatro". Demonstrando já conhecer o roteiro, não o classifica como realista, embora fosse mais próximo do real do que a peça. Estranha a polêmica sobre a temática, que segundo alguns não seria brasileira devido à inspiração na mitologia grega.

> Quanto a mim, além de julgar legítimo o parentesco encontrado entre os gregos antigos e os habitantes dos morros cariocas – ao menos no que concerne ao culto dos mitos e dos deuses, o espírito dionisíaco voltado para as celebrações orgíacas etc. – acho que a questão tem sido colocada às avessas por uns tantos críticos. Pois conhecendo Vinicius e seu grande amor pelas coisas do Brasil, pelo povo que é nosso, sei muito bem que o grego Orfeu serviu para aproximá-lo mais ainda de nossas coisas e nossa gente.

Naquela época passam a convergir na análise de Alex Viany sobre a produção brasileira as questões do nacional e do realismo. Essencial para tanto foi o malogro da experiência industrial da Vera Cruz e a realização de *Rio, 40 Graus* (Nelson Pereira dos Santos, 1955).

A falência da Vera Cruz quebrou definitivamente a perspectiva do crítico de etapas históricas que deveriam ser cumpridas pela produção brasileira até se chegar ao realismo. Tal perspectiva começa a esfacelar-se anteriormente, quando Viany – e os jovens esquerdistas do meio cinematográfico de forma geral – compreendem que as grandes produtoras não realizariam filmes com "brasilidade" por vontade própria, somando-se a isso a dificuldade de colocar em prática as re-

---

50. *Idem*, p. 327.

soluções adotadas pelos congressos de cinema. No período pós-Vera Cruz o crítico insiste no Estado como única salvação para o cinema brasileiro, sendo um bom exemplo o artigo "Os Homens de Cinema do Brasil Já Têm um Programa", no qual todas as medidas pleiteadas dependem da ação estatal, inclusive a criação do outrora tão atacado INC (*PT*, 1ª quinzena, jul. 1956)[51]. Entretanto, como observa José Mário Ortiz Ramos, a produção cinematográfica propriamente dita deveria permanecer na esfera privada, não se cogitando uma produtora estatal[52].

Quanto a *Rio, 40 Graus* lembro que a ligação com Nelson Pereira dos Santos vinha desde a estadia em São Paulo e, apesar de alguns estremecimentos[53], o crítico participou ativamente na campanha de liberação do filme, censurado pelo chefe do Departamento Federal de Segurança Pública, coronel Menezes Cortes[54].

Em relação ao valor artístico de *Rio, 40 Graus*, Viany foi desde logo enfático na importância capital da obra na evolução do cinema brasileiro[55].

Apesar de seus altos e baixos – e baixos os há, até bastante graves –, *Rio, 40 Graus* é obra séria, humana, comovente, e com um tom de realidade brasileira, carioca, digno de todos os elogios. A realidade, sem dúvida, não é total, mesmo quando se leva em conta o que *pode* e o que *deve* ser contado cinematograficamente num filme realista. Há exageros e insuficiências, como

---

51. Entre as medidas pleiteadas estão: a limitação legal da importação de filmes estrangeiros, taxa de importação dos filmes cobrada por metro linear, subvenção estatal na forma de prêmios, financiamento bancário estatal e facilidades na importação de insumos para a produção cinematográfica brasileira.

52. José Mário Ortiz Ramos, *Cinema, Estado e Lutas Culturais (Anos 50/60/70)*, Rio de Janeiro, Paz e Terra, 1983, p. 22.

53. Alex Viany e Nelson Pereira dos Santos romperam relações durante as filmagens de *Balança Mas Não Cai* e reaproximaram-se nas filmagens de *Rio, 40 Graus*. Ver Gisele Gubernikoff, *O Cinema Brasileiro de Nelson Pereira dos Santos*, São Paulo, dissertação de mestrado apresentada à ECA-USP, 1985, p. 232.

54. Helena Salem, *Nelson Pereira dos Santos – O Sonho Possível do Cinema Brasileiro*, Rio de Janeiro, Nova Fronteira, 1987, p. 117.

55. Alex Viany, "Rio, 40 Graus", Rio de Janeiro, 1956 (datil.), Arquivo Raquel Gerber, Cinemateca Brasileira.

há hesitações e timidez: mas, afinal de contas, o filme foi feito por gente moça, em grande parte inexperiente, e ninguém há de querer perfeição de uma turma que, com a cara e a coragem, resolveu destruir tabus, enfrentar a fome e as risotas, para adaptar ao clima brasileiro as preciosas lições do neo-realismo italiano [grifo do autor].

A importância de *Rio, 40 Graus* deriva da relativamente bem-sucedida transposição para o Brasil do neo-realismo italiano. A idéia de um "clima brasileiro" expressa o modo de ser e existir natural do Brasil e dos brasileiros, no caso específico o brasileiro carioca como quer o autor; a isso se deveriam "adaptar" as formas e os conteúdos neo-realistas. Subentende-se a necessidade de variações na "adaptação" segundo o local do país que fosse tratado: o modo paulistano, o caipira, o sertanejo, o gaúcho etc. Alex Viany não especifica o que para ele "pode" e "deve" ser contado em um filme realista brasileiro. Quanto aos problemas de *Rio, 40 Graus*, são apontadas as peripécias do suplente de deputado, que estariam desenvolvidas de forma ruim, e a conversa na praia entre pessoas da classe média, seqüência classificada como "dispensável" e de "mau gosto". Os exemplos positivos de aclimatação do neo-realismo estariam nas seqüências envolvendo o garoto do morro e sua lagartixa, o fuzileiro naval pedindo em casamento a irmã do migrante nordestino, a morte de um dos garotos vendedores de amendoim, o medo de outro no bondinho do Pão de Açúcar, a figura do fanático torcedor de futebol e, de forma geral, os acontecimentos desenvolvidos na favela.

Nos exemplos negativos e positivos, relacionados por Alex Viany, há uma oposição na qual os negativos retratam a classe média ou as elites e os positivos os personagens populares. Da forma como o texto apresenta-se é difícil saber se o crítico entende como mal realizadas as representações das classes favorecidas ou se simplesmente ele as entende como dispensáveis.

O processo narrativo do filme é classificado como "um dos mais complexos e difíceis", por contar várias histórias em pontos dispersos da cidade mantendo a "visão de conjunto" e o "crescendo emocional".

A conclusão sobre o significado cultural do filme é entusiástica:

, 40 Graus.

Enfim, eis um filme que honra não só o cinema, mas a própria cultura nacional; um filme que tem coração e alma e idéias; uma obra de arte que toma partido pelos bons e pelos sofridos; uma obra de cinema que aponta um caminho de verdade – e de verdade brasileira – aos cineastas desejosos de fazer qualquer coisa de sério pela cinematografia de nosso país.

A "verdade brasileira" estaria cristalizada em temas apresentados a favor dos "sofridos", ou seja, do povo. Essa verdade não estaria vinculada apenas ao cinema, mas à toda cultura nacional, daí a importância ampla de *Rio, 40 Graus*.

Ao tornar o filme de Nelson Pereira dos Santos o ponto central para a concretização de um cinema que expressasse a "verdade brasileira", reorganizam-se não apenas os critérios analíticos de Alex Viany relativos aos filmes posteriores, mas também a compreensão sobre o passado do cinema brasileiro. *Rio, 40 Graus* constituiu-se no ponto de inflexão, a partir do qual se poderia construir uma linha que vinda do passado projetava-se sobre o futuro. Não é, pois, casual que o ano de 1956 marque as primeiras tentativas de Alex Viany de preparar um livro sobre a história do cinema brasileiro, costurando e completando suas reportagens para *Manchete* publicadas dois anos antes.

Esse processo desdobra-se na valorização da comédia, especialmente a chanchada. No artigo sobre *Absolutamente Certo* (Anselmo Duarte, 1957) e *De Vento em Popa* (Carlos Manga, 1957) reconstitui-se em linhas gerais a história do "filmusical brasileiro" (*JC*, maio 1957).

> Se bem que castigado em bloco por amigos e inimigos do pobre cinema brasileiro, o filmusical já mostrou possibilidades de se tornar num dos mais pródigos, rendosos e autênticos gêneros que podemos cultivar entre nós. Desde o pioneiro *Coisas Nossas* (1930) ao curioso *Alô, Alô, Carnaval* (1936), desde as nobres experiências de *João Ninguém* (1937) e *Moleque Tião* (1943) ao subestimado *Tudo Azul* (1952), desde o interessantíssimo *Favela dos Meus Amores* (1934) ao discutidíssimo *Rio, 40 Graus* (1955) e sem deixar de lado um só dos musicarnavalescos ou das chanchadas musicais que temos tido, não faltarão elementos valiosos para a formação do núcleo de nosso filmusical. Os erros e as imbecilidades, sem dúvida, serão encontrados em número irritante e desalentador; mas o observador atento não deixará de encontrar sugestões e indicações perfeitamente válidas sob os pontos-de-vista técnico, artístico, coreográfico, musical, comercial e brasileiro.

Como o autor adverte, o "filmusical" – ou mais simplesmente a chanchada[56] – era visto de forma totalmente negativa pelo conjunto da crítica. Quando muito havia alguma condescendência por parte da crítica de esquerda, que via nesses filmes uma barreira comercial ao produto norte-americano. A proposta aqui, entretanto, é bem mais radical. Após eleger algumas obras que constituiriam o cerne do gênero, Viany afirma existirem elementos em todas as chanchadas, apesar dos seus inúmeros defeitos, que poderiam vir a formar algo "autêntico".

Não faltam problemas nessas proposições de Alex Viany. Por exemplo: considerar *Rio, 40 Graus* um "filmusical", ainda mais quando o crítico foi bastante duro com a principal influência proveniente da chanchada – refiro-me ao suplente de deputado. Mas já vimos a importância adquirida pelo filme no discurso histórico que Viany começa a elaborar, levando-o a meter *Rio, 40 Graus* em tudo. Outra complicação, maior, é a quase inexistência de explicações sobre os motivos da escolha dos filmes citados. Apenas de passagem, em outra parte do texto, ficamos sabendo da importância temática. Em relação às contribuições do "filmusical" ou da chanchada em geral para a autenticidade do cinema brasileiro também não há maiores explicações.

Apesar dessas restrições é notável a proposta esboçada no artigo, pois se abandona a ilusão de elaborar uma história a partir de um cinema idealizado, especialmente o realizado em Hollywood. É a compreensão da realidade concreta da produção brasileira que passa a reger a constituição do discurso histórico.

Um último dado relevante é que os dois filmes motivadores do texto, *Absolutamente Certo* e *De Vento em Popa*, são destacados pela evolução técnica e pelos avanços na linguagem cinematográfica, muito embora tematicamente o ideólogo os considerasse um recuo quando comparados com os filmes do passado citados.

---

56. Alex Viany nesse momento e mesmo na *Introdução ao Cinema Brasileiro* utiliza indistintamente as expressões chanchada, musicarnavalesco ou filmusical.

Refinando a reflexão sobre o "filmusical" em "O Filme de Carnaval" (*LE*, fev. 1958)[57], Alex Viany aponta nos tempos do cinema silencioso a película *A Gigolete* (Vittorio Verga, 1924) como precursora da temática carnavalesca. Mas somente na era sonora surgiria o "filmusical", gênero iniciado com *Coisas Nossas* (Wallace Downey, 1931), cujo técnico de som foi Moacyr Fenelon e com música homônima de Noel Rosa, classificada como "um verdadeiro programa nacionalista". O historiador atesta que os críticos da época não gostaram de *Coisas Nossas*, pois para eles o som conspurcava a arte muda. O primeiro "musicarnavalesco", ou seja filme musical dedicado ao carnaval, seria *A Voz do Carnaval* (Adhemar Gonzaga e Humberto Mauro, 1933). Já *Favela dos Meus Amores* (Humberto Mauro, 1935) é destacado por possuir um "sentido popular" exemplar para a produção cinematográfica brasileira. Aqui o "sentido popular" deriva da ambientação do filme localizada nos morros cariocas e da representação de personagens populares, como o malandro tuberculoso interpretado por Armando Louzada. Objetivando indexar os elementos constitutivos do "sentido popular" é citado o roteirista Alinor Azevedo, que relaciona o samba, o negro e o carnaval como úteis para filmes populares.

Na concepção de Viany, Alinor Azevedo e Moacyr Fenelon seriam, respectivamente como roteirista e diretor, os responsáveis pelo melhor "filmusicarnavalesco" realizado até então, *Tudo Azul* (1951).

> Contudo, o Carnaval entrava na história de cambulhada, uma vez que ela não fora escrita para isso, e sim para contar, com uma gostosa observação do cotidiano, as travessuras e os sonhos de um modesto escriturário dominado pelo micróbio do samba mas atormentado pelos mais corriqueiros problemas domésticos e profissionais.

O principal motivo do destaque de *Tudo Azul* é a sua temática, que trata com simpatia os problemas cotidianos de

---

57. *Leitura* foi uma revista com tendência esquerdista dedicada à cultura brasileira. Dentre os seus colaboradores mais freqüentes estavam: Fritz Teixeira de Salles, Eneida, Astrojildo Pereira, Brito Broca, Josué de Castro e Agripino Grieco.

Marlene e Luiz Delfino em *Tudo Azul*.

uma figura popular. E Viany ressalta que, às vezes, as produções carnavalescas têm representado "sem querer" o "nosso modo de falar e agir". Problematizando a questão, contrapõe ao fato positivo da chanchada habituar o brasileiro a ver filmes nacionais, o aspecto negativo, a partir da argumentação do crítico Pinheiro de Lemos, segundo o qual um assunto riquíssimo como o carnaval gerava na grande maioria das vezes filmes "chulos" e "imbecis". Entretanto, Alex Viany observa que o público já estaria mais seletivo dando preferência a "filmusicais" de melhor qualidade, a prova estava nos avanços técnicos de *Absolutamente Certo* e *De Vento em Popa*, embora ambos possuíssem temática pouco brasileira, especialmente o segundo.

Rio, 40 Graus também indica para o historiador a linha que poderia costurar a história do cinema brasileiro, servindo de inspiração aos cineastas contemporâneos.

> O filão que partiu de *Favela dos Meus Amores*, passando por *João Ninguém*, *Moleque Tião* e *Tudo Azul* veio dar em *Agulha no Palheiro* (1953), filme de estréia de Alex Viany malsucedido em suas intenções satíricas mas com algumas virtudes de observação do comportamento carioca. Parecendo inspirado no natimorto *Tumulto*, *Rio, 40 Graus* (1955), uma história de Arnaldo de Farias roteirizada e dirigida por Nelson Pereira dos Santos, procurou mostrar aspectos os mais diversos da vida carioca, incorrendo por isso mesmo na ira de um carrancudo chefe de polícia (*PT*, 1ª quinzena, set. 1957).

O "filão" acima referido é o do cinema popular que, ambientado principalmente nos morros ou nos subúrbios, apresentava a gente simples e trabalhadora. O autor indica como personagem recorrente a figura do compositor popular desconhecido, em torno do qual se dava "o desfile de acontecimentos mais ou menos legítimos do Rio de Janeiro". Adverte ainda que este seria o personagem do novo projeto de Nelson Pereira dos Santos, *Rio, Zona Norte* (1957).

A recepção desse filme, entretanto, foi bastante negativa[58]. Mesmo classificando-o como "sério", Alex Viany julga-

---

58. A recepção negativa de *Rio, Zona Norte* não se restringiu a Alex Viany, a crítica em peso na época teve a mesma posição. Ver Helena Salem, *op. cit.*, pp. 135-136; Mariarosaria Fabris, *op. cit.*, pp. 151-152.

o um "recuo" quando comparado a *Rio, 40 Graus* (*LE*, dez. 1957). O crítico entende que devido ao título *Rio, Zona Norte* a ambientação do filme deveria dar-se no subúrbio carioca e não no morro, pois este seria um "fenômeno urbano". O questionamento marcou bastante o diretor que após quase vinte anos, sem mencionar o nome de Viany, refere-se à cobrança. Para Nelson, o filme não foi compreendido por ser analisado como neo-realista e a sua proposta não era neo-realista[59].

Viany também critica o fato de o personagem principal ser sambista, enquanto o "herói típico" do subúrbio deveria ser operário, comerciário, pequeno funcionário ou comerciante. A questão do "típico" é central na estética de Georg Lukács, chegando a Viany através de Guido Aristarco. O teórico húngaro define tal categoria da seguinte forma:

> Sabemos que a figura típica não é banal (a não ser excepcionalmente, em casos extremos), nem excêntrica (embora escape, na maior parte das vezes, aos quadros da vida cotidiana). Para que ela seja típica, é preciso que os fatores que determinam a essência mais íntima da sua personalidade pertençam objetivamente a uma das tendências importantes que condicionam a evolução social[60].

Guido Aristarco segue de perto essa definição, ao afirmar sua predileção pelos personagens dos filmes de Luchino Visconti.

> Jamais renunciando à imaginação, neste sentido, Visconti criou personagens que tendem ao típico, a uma dimensão realista do excepcional, não da média: seus personagens são todos vencidos, humilhados, mas não ofendidos, eles tomam consciência e à sua maneira se transformam em vencedores: Gino, Notoni, Maria Cecconi, Mahler[61].

Ora, já em Viany está implícito que o mediano, o comum definem o "típico", justamente o condenado por Lukács e Aristarco.

---

59. Nelson Pereira dos Santos, *Manifesto Por um Cinema Popular*, depoimento a Marcelo Beraba, Rio de Janeiro, Federação dos Cineclubes do Rio de Janeiro/Cineclube Macunaíma/Cineclube Glauber, 1975, p. 9.
60. Georg Lukács, *Realismo Crítico Hoje*, Brasília, Coordenada Editora, 1969. p. 181.
61. Guido Aristarco, "Luchino Visconti", *Positif*, n. 29, Paris, 1958.

Voltando à análise de *Rio, Zona Norte*, nada escapa: a partitura musical, o ritmo e até a fotografia são avaliados negativamente. Mesmo quando Nelson Pereira dos Santos tenta seguir os preceitos zavattinianos, demorando-se nas pessoas na seqüência da festa na casa do vendeiro, não obtém bom resultado. Finalizando, a apresentação dos personagens burgueses, interpretados por Paulo Goulart e Maria Peter, é classificada como "subintelectualóide".

Em contraposição a *Rio, Zona Norte*, Alex Viany analisa *O Grande Momento* (Roberto Santos, 1958) (*SN*, 7 dez. 1958).

> Enquanto Nelson Pereira dos Santos, em *Rio, Zona Norte*, mostrou haver decorado mas não assimilado as lições do neo-realismo zavattiniano, este outro Santos, com espantosa segurança, dá uma demonstração prática de aculturação brasileira dos preceitos neo-realistas. Não se vê em *O Grande Momento* os tropeções de outras tentativas de crônica realística urbana, como aquelas de Nelson Pereira dos Santos ou *Agulha no Palheiro*, de Alex Viany: Roberto Santos limpa o caminho de detritos e vai em frente.

Recordo que Alex Viany elogiou *Rio, 40 Graus* por "adaptar" o neo-realismo para o Brasil. Já *Rio, Zona Norte* aplicava mecanicamente o neo-realismo, enquanto *O Grande Momento* "aculturava-o" para o cinema nacional. Ou seja, não se tratava apenas de utilizar procedimentos técnicos/estéticos/temáticos já cristalizados no movimento italiano, era necessário repensá-los para utilizá-los "brasileiramente".

Após listar as várias influências nas quais Roberto Santos teria inspirado-se – Zavattini, Sergio Amidei, Giuseppe de Santis, Paddy Chayefsky, René Clair e até Mack Sennett –, sentencia:

> O mais equilibrado filme de estréia que conheço, em toda a minha experiência de cinema brasileiro, *O Grande Momento* capta admiravelmente – brasileiramente – a humanidade do Brás.

Enquanto *Rio, Zona Norte* não apresentou corretamente o subúrbio do Rio de Janeiro, no filme de Roberto Santos o Brás estava descrito. Ou seja, um mesmo princípio embasa ambas as críticas, a saber, a descrição adequada de determinada região.

Mesmo sendo coerente com o seu pensamento nacionalista ao exigir a "assimilação" do neo-realismo, pois se isso não fosse feito não se chegaria ao realismo brasileiro, Alex Viany nesse momento reduz a questão. Ainda quando de forma sensível percebe a força de uma seqüência como a do último passeio do personagem interpretado por Gianfrancesco Guarnieri com a sua bicicleta, insiste na importância da caracterização do Brás. O realismo passa a derivar da descrição correta de um espaço real. Aí novamente há uma compreensão bem distante das intenções de Guido Aristarco.

No célebre texto "Narrar ou Descrever?", Georg Lukács identifica a narração como o procedimento chave para alcançar o realismo – representado por Honoré de Balzac –, enquanto a descrição seria característica do naturalismo – representado por Émile Zola. O teórico marxista diferencia os dois procedimentos: "A narração distingue e ordena. A descrição nivela todas as coisas"[62].

Esse nivelamento empobrece o significado das coisas, pois não se realça mais o que é verdadeiramente importante para a compreensão de determinada realidade. Levando tais considerações para o cinema, Guido Aristarco identifica em Visconti o correlato de Balzac, enquanto a dupla De Sica-Zavattini aproximar-se-ia de Zola[63].

Ora, ao invés disso, Alex Viany insiste na descrição como elemento fundamental para a sua concepção de realismo. Para completar, não há reticências da sua parte em relação ao cinema de De Sica-Zavattini, e já vimos o quanto a estética defendida por Zavattini é oposta a de Guido Aristarco. Viany parece querer harmonizar as duas propostas, e isso, aliado ao fato de o crítico não ter lido naquela época Lukács, acaba diluindo os conceitos e torna-os confusos – o "típico" é interpretado como mediano, a descrição torna-se característica-chave do realismo, por aí vai. A salada é negativa acima de tudo por não permitir uma acuidade analítica maior em relação aos filmes.

---

62. Georg Lukács, "Narrar ou Descrever?", *Ensaios Sobre Literatura*, Rio de Janeiro, Civilização Brasileira, 1965, p. 62.
63. Guido Aristarco, "Luchino Visconti", *Positif*, n. 28, Paris, abr. 1958.

Além de *O Grande Momento* e dos filmes de Nelson Pereira dos Santos, o crítico acredita que *Rebelião em Vila Rica* (Geraldo Santos Pereira e José Renato Santos Pereira, 1957) e *Cara de Fogo* (Galileu Garcia, 1957) procuram o caminho "de uma temática e um estilo legitimamente nacionais" (*LE*, dez. 1958). *Rebelião em Vila Rica* é uma paráfrase da Inconfidência Mineira através da revolta de estudantes contra medidas autoritárias tomadas pelo novo diretor da Escola de Minas nos tempos do Estado Novo. Apesar de achar a idéia "atraente", Alex Viany não apreciou a realização. Já *Cara de Fogo* é visto de forma mais positiva, a partir da constatação de que os personagens seriam, na maioria das vezes, "reais".

> Observou-me Cavalheiro Lima que Galileu Garcia, conscientemente ou não, enveredou em *Cara de Fogo* pelos rumos indicados nos trabalhos de Humberto Mauro, mineiro como os Santos Pereira e o próprio Galileu Garcia. E, sem dúvida alguma, já era tempo que alguém seguisse os ensinamentos desse Mauro tão Brasil.
>
> Filmando nos arredores de São José dos Campos, o diretor estreante soube colher o que há de bucólico e lírico na paisagem da região, uma paisagem que atua como personagem, contribuindo fortemente para o tom brasileiro e gostoso do filme.

Humberto Mauro, já caracterizado como a grande referência nacional para o cinema urbano através de *Favela dos Meus Amores*, também é o marco para o cinema rural. Galileu Garcia, ao ser o primeiro continuador desse último Mauro, ganha relevo para Viany.

Jean-Claude Bernardet, analisando um texto de Nelson Pereira dos Santos publicado em *Fundamentos*, observa:

> Costumes e tradições continuam a ser rurais. A palavra manancial [utilizada por Nelson Pereira dos Santos] é interessante: como se costumes e tradições fossem coisas dadas, armazenadas, que bastasse tirar do subsolo onde se encontram guardadas, e aproveitar para fazer filmes autênticos[64].

---

64. Maria Rita Galvão e Jean-Claude Bernardet, *op. cit.*, p. 64.

Muito embora Alex Viany sofistique essa concepção ao defender uma linhagem cinematográfica que se iniciaria em Humberto Mauro, persiste a idéia do campo como repositório do "tom nacional", o que é reforçado no texto sobre *Cara de Fogo* pela passagem "colher o que há de bucólico e lírico na paisagem".

A crítica do filme *Dioguinho*, dirigido por Carlos Coimbra, amplia a problemática da apresentação do ambiente rural pelo cinema brasileiro[65]. Viany condena o filme por imitar o *western*, que seria um gênero tipicamente norte-americano. "O importante é que a narrativa cinematográfica não nos dá impressão alguma de realidade, nem nos faz crer um só instante nas ações e nas reações de seu vilão-herói."

A influência de elementos do *western* impedia que a realidade fosse refletida. Fazia-se necessário seguir o exemplo das nossas narrativas sertanejas, estas sim capazes de expressar a realidade brasileira.

Note-se que o filme urbano para chegar ao nacional, e também ao realismo, precisaria adaptar as lições do neo-realismo italiano tanto temática como estilisticamente e inspirar-se no passado do cinema brasileiro. Mas quando ambientado no campo, desde que seguindo as lições de Humberto Mauro ou as narrativas sertanejas, o filme já seria nacional, e realista, não havendo necessidade de adaptações de quaisquer gêneros ou estilos cinematográficos entendidos como estrangeiros. Como o campo é o repositório natural da "brasilidade", a utilização de um estilo estrangeiro impediria a representação desse ambiente e, por conseqüência, a expressão da "brasilidade". Por outro lado, é possível inferir que a cidade não seria para Alex Viany um ambiente naturalmente brasileiro, tornando-se factível, portanto, a utilização de estilos estrangeiros, desde que adaptados para a sua representação.

Por último, é necessário realçar a total conjunção no pensamento de Alex Viany entre o popular, o nacional e o realis-

---

65. Alex Viany, "Dioguinho", Rio de Janeiro, s.d. (datil.), Arquivo Alex Viany, Cinemateca do MAM.

mo. Essas três características tornam-se indissociáveis, pois o realismo seria a chave estética que permitiria demonstrar a vida do povo e – seguindo-se o axioma "só é nacional o que é popular" –, por conseqüência, a própria nacionalidade. De forma tautológica, somente através da representação do nacional e do popular é que o realismo estaria concretizado.

3. ALEX VIANY E A CRÍTICA CINEMATOGRÁFICA

A Crítica nos Anos de 1950

Neste capítulo traçarei um panorama da crítica cinematográfica brasileira nos anos de 1950. O tema é amplo, tratando-se aqui evidentemente de um resumo no qual privilegiarei a recepção dos filmes dirigidos por Alex Viany. Entendo que tal procedimento levará à compreensão mais precisa da sua posição no meio cinematográfico.

A crítica dos anos de 1950 era entendida pelos seus próprios componentes como dividida em duas. Para ficar na oposição proposta por Alex Viany, de um lado os favoráveis ao cinema europeu e de outro os admiradores de Hollywood (PO, 1952). A oposição era percebida também como dos partidários do conteúdo contra os formalistas ou da esquerda contra a direita. A classificação mais precisa é a de Fábio Lucas, dividindo o campo entre "crítico-históricos" e "esteticistas"[1].

---

1. Fábio Lucas, "Sobre a Crítica de Cinema", *Revista de Cinema*, vol. III, nº 18, Belo Horizonte, set. 1955.

É o que temos na crítica cinematográfica de hoje: de um lado permanece a atitude daqueles que consideram o cinema como realidade artística regida por leis que lhe são singularmente peculiares [os "esteticistas"]. Para estes, deve-se extirpar qualquer fio que ligue a arte do cinema a concepções sociopolíticas ou a conceitos estéticos que sirvam a outros gêneros artísticos; de outro lado ficam aqueles para quem o que interessa no filme exibido é a mensagem que traz implícita ou explícita [os "crítico-históricos"], contentando-se aqui o crítico com isolar os elementos discursivos que, alimentando a opinião pública, possam ou não influir nos destinos humanos.

Dentro dessa classificação, Alex Viany evidentemente seria considerado um "crítico-histórico".

Selecionei textos de três "esteticistas" – Almeida Salles, Moniz Vianna e B. J. Duarte – e três "crítico-históricos" – Salvyano Cavalcanti de Paiva, Carlos Ortiz e Walter da Silveira – tratando dos filmes de Alex Viany lançados comercialmente no Brasil nos anos de 1950. Os autores foram escolhidos pela sua representatividade na crítica da época e pelo interesse das questões levantadas nos artigos.

Observo, entretanto, que um estudo sistemático da crítica cinematográfica brasileira nos anos de 1950 teria de abordar profissionais atuantes no Rio de Janeiro tais como Ely Azeredo, Décio Vieira Otoni, Jorge Ileli, José Sanz, Luís Alípio de Barros, Van Jafa, Yolandino Maia, Alberto Shatowsky e Jonald; e em São Paulo, Noé Gertel, Rubem Biáfora, Walter George Dürst, Flávio Tambellini, Walter Hugo Khouri e Fernando de Barros. Paulo Emílio Salles Gomes, figura de fundamental importância, não escreveu sobre os filmes de Alex Viany mas será analisado no próximo capítulo, concernente aos textos de cunho histórico anteriores à *Introdução ao Cinema Brasileiro*.

Também é necessário atentar para fora do eixo Rio-São Paulo, pois havia toda uma movimentação em termos de ampliação da cultura cinematográfica encarnada sobretudo pela atuação dos críticos. Os mineiros constituem o caso mais conhecido, sendo possível mencionar Cyro Siqueira, Jacques do Prado Brandão, Guy de Almeida e Fritz Teixeira de Salles, entre outros[2]. Na Bahia temos o já citado Walter

---

2. Para mais informações sobre o movimento de cultura cinematográfica em Minas Gerais ver José Américo Ribeiro, *Cinema Mineiro – Do Cine-*

da Silveira[3]. No Rio Grande do Sul destacavam-se P. F. Gastal e Humberto Didonet. Em Pernambuco os nomes mais importantes eram José de Sousa Alencar, Duarte Neto e Celso Marconi[4]. Na Paraíba salientavam-se Linduarte Noronha, Geraldo Carvalho e José Rafael de Menezes[5].

O acompanhamento nas províncias das polêmicas do eixo Rio-São Paulo dava-se por meio das revistas de circulação nacional e dos grandes jornais. O contrário era mais difícil, já que os órgãos de imprensa das províncias tinham pouca circulação fora dos seus respectivos estados. Minas Gerais constitui-se numa exceção, pois através da criação da *Revista de Cinema*, em abril de 1954, os críticos locais passaram a contar com uma tribuna de repercussão nacional. E não apenas estes escreviam na revista, mas ainda críticos de outros estados. A *Revista de Cinema* foi a publicação especializada mais importante no Brasil da década de 1950[6].

No restante da Federação, a difusão das idéias dava-se através de correspondências. Só para ficarmos no caso de Alex Viany, é possível encontrar no seu arquivo pessoal cartas de Walter da Silveira, P. F. Gastal, Cyro Siqueira, Fritz Teixeira de Salles e José de Sousa Alencar. Outro meio de difusão eram as palestras de críticos do Rio de Janeiro e de São Paulo promovidas pelos cineclubes das províncias, nas quais não somente o orador expunha suas idéias como também conhecia,

---

clubismo à Produção Cinematográfica na Década de 60, em Belo Horizonte, São Paulo, tese de doutorado apresentada à ECA-USP, 1988.

3. O próprio Walter da Silveira escreveu um livro importante sobre o cinema na Bahia publicado postumamente. Ver Walter da Silveira, *A História do Cinema Vista da Província*, Salvador, Fundação Cultural do Estado da Bahia, 1978.

4. Para mais informações sobre o movimento de cultura cinematográfica em Pernambuco ver Luciana Araújo, *A Crônica de Cinema no Recife dos Anos 50*, Recife, Fundarpe, 1997.

5. Para mais informações sobre o movimento de cultura cinematográfica na Paraíba ver Fernando Trevas Falcone, *A Crítica Paraibana e o Cinema Brasileiro – Anos 50/60*, São Paulo, dissertação de mestrado apresentada à ECA-USP, 1995.

6. Sobre a importância da *Revista de Cinema* ver Paulo Emílio Salles Gomes, "Primazia Mineira", *Crítica de Cinema no Suplemento Literário*, Rio de Janeiro, Embrafilme/Paz e Terra, 1982, vol. I, pp. 188-192.

através do debate ou em conversas fora do evento, os questionamentos da crítica local. Alex Viany, ao longo dos anos de 1950, fez palestras no Clube de Cinema de Porto Alegre, no Centro de Estudos Cinematográficos – sediado em Belo Horizonte – e no Clube de Cinema da Bahia – sediado em Salvador.

A própria divisão entre "esteticistas" e "crítico-históricos" não dá conta de todo o meio. Eu adicionaria à divisão de Fábio Lucas mais três grupos. O primeiro é constituído pelos velhos críticos cujos referenciais estavam ligados ao cinema silencioso, tais como Pedro Lima – que nos anos de 1950 ainda atuava nos Diários Associados – ou Octavio de Faria – então escrevendo sobre cinema de forma esparsa, mas muito respeitado por jovens como Paulo César Saraceni[7]. O segundo é o dos católicos, em cujas fileiras se destacava o padre Guido Logger, grupo extremamente atuante através da criação de cineclubes, da imprensa católica, de revistas especializadas – como a mineira *Revista de Cultura Cinematográfica* – e até da publicação de livros[8]. O último grupo é constituído por aqueles que não eram propriamente críticos, pois escreviam a soldo das distribuidoras ou de circuitos de exibição, quando não se limitavam a transcrever *releases*, porém, numericamente eram bastante expressivos a ponto de dominar durante vários anos a ABCC[9]. Não vou abordar esses três últimos grupos que do ponto de vista ideológico são menos representativos.

Apesar das limitações da minha análise sobre a crítica nos anos de 1950, é possível apontar os "esteticistas" como o pólo dominante. Pode-se depreender isso de três fatores: *1*. O espaço ocupado nas principais publicações – Moniz Vianna no *Correio da Manhã*, Almeida Salles em *O Estado de S. Paulo*, B. J. Duarte em *Anhembi*, Ely Azeredo na *Tribuna da Imprensa* e Décio Vieira Otoni no *Diário Carioca* são alguns

---

7. Paulo César Saraceni, *Por Dentro do Cinema Novo*, Rio de Janeiro, Nova Fronteira, 1993, p. 20.
8. Sobre as relações entre a Igreja Católica e o cinema ver Paulo Emílio Salles Gomes, "Catolicismo e Cinema", *op. cit.*, vol. I, pp. 71-74.
9. Ely Azeredo, "Escândalo na ABCC", *Tribuna da Imprensa*, Rio de Janeiro, 13 maio 1955.

exemplos. *2*. A atuação majoritária na organização das cinematecas e na composição das comissões de cinema governamentais. *3*. E, principalmente, a homologia desses críticos dentro do campo cinematográfico com a Vera Cruz e, após a sua falência, com aquele setor da produção denominado por José Mário Ortiz Ramos de "universalista"[10].

É significativo atentar para as semelhanças biográficas entre Moniz Vianna e Almeida Salles: escreviam em órgãos de imprensa influentes e conservadores, tinham profissões de destaque social – um médico e o outro procurador do Estado –, suas posições políticas tendiam para a direita e o capital social de ambos era bem maior se comparado com outros críticos da época[11]. Almeida Salles foi um dos principais responsáveis pela organização do Festival Internacional de Cinema, ocorrido por ocasião do IV Centenário de São Paulo em 1954, enquanto Moniz Vianna organizou os célebres festivais do cinema americano (1958), francês (1959) e italiano (1960). Os dois também exerceram, entre os anos de 1950 e 1970, importantes funções nas cinematecas e em órgãos burocráticos ligados ao cinema: Moniz Vianna foi um dos principais responsáveis pela criação da Cinemateca do Museu de Arte Moderna (RJ), foi membro do Geicine e exerceu o cargo de secretário-executivo do Instituto Nacional de Cinema; Almeida Salles foi um dos artífices da criação da Cinemateca Brasileira e membro da Comissão Estadual de Cinema (SP), órgãos dos quais foi presidente diversas vezes, além de membro da Comissão Federal de Cinema, conselheiro do Museu

---

10. José Mário Ortiz Ramos, *Cinema, Estado e Lutas Culturais (Anos 50/60/70)*, Rio de Janeiro, Paz e Terra, 1983, p. 23.
11. Utilizo a seguinte definição para capital social: "O capital social é o conjunto dos recursos atuais e potenciais que estão ligados à posse de uma *rede durável de relações* mais ou menos institucionalizadas de interconhecimento e inter-reconhecimento, ou, em outras palavras, ao pertencimento a um grupo, como conjunto de agentes que não são somente dotados de propriedades comuns (suscetíveis de ser percebidas pelo observador, pelos outros e por eles mesmos) mas são também unidos por *ligações* permanentes e úteis" [grifo do autor]. Ver Pierre Bourdieu, "Le capital social – notes provisoires", *Actes de la recherche en sciences sociales*, n. 31, Paris, jan. 1980.

da Imagem e do Som (SP) e presidente da delegação brasileira no Festival de Cannes em várias ocasiões. Eles são constantemente mencionados como referência por críticos e cineastas brasileiros dos mais variados matizes estéticos e ideológicos.

B. J. Duarte, cujo capital social provinha em boa parte do fato de ser irmão mais novo de Paulo Duarte, não teve carreira tão marcante. Escreveu tanto em *O Estado de S. Paulo* quanto nas *Folhas*, mas a sua tribuna principal foi a revista mensal *Anhembi*, pertencente a Paulo Duarte. Embora formado em Direito, trabalhou como fotógrafo, cineasta e funcionário público do Serviço de Iconografia do Departamento de Cultura da Prefeitura de São Paulo. Fundador do segundo Clube de Cinema de São Paulo e da Cinemateca Brasileira, também ocupou cargos em comissões e festivais, mas sem o mesmo destaque de Moniz Vianna e Almeida Salles[12]. Por último, ao contrário desses, B. J. Duarte praticamente não é citado pelas gerações posteriores.

Saliento ainda sobre a trinca "esteticista" que Almeida Salles – em depoimento a Flora Christina Bender datado de 1979 – cita, além do amigo Paulo Emílio Salles Gomes, B. J. Duarte e Moniz Vianna como os grandes críticos brasileiros do passado[13].

Já a posição inferior dos "crítico-históricos" é caracterizada por: *1*. Geralmente escreverem em órgãos da imprensa pouco importantes, as exceções são Salvyano Cavalcanti de Paiva em *Manchete* e Carlos Ortiz e Noé Gertel nas *Folhas*, mas estes em períodos de tempo relativamente reduzidos. *2*. Sua atuação política era mais forte nos congressos de cinema, os quais apesar de terem gerado idéias importantes não tinham poder executivo. *3*. A homologia em relação à produ-

---

12. Afrânio Mendes Catani, *Cogumelos de Uma Só Manhã: B. J. Duarte e o Cinema Brasileiro. Anhembi: 1950-1962*, São Paulo, tese de doutorado apresentada à FFLCH-USP, 1991, pp. 202-206.

13. Francisco Luiz de Almeida Salles, *Cinema e Verdade: Marylin, Buñuel, etc. Por um Escritor de Cinema*, organizado por Flora Christina Bender e Ilka Brunhilde Laurito, São Paulo/Rio de Janeiro, Companhia das Letras/Cinemateca Brasileira/Fundação do Cinema Brasileiro, 1988, p. 322.

ção cinematográfica dá-se com aqueles denominados por José Mário Ortiz Ramos de "nacionalistas"[14].

Tanto Salvyano Cavalcanti de Paiva quanto Carlos Ortiz tinham na época ligações com o PCB. O primeiro foi crítico de *A Cena Muda* e *Manchete*, publicista da Art Filmes, repórter e redator na imprensa carioca, além de ter escrito na década de 1950 os livros *O Gangster no Cinema* e *Aspectos do Cinema Americano*. Carlos Ortiz foi crítico das *Folhas* – sendo demitido por pressão do comércio cinematográfico – e do *Notícias de Hoje* – jornal do Partido Comunista Brasileiro –, diretor dos filmes *Alameda da Saudade, 113* (1951) e *Luzes nas Sombras* (1953) e escreveu os livros *Argumento Cinematográfico e Sua Técnica*, *Cartilha de Cinema*, *O Romance do Gato Preto* e *A Montagem na Arte do Filme*, porém na metade dos anos de 1950 abandonou o cinema para dedicar-se exclusivamente ao magistério[15]. O capital social de ambos é bem menor quando comparado com os três "esteticistas", e se Salvyano Cavalcanti de Paiva chegou a chefiar no final dos anos de 1960 o Departamento de Fomento do Filme Nacional do INC – mas com posições políticas e estéticas de outra ordem –, já Carlos Ortiz nunca exerceu cargos de relevo em órgãos de cultura ou na burocracia cinematográfica.

Walter da Silveira, também ligado ao Partido Comunista, era formado em Direito, sendo conhecido advogado trabalhista. Organizou o Clube de Cinema da Bahia – um dos principais do Brasil nos anos de 1950 –, escreveu nos mais importantes jornais locais e colaborava em revistas como *Anhembi* (SP) e *Leitura* (RJ)[16]. O capital social desse crítico era certamente superior ao de Salvyano Cavalcanti de Paiva ou Carlos Ortiz, porém sua atuação ficava limitada pelo fato de morar na província, sem possibilidade de participação imediata e contínua nos debates do eixo Rio-São Paulo.

---

14. José Mário Ortiz Ramos, *op. cit.*, p. 23.
15. Carlos Eduardo Ornelas Berriel (org.), *Carlos Ortiz e o Cinema Brasileiro na Década de 50*, São Paulo, Secretaria Municipal de Cultura, 1981, pp. 17 e 19.
16. José Umberto Dias, "Repensar o Cinema", em Walter da Silveira, *op. cit.*, pp. I-XX.

Agulha no Palheiro *I*

Conforme já mencionei, o primeiro filme dirigido por Alex Viany foi *Agulha no Palheiro*, financiado pela Flama, pequena produtora carioca pertencente a Rubens Berardo e Moacyr Fenelon. Seu estúdio era localizado numa velha casa no bairro de Laranjeiras e o equipamento havia sido adquirido do americano Howard Randall. As produções da Flama tinham custos bastante baixos e o único ator contratado de forma fixa era Luís Delfino. Dentre os filmes da empresa pode-se citar: *Dominó Negro* (Moacyr Fenelon, 1950), *O Falso Detetive* (José Cajado Filho, 1951), *Milagre de Amor* (Moacyr Fenelon, 1951), *Tudo Azul* e *Com o Diabo no Corpo* (Mário del Rio, 1952).

Em depoimento de Viany há mais detalhes sobre a produção de *Agulha no Palheiro*:

> Na Maristela eu havia conhecido o Mário del Rio [diretor de produção de *Agulha no Palheiro*], um espanhol de quem ficara amigo e que me convidou para fazer um filme no Rio, com o Moacyr Fenelon. O Mário me pediu para escrever a história, pois estava terminando um filme e não queria que o estúdio ficasse parado. Escrevi a história de *Agulha no Palheiro* em poucos dias[17].

No final de 1952 as filmagens iniciaram-se e em abril do ano seguinte a película já estava pronta para ser lançada nos cinemas, o que ocorreu a 15 de junho de 1953 no Rio de Janeiro. Esse momento foi crucial para Viany, pois estava em jogo a tentativa de passar da teoria à prática, sendo reconhecido como diretor em vez de crítico. *Agulha no Palheiro* é o auge do processo iniciado na sua contratação pela Maristela e desenvolvido tanto na participação em filmes quanto nos congressos de cinema. É significativo notar que no Programa Oficial do I Congresso Nacional de Cinema Brasileiro, Viany está inscrito na rubrica "Diretores". Tal esforço pode ainda ser detectado na sua reação quando uma reportagem de *Man-*

---

17. Antônio Lima e José Haroldo Pereira, "Um Diretor: Alex Viany", *Filme Cultura*, n. 32, Rio de Janeiro, fev. 1979.

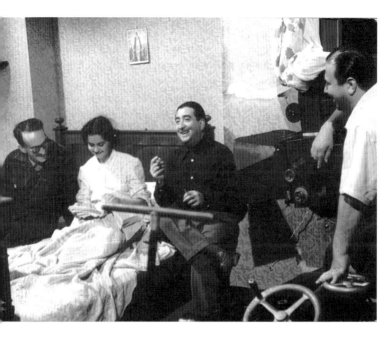

Alex Viany, Fada Santoro, Mario Del Rio e Mario Pagés durante filmagens de *Agulha no Palheiro*.

chete o rotula como "teórico" e não "profissional"[18], Alex Viany escreveu a Hélio Fernandes, então diretor-responsável da revista, manifestando-se surpreso por não estar incluído entre os "profissionais"[19].

Mesmo assim, é como o filme de um crítico que os outros críticos vão avaliar *Agulha no Palheiro*. Partindo daí é possível compreender as tomadas de posição. Para embasar essa asserção recorro ao texto de Francisco Luiz de Almeida Salles, publicado em *O Estado de S. Paulo*[20]. Lembrando a importância de Alex Viany como crítico, o articulista entende que devido a isso deve proceder à "análise exigente" do filme em questão. Ao seu ver, o "autor do roteiro e da direção" não atina os fundamentos da narração cinematográfica.

> Antes do estilo, portanto, parece-nos fundamental em cinema o domínio da técnica. Não é possível pintar sem saber o valor pictórico das cores, o equilíbrio plástico dos volumes, a significação da luz, as exigências da composição. Cinema é, preliminarmente, transmissão pela imagem de um determinado conteúdo.

No trecho acima o importante é como a oposição entre "esteticistas" e "crítico-históricos" é deslocada de forma estratégica. Ao atribuir à ausência de domínio da técnica o principal problema do filme, Almeida Salles furta-se a comentar o conteúdo, sucintamente considerado "demagógico", pois sua "transmissão" não havia sido bem realizada. A ausência de domínio da técnica permite que ele também não analise o estilo, pois se o fizesse poderia ser tachado de "esteticista". Ao centrar os comentários na técnica, o autor busca aparentar neutralidade em relação ao conflito básico da crítica cinematográfica dos anos de 1950.

---

18. Carlos Moreira, "Quem Conhece e Quem Faz Cinema no Brasil", *Manchete*, n. 41, Rio de Janeiro, 31 jan. 1953.
19. Carta de Alex Viany para Hélio Fernandes, Rio de Janeiro, 31 jan. 1953, Arquivo Alex Viany, Cinemateca do MAM.
20. Francisco Luiz de Almeida Salles, *Agulha no Palheiro*, op. cit., pp. 263-267.

As seqüências devem servir a si mesmas, sem deixar de servir ao conjunto. Há um rendimento ideal do conteúdo narrativo da seqüência, há uma ordem ideal de sucessão de seqüências e há um tempo de duração ideal a que elas devem obedecer, tendo em vista, é lógico, o assunto a transmitir.

Estas exigências são o denominador comum de qualquer narração cinematográfica. Depois disso pode vir o que se quiser: o estilo, a marca do temperamento, as variantes de ritmo, os acentos peculiares aos gêneros, as construções estruturais complexas.

As primeiras são exigências que poderíamos classificar como de 1º grau e constituem a base para a "existência" de uma fita. As outras, são de 2º grau e já dizem respeito às peculiaridades e variantes do estilo. As primeiras são exigências liminares de artesanato. Sem o seu cumprimento nem é possível começar a conversar, porque estaríamos polemizando sobre evidências. O trágico na estética cinematográfica é que nem este chão inicial é objeto de entendimento crítico.

Não se afigura casual Almeida Salles compor uma verdadeira teoria da análise cinematográfica a partir de *Agulha no Palheiro*. O filme de um crítico é o gancho ideal para isso, ainda mais por Alex Viany ocupar a posição oposta. Deve-se observar a sutileza de Almeida Salles, pois a sua argumentação está embasada em idéias que os próprios "crítico-históricos" não poderiam negar: a técnica, afinal de contas, estaria a serviço do "assunto a transmitir", com o estilo ocupando o segundo plano. Ocorre que nenhuma discussão sobre assunto, estilo ou qualquer outra coisa pode ser levada a cabo devido à ausência de uma técnica minimamente competente. A oposição dentro do campo cinematográfico só fica mais clara no final da citação acima, quando se afirma que o "chão inicial" não era reconhecido por todos muito embora ele fosse uma "evidência", pelo jeito quem não reconhecia a "evidência" eram os "crítico-históricos" como Alex Viany.

Já Moniz Vianna é comedido na análise de *Agulha no Palheiro*[21]. Lembrando que Alex Viany era um crítico antigo, tendo sido correspondente de *O Cruzeiro* em Hollywood, Moniz Vianna vê nisso vantagem em face da maioria dos realizadores brasileiros.

---

21. Moniz Vianna, "Agulha no Palheiro", *Correio da Manhã*, Rio de Janeiro, 20 jun. 1953.

Estreava, portanto, com ampla vantagem sobre os que por aqui se improvisam (à tarde, no Vermelhinho; à noite, no Alcazar) em diretores e cenaristas, e não deixam escapar a primeira oportunidade que lhes é oferecida para mostrar que não são gênios.

A ironia do autor, recorrente em relação ao cinema brasileiro, é indicativa da violência – muitas vezes encoberta, principalmente nos depoimentos retrospectivos – das disputas no meio cinematográfico. Mas *Agulha no Palheiro* estava acima da média, sendo considerado superior a "barbaridades" como *Apassionata* (Fernando de Barros, 1952) e *Sinhá Moça* (Tom Payne e Oswaldo Sampaio, 1953). Entretanto, era inferior a *Amei um Bicheiro* (Paulo Vanderley e Jorge Ileli, 1952).

A história de *Agulha no Palheiro* é excessivamente simples, extraída da vida de todos os dias: focaliza os problemas domésticos de uma família humilde, os seus sonhos e as suas desilusões. Raramente passa à crítica – mas quando o faz é ingênua (episódio da "indiferença" das senhoras que jogam pif-paf) ou demagógica (episódio, também arbitrário, da italiana que narra aos protagonistas a sua "desgraça", ocorrida durante a guerra).

O crítico identifica "métodos" do neo-realismo italiano, não especificando quais ou quando eles são utilizados. Narrativamente a primeira metade é considerada de forma positiva, mas a procura por José da Silva na segunda metade não convence.

Nesse texto a única evidência da oposição entre Viany e Vianna é quando este qualifica o neo-realismo como "pseudo-escola", enquanto Hollywood seria a "escola insuperável". Depreendo disso que, para Moniz Vianna, o erro de Alex Viany não está tanto no filme em si, mas na opção teórica pelo movimento italiano.

Fechando a trinca dos "esteticistas" está B. J. Duarte, que se dedica mais a lembrar a perseguição promovida por Alex Viany contra Alberto Cavalcanti[22].

Foi pena que o sr. Alex Viany não permanecesse apenas no campo teórico do Cinema. Pois, no campo prático acaba ele de desmentir, com a sua

---

22. B. J. Duarte, "Agulha no Palheiro", *Anhembi*, vol. XII, n. 36, São Paulo, nov. 1953.

"Agulha no Palheiro", tudo quanto de bom proclamava em favor do cinema nacional, a sua autenticidade, a brasilidade de seus argumentos etc. Sua película de estréia desmente tudo isso, com a mesma eloqüência com que adota todos os velhos chavões do cinema norte-americano.

Ao leitor desavisado dos conflitos do meio cinematográfico pode parecer que B. J. Duarte apreciava Alex Viany como crítico e tal fato não era verdade. Além de ironizar, o autor tenta apresentar Viany como uma pessoa contraditória, pois escreveria uma coisa e faria outra. Ao analisar mais pontualmente o filme, B. J. Duarte define as seqüências de bate-boca envolvendo um dos personagens secundários e a visita à italiana Maria como falsas, além das seqüências musicais serem "copiadas servilmente do mau cinema norte-americano".

Já a recepção do "crítico-histórico" Salvyano Cavalcanti de Paiva é muito positiva[23]:

> O que existe de melhor no povo brasileiro, particularmente nos habitantes de subúrbio do Rio de Janeiro, sua nobreza de sentimentos, o idealismo puro e a revolta otimista diante da adversidade, foi devassado por Alex Viany, mas devassado com um objetivo dignificante. E dentro de uma forma cinematográfica despida de pretensões, mas que codifica com clareza o que o autor aprendeu em anos de estudo e prática em Hollywood, S. Paulo e Rio. Atingindo o alvo neste primeiro ensaio prático editado, Alex demonstrou consciência profissional, talento de observador da vida cotidiana, integração estilística no ritmo "brasileiro" de cinema (nem tão dinâmico quanto os filmes ianques, nem tão lento quanto os filmes escandinavos). Os atores merecem carinhoso tratamento (do ponto de vista da exigência dramática do condutor) e na criação da "atmosfera", Alex obteve o ponto alto na seqüência da palestra da italiana com os jovens namorados.

A representação positiva do popular, a demonstração da "revolta otimista" desse mesmo segmento social, a simplicidade formal, a atenção com o cotidiano e o ritmo "brasileiro" são fatores que compõem a "crônica" de teor "nacional-popular". O crítico, entretanto, nunca qualifica *Agulha no Palheiro* como realista. Note-se que para Salvyano Cavalcanti de Paiva o "ponto alto" da fita é a seqüência da italiana, clas-

---

23. Salvyano Cavalcanti de Paiva, "Agulha no Palheiro", *Manchete*, n. 63, Rio de Janeiro, 4 jul. 1953.

sificada por Moniz Vianna como "demagógica". Essa personagem mora no morro com vários filhos, um deles nascido na época da Segunda Guerra Mundial, quando Edu e seu amigo Mário serviram no Exército brasileiro. Ambos ajudaram a moça e Mário acabou casando-se com ela.

Carlos Ortiz, cujo artigo foi publicado no *Notícias de Hoje*, jornal do Partido Comunista, condena essa seqüência e não apenas pelo sotaque inconvincente da personagem, mas ainda porque ela estaria colocada "mecanicamente" no filme e não "organicamente"[24]. Fora isso, apenas elogios:

> Alex já possuía uma excelente bagagem cinematográfica antes de rodar o seu primeiro filme. E é por isso que se percebe em "Agulha no Palheiro", embora se trate de uma estréia, um grande amadurecimento quer de assunto, quer de técnica.

A "bagagem" comportava tanto a experiência de Viany como roteirista da Maristela, onde foi companheiro de Carlos Ortiz, quanto o arcabouço teórico desenvolvido na atividade crítica.

> Do ponto de vista de assunto, o filme desenvolve uma história humana e simples, como que colhida ao vivo num bairro carioca e toda ela banhada, na tela, num clima de realidade, de verdade, de quotidiano e, o que é melhor, de simplicidade e modéstia.

Todo esse louvor ao "simples" e à "realidade" é reflexo do entusiasmo pela representação do povo. Este, na visão da crítica de esquerda da época, não estava presente nos filmes da Vera Cruz e nas chanchadas era apresentado de forma chula.

Note-se, nos textos selecionados, opiniões totalmente contrárias emitidas pela mesma facção. É o caso de Salvyano Cavalcanti de Paiva elogiando a seqüência da italiana como o "ponto alto" do filme, enquanto Carlos Ortiz classifica-a como "mecânica". Ou de Moniz Vianna que vê no filme influências da "pseudo-escola" neo-realista, enquanto B. J. Duarte deplora a imitação dos "velhos chavões do cinema americano". Tais

---

24. Carlos Ortiz, "Agulha no Palheiro", *Notícias de Hoje*, São Paulo, 4 ago. 1953.

disparidades devem-se à formação estética mesmo cinematográfica pouco sólida, ao apego ferrenho aos dogmas e à prevenção político-ideológica excessiva. Isso demonstra o relativismo da classificação de Fábio Lucas adotada por mim, mas não a invalida, pois ela permite entender as principais tomadas de posição.

Os "esteticistas" criticam em *Agulha no Palheiro* a ausência de técnica para a adequada transmissão do conteúdo – Almeida Salles –; a "ingenuidade" e a "demagogia" de determinadas seqüências, além da inspiração neo-realista do filme – Moniz Vianna –; chegando mesmo a combater a adoção de clichês provindos do cinema americano – B. J. Duarte. Todos, portanto, condenam o filme, mesmo em graus variáveis, e, também o crítico Alex Viany – que não dá conta das "evidências" da arte cinematográfica, segue a "pseudo-escola" neo-realista e é incoerente, pois ataca o cinema americano, mas quando diretor utiliza seus cacoetes.

Os "crítico-históricos" podem discordar entre si quanto à seqüência da italiana, mas elogiam a presença positiva do povo e a forma simples. Salvyano Cavalcanti de Paiva também vê a constituição de um "ritmo brasileiro" e para Carlos Ortiz um "clima de realidade" foi apreendido. Tanto um como outro saúdam a estréia do crítico Alex Viany como diretor, não sendo difícil subentender que na opinião de ambos houve coerência nessa transição.

Ou seja, enquanto os "esteticistas" tentam desacreditar Viany como diretor e, claro, desautorizá-lo como crítico, os "crítico-históricos" batem-se no sentido contrário, apostando no aparecimento de um bom diretor que anteriormente destacava-se na crítica. Pelos textos fica nítido o confronto entre "esteticistas" e "crítico-históricos", mesmo havendo algumas nuances. Entretanto, um ponto comum aos dois grupos é a dicotomia entre conteúdo e forma na análise da obra cinematográfica, sem haver nenhum imbricamento.

Agulha no Palheiro *II*

Um ano e meio após o seu lançamento, *Agulha no Palheiro* volta à baila. Moniz Vianna ao comentar *O Último*

Endereço (Jean Paul Le Chanois, 1950) acusa Alex Viany de ter plagiado em *Agulha no Palheiro* a produção francesa[25]. *O Último Endereço*, apesar de só ter estreado no Brasil em 1955, datava de 1950, e, segundo Moniz Vianna, mesmo que Alex Viany não o tivesse visto poderia ter lido a história em revistas especializadas.

Embora eu não tenha visto o filme francês, a acusação afigura-se inconsistente. Na época da estréia de *Agulha no Palheiro* aventou-se também que Alex Viany plagiara *O Coração Manda* (Alessandro Blassetti, 1942), mas a acusação não se propagou tanto[26]. Tive a oportunidade de ver o filme italiano, apesar de algumas semelhanças no enredo e mesmo estilísticas, como a seqüência inicial feita com planos filmados a partir de um veículo em movimento, é impossível considerar plágio. O verdadeiro objetivo surge quando, sempre de forma mordaz, Moniz Vianna sugere outras hipóteses ao plágio: *a*) "coincidência" telepática e *b*) uma "encomenda" feita pelo Partido Comunista que ordenara a Viany filmar a mesma história.

A última hipótese revela o verdadeiro propósito de Moniz Vianna, pois naquela época Alex Viany estava indo para a Bahia filmar *Ana*, parte de *A Rosa dos Ventos*, produção financiada por um país comunista e cujo diretor escalado para o episódio francês era justamente Jean Paul Le Chanois. O nível das acusações é bastante significativo do grau de violência simbólica e da polarização ideológica na crítica cinematográfica naquele momento, às vezes encobertas por artifícios como esse que demonstrei.

Note-se que Almeida Salles[27] e B. J. Duarte[28] também abordaram a questão do plágio após ela ter sido levantada por

---

25. Moniz Vianna, "O Último Endereço", *Correio da Manhã*, Rio de Janeiro, 6 jan. 1955.
26. B. J. Duarte, "Agulha no Palheiro", *Anhembi*, vol. XII, n. 36, São Paulo, nov. 1953.
27. Francisco Luiz de Almeida Salles, "A Perdida", *O Estado de S. Paulo*, 15 mar. 1955.
28. B. J. Duarte, "O Plágio...", *Anhembi*, vol. XVIII, n. 53, São Paulo, abr. 1955.

ésar Cruz, Dóris Monteiro e Roberto Batalin em *Agulha no Palheiro*.

Moniz Vianna, insinuando que Alex Viany haveria imitado o filme de Jean Paul Le Chanois.

Rua sem Sol

A recepção de *Rua sem Sol*, segundo longa-metragem de Alex Viany, foi oposta à de *Agulha no Palheiro*. Também o esquema de produção foi parcialmente diferente. *Rua sem Sol* foi o primeiro filme da Cinedistri, produtora de Oswaldo Massaini que se tornaria uma das mais importantes do país. Co-produziam o filme a Brasil Vita Filmes, cujos estúdios foram utilizados, e a Unida.

O roteiro de Eduardo Borrás ficou pronto em abril de 1953, então a jovem Glauce Rocha já estava escalada para encabeçar o elenco. Mal começadas as filmagens, Mário del Rio resolveu abandonar a função de diretor, que acumulava com a de produtor. Antes de Alex Viany foram procurados Nelson Pereira dos Santos e Carlos Alberto de Souza Barros, mas ambos recusaram-se a fazer o filme. Apesar de classificar o roteiro como "abominável", Viany aproveitou a oportunidade.

> Eu incorporei algumas idéias [do roteiro], mas filmei na base da improvisação, quase que no dia-a-dia. Foi um exercício incrível, porque eu estava atado às cenas já filmadas na delegacia, onde a Glauce Rocha está presa e começa a contar a história[29].

As filmagens foram interrompidas mais uma vez, devido ao estouro do orçamento e a problemas na substituição de Patrícia Lacerda por Dóris Monteiro. O filme só foi terminado em fins de 1953, sendo lançado a 18 janeiro de 1954 no Rio de Janeiro.

As análises de *Rua sem Sol* confirmam a oposição entre os "crítico-históricos" e os "esteticistas", só que há uma certa inversão dos papéis, conforme se poderá observar.

---

29. Antônio Lima e José Haroldo Pereira, "Um Diretor: Alex Viany", *Filme Cultura*, n. 32, Rio de Janeiro, fev. 1979.

A crítica de Salvyano Cavalcanti de Paiva contrapõe *Agulha no Palheiro* a *Rua sem Sol*[30]. Enquanto o primeiro era "nacional-popular", "fluente", com personagens bem construídos, o segundo é "cosmopolita", possui a "trama frouxa" e seus personagens são "mal delineados". Salvyano Cavalcanti de Paiva afirma ainda que o primeiro foi combatido pela "turma arte-purista", já o segundo obteve "rasgados elogios". Mas o autor preocupa-se em tirar a culpa do diretor pelo fracasso de *Rua sem Sol*:

> A ausência de uma história coerente ou original impediu o jovem diretor de construir algo menos ordinário. Prevenira-me Alex que, na absoluta impossibilidade de superar o primarismo melodramático do enredo de Eduardo Borrás, tentara obter pela enquadração "audaciosa" efeitos formalistas que impressionariam (como impressionaram mesmo) o magote de "entendidos" e, pelo menos, salvar o filme do naufrágio total.

Cristaliza-se no texto a oposição entre os "crítico-históricos" e os "esteticistas", embora não sejam utilizadas tais expressões. Estes gostariam de *Rua sem Sol* devido aos enquadramentos arrojados, já aqueles tenderiam a condenar o filme pela falta de um roteiro que expressasse o conteúdo "nacional-popular". Mas Salvyano Cavalcanti de Paiva elogia a atuação da maioria dos atores e considera o filme superior à *Esquina da Ilusão* (Ruggero Jacobbi, 1953) e *O Canto do Mar*. Além disso, o crítico tem esperanças nos projetos de Viany, *Estouro na Praça* e *M'Boitatá*.

Pelo texto acima depreende-se que a recepção de *Rua sem Sol* entre os "esteticistas" foi muito favorável e isso é um equívoco se recorrermos a Moniz Vianna[31].

> Esperava-se mais do diretor (não tanto, evidentemente, quanto de Cavalcanti, que também decepcionou em parte, com *O Canto do Mar*), porém ele denota ter assimilado mal as lições que recebeu em Hollywood, onde estagiou durante alguns anos; freqüentando assiduamente os cursos de cine-

---

30. Salvyano Cavalcanti de Paula, "Rua sem Sol", *Manchete*, n. 94, Rio de Janeiro, 6 fev. 1954.
31. Moniz Vianna, "Rua sem Sol", *Correio da Manhã*, Rio de Janeiro, 23 jan. 1954.

ma. E não se observa ainda em *Rua sem Sol*, nenhum progresso sensível em relação a *Agulha no Palheiro*, o primeiro filme do jovem realizador.

Na crítica a *Agulha no Palheiro*, Moniz Vianna desaprovava a filiação do filme à "pseudo-escola" neo-realista. Já *Rua sem Sol* poderia estar enquadrado na "escola insuperável" do cinema americano, mas o realizador, apesar de ter feito cursos *in loco*, não aprendeu as lições reproduzindo do filme policial apenas os clichês, que não conseguiam minorar a carga de melodrama mexicano da trama. Os enquadramentos são elogiados, enquanto os atores em geral e o ritmo narrativo são severamente criticados. Moniz Vianna cobra ainda coerência de Alex Viany, lembrando que este como crítico censurava filmes com fórmula de *happy end* e a violência exacerbada, porém, *Rua sem Sol* tinha final feliz e pelo menos duas cenas violentas.

Não se pode, portanto, caracterizar a recepção de Moniz Vianna como positiva. Já a crítica de Almeida Salles tem uma postura diversa[32]. O crítico de *O Estado de S. Paulo* observa inicialmente que a fita não chega a ser boa, devido ao teor melodramático da história, à interpretação de má qualidade e aos diálogos artificiais. Porém:

> Dissemos a propósito de "Agulha no Palheiro" que a fita não cumpria nem as exigências mínimas de artesanato. Os planos eram articulados empiricamente dentro das seqüências, tornando confusa a narração, o "décor" não tinha nenhum aproveitamento e nenhuma finalidade. Aqui essas falhas foram totalmente eliminadas. As seqüências estão bem articuladas, a câmera decompõe agilmente os planos, alternando com precisão os planos próximos e os distantes, a duração das tomadas está bem calculada, a ligação dos planos teve em vista exigências didáticas de narração e estéticas de composição.
>
> Sob este aspecto estamos diante de uma narração tecnicamente adulta, que sabe contar e conduzir a trama com firmeza e expressividade.

A técnica, questão central na crítica a *Agulha no Palheiro*, estaria a contento em *Rua sem Sol*. Observe-se que a aparente neutralidade da técnica, tal como prescrita por Almeida

---

32. Francisco Luiz de Almeida Salles, "Rua sem Sol", *O Estado de S. Paulo*, São Paulo, 4 jul. 1954.

Salles, encobre a defesa da linguagem clássica do cinema americano. Isso é verificável não apenas se compararmos *Agulha no Palheiro* com *Rua sem Sol*, pois o segundo filme em termos de linguagem vai bem mais na direção preferida por Almeida Salles, mas também pode ser identificado no próprio texto na defesa da intercalação dos planos fechados e abertos.

Atestar a superioridade de *Rua sem Sol* sobre *Agulha no Palheiro* é uma forma de Almeida Salles projetar-se acima do crítico Alex Viany e dos "crítico-históricos" em geral, afinal de contas até o cineasta Alex Viany começava a evoluir na direção da técnica defendida por Almeida Salles. Eis porque a preocupação de Salvyano Cavalcanti de Paiva em atacar o filme e ao mesmo tempo defender Viany, certamente por esperar esse tipo de reação dos "esteticistas".

Uma última crítica a destacar-se é de Walter da Silveira, ligado aos "crítico-históricos"[33]. A argumentação desse autor surpreende pelo viés diferenciado quando comparado aos demais. Inicialmente Walter da Silveira lembra o passado de Alex Viany como teórico, salientando que tal característica é necessária para evitar o "primarismo" estético na realização. Compara Viany aos outros dois diretores mais importantes do cinema brasileiro ao seu ver, Alberto Cavalcanti e Lima Barreto.

> Será então, Alex Viany, sem o renome do primeiro e a audácia temerária do segundo, mais consciente, porém, das próprias limitações e do cinema nacional, quem talvez venha a atender melhor à nossa aspiração de uma escola cinematográfica brasileira, brasileira pelo conteúdo e pela forma, brasileira pelo que haja de típico e de autêntico, na temática e na linguagem, a distingui-la das demais escolas nacionais, européias, asiáticas ou americanas.

Afirma-se a importância da formação de uma escola cinematográfica brasileira, mas, ao contrário da maioria dos "crítico-históricos" naquele momento, o conteúdo não é o fator determinante para qualificar a característica nacional de um filme. Aqui, forma e conteúdo devem interagir para a cons-

---

33. Walter da Silveira, "Rua sem Sol", *Diário de Notícias*, Salvador, 9 maio 1954.

tituição do cinema verdadeiramente nacional. Daí porque Walter da Silveira acredita na importância dos dois filmes de Alex Viany, não obstante eles apresentarem defeitos.

> No filme de estréia, havia um bom tema, com uma forma falha. No filme seguinte, uma forma às vezes hábil, senão brilhante, com um tema inútil, cansado. Com "Agulha no Palheiro", o realizador tentava um cinema ostensivamente popular e nacional pela história e pela dialogação. E não o alcançava plenamente. Com "Rua sem Sol", um argumento que não era de sua autoria, e que passara a filmar quando já feitas as primeiras cenas, o realizador, não podendo tentar o realismo temático, em virtude do caráter cosmopolita do enredo, passara a tentar, usando toda a sua aprendizagem teórica, exercícios de linguagem, de estilo, de ritmo, de narrativa, de corte, com o objetivo imediato de melhorar pela forma o que era mau ou péssimo pelo conteúdo, quase transformando, mediante certos detalhes, o pessimismo social da história numa afirmação da superioridade ética na solução dos problemas humanos, numa afirmação de vida e dignidade, portanto.

Ao contrário de Salvyano Cavalcanti de Paiva, Walter da Silveira não classifica de imediato *Agulha no Palheiro* como "nacional-popular", se para aquele bastava o conteúdo, já para este é necessária a interação com a forma. Também não desqualifica totalmente *Rua sem Sol*, atentando para os valores formais do filme, que, se não chegam a ser entendidos como nacionais, são destacados por conseguir abrandar o conteúdo cosmopolita. Walter da Silveira não supera a dicotomia entre conteúdo e forma, que baliza as discussões da crítica cinematográfica brasileira nos anos de 1950, mas certamente eleva a relação entre esses dois termos a um grau de complexidade maior.

Sobre o Domínio do Meio

A configuração das colunas, veiculadas por órgãos de imprensa, em arena para a luta pela primazia no meio da crítica cinematográfica tendia a manter os "esteticistas" como pólo dominante e os "crítico-históricos" como pólo dominado. Afinal, não apenas os principais órgãos de imprensa tinham, em geral, críticos "esteticistas", mas ainda a instabilidade dos "crítico-históricos" era maior devido às ameaças do

126

Valter da Silveira.

comércio cinematográfico e à discordância ideológica em relação às direções das publicações. Não é casual o fato desses críticos ficarem restritos aos órgãos de menor destaque, por vezes ligados ao PCB. Alex Viany após sair de *O Cruzeiro*, em 1948, só voltou a escrever continuamente numa publicação de renome nacional em 1959, a revista *Senhor*. Entrementes, apenas algumas matérias para *Manchete*.

Destarte, os "crítico-históricos" perceberam a necessidade de criar outras formas de legitimação. Por exemplo, a atuação: nos cineclubes, nas associações de classe e nos congressos de cinema fizeram parte dessa estratégia. Ou ainda por meio da criação de revistas de cinema, o próprio Alex Viany tentou ressuscitar *Filme*[34], mas sem conseguir superar as dificuldades econômicas inerentes ao empreendimento. Porém, a principal forma foi a publicação de livros sobre cinema, pois através desse objeto cultural mais "nobre" do que a efêmera coluna de jornal, os "crítico-históricos" buscavam valorizar o seu discurso. Mencionei anteriormente os livros publicados na década de 1950 por Carlos Ortiz e Salvyano Cavalcanti de Paiva, além disso, Walter da Silveira e Alex Viany chegaram a iniciar a feitura de um livro, entretanto, ele não foi concluído[35].

Por outro lado, a recepção entre nós das várias obras sobre história do cinema universal – universal que em geral excluía o Brasil ou o relegava a alguns poucos parágrafos –, dentre as quais uma das mais importantes era a do marxista francês Georges Sadoul, certamente serviu para avivar o desejo dos "crítico-históricos" de escrever a história do cinema brasileiro. Também os "esteticistas", tais como B. J. Duarte, voltaram o seu interesse para a história do cinema brasileiro a partir da recepção de obras como as de Sadoul. Para Michèle Lagny, a história do cinema universal tinha inicialmente a função de afirmar a sétima arte[36], já a função primordial da histó-

---

34. Carta de Alex Viany para Vinicius de Moraes, São Paulo, 2 abr. 1951, Arquivo Vinicius de Moraes, Fundação Casa de Rui Barbosa.
35. Carta de Walter da Silveira para Alex Viany, Salvador, 23 fev. 1953, Arquivo Alex Viany, Cinemateca do MAM.
36. Michèle Lagny, "Après la conquête, comment défricher?", *Cinemáction*, n. 65, Paris, 4º trimestre 1992.

ria do cinema brasileiro foi demonstrar a sua existência antes do advento da Vera Cruz.

O aspecto científico da história como disciplina também foi significativo, ao permitir, na perspectiva de cada um dos grupos, a confirmação das suas asserções. A constituição de um discurso de cunho histórico sobre o cinema brasileiro passou, então, a ser um ponto destacado na luta pela primazia na crítica cinematográfica. Ambos os grupos buscavam, para utilizar as palavras de Pierre Bourdieu, o monopólio do *poder de consagração* dos produtores e dos produtos"[37] [grifo do autor].

Vale dizer, a luta entre "esteticistas" e "crítico-históricos" tem como justificativa maior a prerrogativa buscada pelos dois grupos de indicar qual o verdadeiro cinema e, especificamente, que diretores e filmes brasileiros seguiriam tal caminho.

---

37. Pierre Bourdieu, *As Regras da Arte*, São Paulo, Companhia das Letras, 1996, p. 253.

4. AS HISTÓRIAS DO CINEMA BRASILEIRO

Pedro Lima e Vinicius de Moraes

Antes de analisar os textos históricos de Alex Viany é necessário abordar as "histórias do cinema brasileiro" que precederam a *Introdução ao Cinema Brasileiro*. A partir disso, poderei alinhavar recorrências na formação do discurso histórico e os principais problemas propostos.

É possível encontrar no crítico Pedro Lima, ainda nos anos de 1920 – que junto com Adhemar Gonzaga protagonizou a primeira campanha em favor do cinema nacional, pelas páginas das revistas *Para Todos*, *Selecta* e *Cinearte*, o esboço de uma preocupação histórica. "A nossa indústria cinematográfica existe há quase tanto tempo quanto em outros países, e já foi mesmo outrora, um sério concorrente às produções estrangeiras[1]".

---

1. Pedro Lima, "O Cinema no Brasil", *Selecta*, vol. X, n. 30, Rio de Janeiro, 26 jul. 1924.

Nesse trecho existe a crença no passado glorioso, que Jean-Claude Bernardet aponta como característica das narrativas históricas sobre o cinema brasileiro[2].

Mais uma questão que surge em Pedro Lima é sobre quem seria o "fundador" do cinema nacional. A resposta, por muito tempo aceita, concentra-se na figura de Antônio Leal. Pedro Lima chega a prometer uma reportagem sobre o pioneiro e como ocorreu o aparecimento do cinema brasileiro, mas tal matéria nunca foi publicada[3]. A importância de Leal é ainda ressaltada por ele ter sido o responsável pela "primeira super-produção brasileira, aquela de que nós todos nos lembramos com saudades e que jamais pudemos esquecer – *Lucíola*!"[4].

Michèle Lagny afirma que o primeiro opúsculo dedicado ao cinema aparecido na França, intitulado *La photographie animée*, ainda em 1897, propunha-se a discutir o "verdadeiro" inventor do cinema[5]. Demonstra-se, no nível das mentalidades, a recorrência da questão das origens.

Com o advento do cinema sonoro houve o declínio do movimento de cultura cinematográfica, que se processava no Brasil através do Chaplin Club – constituído por Plínio Sussekind, Octavio de Faria, Cláudio Mello e Almir Castro – e do grupo reunido em torno de *Cinearte* – formado por Adhemar Gonzaga, Pedro Lima, Paulo Vanderley e Álvaro Rocha. O primeiro grupo se dissolveu devido ao cinema sonoro, o segundo pelas complicações advindas a partir da criação da Cinédia por Adhemar Gonzaga. O importante é que esse declínio marca uma aparente estagnação nas incipientes idéias relativas à história do cinema brasileiro.

Somente no início da década de 1940, com o aparecimento de um novo movimento de cultura cinematográfica

---

2. Jean-Claude Bernardet, *Historiografia Clássica do Cinema Brasileiro*, São Paulo, Annablume, 1995, pp. 34-48.

3. Pedro Lima, "O Cinema no Brasil", *Selecta*, vol. X, n. 38, Rio de Janeiro, 20 set. 1924.

4. *Idem*, vol. X, n. 33, 16 ago. 1924.

5. Michèle Lagny, *De l'histoire du cinéma*, Paris, Armand Colin, 1992, p. 15.

capitaneado por Vinicius de Moraes e Paulo Emílio Salles Gomes, a questão histórica volta à cena[6]. Vinicius de Moraes, que havia atuado no jornal *A Manhã* (RJ) e talvez, naquele momento, fosse o crítico de cinema mais importante do país, escreveu para a revista *Clima* o artigo "Crônicas para a História do Cinema no Brasil"[7]. Ele estava em evidência por ter protagonizado, nas páginas da sua já citada coluna, a discussão cinema mudo *versus* cinema sonoro, em meados de 1942.

O início do artigo é um tanto paradoxal:

> Não posso ser o historiador do Cinema Brasileiro. Primeiro, porque ele ainda não tem uma História; segundo, porque se a tivesse não seria eu a pessoa mais indicada para contá-la, que a conheço imperfeitamente. O meu interesse atual pelo Cinema no Brasil é uma vontade de vê-lo surgir mais que qualquer outra coisa.

Insinua-se uma assertiva que, mesmo nas entrelinhas, estará presente nos textos históricos da década seguinte: o interesse pelo passado é reflexo do desejo em colaborar na afirmação futura do cinema nacional.

Vinicius refere-se aos dois grupos já citados, o Chaplin Club e o pessoal de *Cinearte*, e coloca o problema do passado dourado em novos termos. A *débâcle* é demarcada com o advento do cinema sonoro, pois no período silencioso foram produzidos filmes como *Barro Humano* (Adhemar Gonzaga, 1929) e *Limite* (Mário Peixoto, 1930), além de atuarem críticos como Paulo Vanderley ou Octavio de Faria. Deve-se lembrar que na querela mudo *versus* sonoro, Vinicius era fervoroso defensor do primeiro.

A produção contemporânea era vista com pessimismo:

> O Brasil é um país muito moço ainda para alimentar tantas suscetibilidades. Não se vê um movimento, um impulso, nada. Os estúdios vivem, é bem certo, mas vivem cada um uma vida de contemplação. Alimentam-se

---

6. Para uma compreensão aprofundada desse ressurgimento ver Jose Inacio de Melo Souza, *A Carga da Brigada Ligeira: Intelectuais e Crítica Cinematográfica (1941-1945)*, São Paulo, tese de doutorado apresentada à ECA-USP, 1996.

7. Vinicius de Moraes, "Crônicas para a História do Cinema no Brasil", *Clima*, n. 13, São Paulo, ago. 1944.

133

anualmente de dois ou três rolos de celulóide. Tornam-se casarões cada vez mais ascéticos, mais magros, mais próximos da exaustão.

Para reativar a produção o autor, cujo primeiro emprego fora na Censura Cinematográfica como representante do Ministério da Educação[8], apregoa a atuação estatal. Coerente com tal crença, vê em Roquette-Pinto o "maior pioneiro" do cinema brasileiro, pois ele: lutou pelo cinema educativo, criou a filmoteca do Museu Nacional em 1910 e foi o primeiro diretor do INCE (Instituto Nacional de Cinema Educativo) em 1936. Nesse ponto, Vinicius assinala que Humberto Mauro foi trabalhar no INCE como técnico. Era o Estado, e seus demiurgos como Roquette-Pinto, tentando criar o cinema nacional com seus principais profissionais, pois o crítico considerava *Tesouro Perdido* (Humberto Mauro, 1927) um "clássico".

Outra medida estatal amplamente narrada é relativa à nacionalização do serviço de censura, através do decreto 21.240, de 4 de abril de 1932.

> Esse decreto marca uma etapa da maior importância no desenvolvimento da Cinematografia no Brasil. Dando margem ao aparelhamento de inúmeros filmes nacionais; fomentando a indústria exibidora; facilitando a abertura de novas casas de exibição no território nacional, que em 1937 era em número de 1.638, a lei como marcou o início de uma nova era para o Cinema entre nós.

Mas se o Estado já havia iniciado a "nova era", o que faltava para a afirmação do cinema nacional?

> No entanto, uma reunião de esforços, um gesto de parada, um manifesto, quem sabe? Poderia decidir o Estado a criar a Cinematografia Nacional, a exemplo de outros Estados que já o fizeram com os melhores resultados... A coisa pode realmente se coordenar.

Os Estados com maior dirigismo nas suas produções, até aquele momento, eram o soviético e o italiano – este durante o governo fascista de Mussolini, responsável inclusive pela

---

8. Afrânio Mendes Catani, "Vinicius de Moraes – Crítico de Cinema", *Filme Cultura*, vol. XIV, n. 38-39, Rio de Janeiro, ago.-nov. 1981.

Cinecittá. Já nos anos de 1920, Pedro Lima defendia a ação do Estado no sentido de auxiliar a industrialização do cinema brasileiro, citando como exemplo Mussolini[9]. A solução encontrada por Vinicius é a criação de uma escola de cinema estatal. Apesar de inusitada, penso tratar-se de uma solução de compromisso. Com uma escola tornar-se-ia possível não apenas a capacitação técnica e estética, como afirma o autor, mas também seria a intervenção estatal ideal, por possibilitar o direcionamento ideológico do meio cinematográfico, sem chegar à intervenção econômica direta, ou seja, o Estado produzindo cinema.

Um aspecto relevante em "Crônicas para a História do Cinema no Brasil" é o fato de o passado ocupar pouco espaço no texto quando comparado aos comentários sobre o presente e mesmo o futuro, este através das recomendações de Vinicius que deveriam ser implementadas pelo governo. Tal característica deve-se à maior preocupação do autor com o presente e o futuro, e não com o passado.

Pery Ribas, Flávio Tambellini e Salvyano Cavalcanti de Paiva

O adensamento das questões históricas no início da década de 1950 acompanha o movimento de cultura cinematográfica, em particular a divulgação mais sistemática no Brasil das primeiras histórias do cinema mundial escritas no exterior. Pelas referências que encontrei, as obras mais conhecidas são de autoria de: Maurice Bardèche e Robert Brasillach, René Jeanne e Charles Ford, Georges Sadoul, Lo Duca e Marcel Lapierre. Fora do domínio francês, apenas o espanhol Carlos Fernández Cuenca. Outro motor para o desenvolvimento da pesquisa histórica entre nós é a industrialização propiciada pela Vera Cruz e os problemas daí decorrentes, não sendo nada casual o fato de vários dos primeiros historiadores dedicarem-se não apenas à teoria mas também à prática cine-

---

9. Arthur Autran, "Pedro Lima em *Selecta*", *Cinemais*, n. 7, Rio de Janeiro, set.-out. 1997.

matográfica – estes, tais como Vinicius de Moraes alguns anos antes, preocupavam-se mais com o presente e o futuro, entretanto, viam no passado uma fonte para o conhecimento dos problemas contemporâneos. A quantidade de textos sobre história do cinema brasileiro aumenta, acompanhada por novas informações e pela maior complexidade na tessitura das idéias. Essas são as características centrais do adensamento.

Alguns trabalhos são extremamente simples, como o "Roteiro do Cinema Mudo Brasileiro"[10] de Pery Ribas ou "São Paulo é Hoje o Centro Mais Importante da Produção Cinematográfica de Todo o País"[11] de Flávio Tambellini. Ambos são listagens cronológicas de produções nacionais, procurando fornecer a equipe técnica e o elenco. Ribas concentra-se no período silencioso e Tambellini em São Paulo. Este faz alguns comentários concisos.

O maior interesse desses textos são as suas introduções. Pery Ribas entende como necessário que se escreva uma história do cinema brasileiro, pois:

> O fato é que, certo ou errado, ainda está por ser publicado um volume sobre o nosso cinema. Com isso deixamos de ter nossos filmes antigos citados em livros importantes como os de Sadoul, Cuenca ou Lapierre. O primeiro e o terceiro desses historiadores referem-se à produção brasileira de maneira lacônica e – o que é pior – o primeiro faz incrível confusão do Brasil com a Argentina, falando em fitas brasileiras produzidas na terra do General Péron!

Assim, a função do historiador brasileiro seria fornecer dados corretos aos historiadores mundiais, reproduzindo o papel periférico do Brasil como produtor cinematográfico. Aos principais produtores caberia a fatura da história mundial e aos periféricos escrever suas histórias nacionais.

Já Flávio Tambellini menciona o veterano Francisco Madrigano como a sua principal fonte para os fatos mais re-

---

10. Pery Ribas, "Roteiro do Cinema Mudo Brasileiro – I", *Correio do Povo*, Porto Alegre, 27 mar. 1953; "Roteiro do Cinema Mudo Brasileiro – II", *Correio do Povo*, Porto Alegre, 29 mar. 1953.
11. Flávio Tambellini, "São Paulo é Hoje o Centro Mais Importante da Produção Cinematográfica de Todo o País", *Diário de S. Paulo*, 25 jan. 1954.

cuados no tempo. O problema das fontes foi, do ponto de vista metodológico, o mais discutido, entre aqueles que se aventuravam a escrever sobre o passado do cinema brasileiro. Pery Ribas não menciona as fontes utilizadas, mas seu arquivo pessoal era um dos mais referidos da época.

Aos artigos de Ribas e Tambellini poder-se-ia acrescentar, pela estrutura semelhante, a "História do Cinema Brasileiro (Sonoro)" de Salvyano Cavalcanti de Paiva[12]. Esse trabalho, porém, tem rica iconografia com fotos de filmes e possui mais comentários que o de Tambellini, contudo insuficientes para compor uma narrativa.

Os três textos funcionam como justaposições de datas, títulos de filmes e fichas técnicas. Eles também pouco mencionam os filmes de não-ficção, apesar de boa parte da produção nacional, anterior aos anos de 1950, ser constituída por "naturais".

Jota Soares, Humberto Mauro, Adhemar Gonzaga e Múcio P. Ferreira

Pery Ribas aponta Adhemar Gonzaga e Pedro Lima como possíveis historiadores do cinema brasileiro, ou seja, veteranos como ele próprio. Seguindo essa lógica, encontramos artigos de Gonzaga, Jota Soares e Humberto Mauro. Quanto a Pedro Lima, apesar de nos anos de 1950 possuir um formidável arquivo cinematográfico e ser o crítico decano do Rio de Janeiro, através de *O Jornal*, *Diário da Noite* e *O Cruzeiro*, não parece ter publicado textos nesse sentido.

Jota Soares, figura de proa no Ciclo de Recife, escreveu "Subsídios para uma História do Cinema em Pernambuco"[13], que é uma versão quase idêntica da *História da Cinematografia Pernambucana (Cinema Mudo)*, redigida por ele com a colaboração de Pedro Salgado Filho e publicada em 1944.

---

12. Salvyano Cavalcanti de Paiva, "História do Cinema Brasileiro (Sonoro)", *Manchete*, n. 56, Rio de Janeiro, 16 maio 1953.
13. Jota Soares, "Subsídios para uma História do Cinema em Pernambuco", *Notícias de Pernambuco*, n. 3 [S.l.], mar. 1953.

Trata-se de um retrospecto de caráter memorialístico da produção local entre 1923 e 1931. Numa redação confusa, exalta-se a época como exemplo a ser seguido:

> Sim, uma fase de cinema mudo, cinema de enredo, cinema sobre todos os aspectos ligado à realidade da vida, fugindo por completo às futilidades que pouco falassem das coisas que caracterizam os nossos passos e costumes. A cinematografia brasileira de hoje parece ter esquecido o caminho que lhe fora dado pelos pioneiros de 1923, enveredando por outro sem expressão cinematográfica, pelo abuso de futilidades ligadas à gíria e ao contra-senso.

Após esse exórdio, Jota Soares rememora com forte bairrismo ano por ano os principais acontecimentos da produção pernambucana no período mencionado. O caráter exemplar da narrativa permeia todo o texto, especialmente pelas demonstrações de abnegação da parte de técnicos e artistas perante as várias dificuldades enfrentadas. Em outro sentido, o filme *A Filha do Advogado* (Jota Soares, 1926) também é um exemplo:

> A história é passada em Recife, no seio da sociedade e foge por completo ao abuso de costumes do morro, coisa comum nos filmes das grandes fábricas cariocas e paulistas. É um filme que move com a vida integral da cidade e inclui em seu fundo um desenrolar completo e sensacional.

Um último ponto a merecer destaque é a explicação para o colapso da produção no estado, causado pela reduzida exploração comercial dos filmes fora de Pernambuco e pelo advento do cinema sonoro.

Humberto Mauro publicou "O Ciclo de Cataguazes [*sic*] na História do Cinema Brasileiro" no número especial da revista *Elite*, editado por ocasião do I Festival Internacional de Cinema, ocorrido em São Paulo quando das comemorações do IV Centenário da cidade[14].

O pequeno texto descreve rapidamente as principais atividades econômicas de Cataguases, ressalta a importância da revista literária *Verde* e da sala de cinema local, o Teatro Recreio. Segundo Mauro, seu interesse por cinema nasceu da

---

14. Humberto Mauro, "O Ciclo de Cataguazes na História do Cinema Brasileiro", *Elite*, São Paulo, fev. 1954.

curiosidade pelos mais diversos tipos de tecnologias modernas, entre as quais a engenharia, a eletricidade e o rádio. Ele relaciona os filmes que realizou na cidade e não deixa de mencionar o auxílio técnico que obteve de Pedro Comello, porém não cita a película feita por este último, *Senhorita Agora Mesmo* (1927), um lapso significativo, pois o título do artigo refere-se a todo o ciclo de Cataguases e não apenas aos filmes de Mauro feitos na cidade. Destaca-se ainda a atuação dos comerciantes Homero Côrtes e Agenor Côrtes, que investiram dinheiro na criação da Phebo Brasil Film, produtora de quatro das cinco fitas realizadas por Mauro durante o ciclo. A justificativa para a interrupção da produção é a mesma apresentada por Jota Soares: falta de distribuição adequada que possibilitasse reverter os investimentos financeiros. Por último, Mauro comenta sua forma de trabalho diante da carência de condições:

> À mingua de recursos e conforto, o meu entusiasmo havia adotado desde logo o imperativo nacional: "quem não tem cão caça com gato". Sem atores, montagens, maquilagem, etc. toda a família representava, e se filmava o homem da cidade e do campo em seus misteres habituais. A natureza era surpreendida e dava-se tratos à bola para suprir com expedientes os meios mecânicos: confeccionei relâmpagos e tempestades usando a luz solar, um pano preto e um regador. Desta maneira, fazia documentário sem saber, como M. Jourdain. Os extremos se tocam. É aí que a arte do cinema, hoje na maturidade, escava a mina opulenta da inspiração e dos motivos e consegue os meios genuínos e sinceros de fazê-los incutir no sentimento estético e social.

São grandes os reflexos desse aparentemente despretensioso artigo sobre os historiadores do cinema brasileiro. Uma idéia interessante seria comparar a apresentação que o diretor faz de si próprio com o texto "Mauro e Dois Outros Grandes"[15] ou mesmo com o clássico *Humberto Mauro, Cataguases, Cinearte*[16]. Especificamente em relação a Alex Viany, a influência não poderia ser mais clara, pois tanto na série "O

---

15. Paulo Emílio Salles Gomes, "Mauro e Dois Outros Grandes", *Paulo Emílio: um Intelectual na Linha de Frente*, organizado por Carlos Augusto Calil e Maria Teresa Machado, Rio de Janeiro/São Paulo, Embrafilme/Brasiliense, 1986, pp. 361-366.

16. Paulo Emílio Salles Gomes, *Humberto Mauro, Cataguases, Cinearte*, São Paulo, Perspectiva/Edusp, 1974.

139

Cinema Brasileiro por Dentro" – publicada também em 1954 – quanto na *Introdução ao Cinema Brasileiro* o historiador utilizará um trecho de "O Ciclo de Cataguazes na História do Cinema Brasileiro" para demonstrar a problemática da distribuição, além disso, o esforço em superar as dificuldades de produção e a profissão de fé de Mauro em torno da importância social do cinema certamente chamaram a atenção de Viany.

Adhemar Gonzaga escreveu dois textos que interessam para essa discussão: "Notas para uma História do Cinema Brasileiro"[17], publicado na já citada edição da revista *Elite*, e "A História do Cinema Brasileiro"[18], publicado em duas partes no *Jornal do Cinema*.

As considerações do primeiro artigo sobre as dificuldades em escrever a respeito do passado do cinema brasileiro, repetidas, aliás, na introdução do outro, não são nada óbvias caso se considere o momento em que foram feitas.

> Quem se põe a escrever baseado em lembranças, verifica, depois de algum tempo, que nem sempre a realidade presente pode competir com a força persuasiva da memória. O simples apelo à recordação, traz sempre um desvio deturpador daquilo que seria, efetivamente, a realidade do passado. Por isso, escrever a História do Cinema Brasileiro, é tarefa árdua e demorada, que demanda colheita de dados onde eles não estão classificados e prontos para cômodas consultas.

Fundamentalmente, Gonzaga estaria apto a escrever a história do cinema brasileiro não apenas por ter vivido muitos acontecimentos importantes e conhecido figuras de destaque, mas principalmente por ter organizado um enorme arquivo, e ele ainda pede a colaboração de pessoas que eventualmente pudessem fornecer informações.

A narração sobre as primeiras filmagens no Brasil é algo confusa, mas com uma minúcia incomum para a época e informações novas.

---

17. Adhemar Gonzaga, "Notas para uma História do Cinema Brasileiro, *Elite*, São Paulo, fev. 1954.

18. Adhemar Gonzaga, "A História do Cinema Brasileiro – Capítulo I", *Jornal do Cinema*, n. 39, Rio de Janeiro, ago. 1956. Adhemar Gonzaga, "A História do Cinema Brasileiro – Capítulo II", *Jornal do Cinema*, n. 40, Rio de Janeiro, maio 1957.

Embora em 1897, longe do Rio e de São Paulo... alguém houvesse projetado cenas brasileiras, fato em que se concentram todas as minhas pesquisas, no ano seguinte o Cinema de produção nascia já vigoroso na luta pelos seus empreendimentos. Um brasileiro que teve a idéia e a iniciativa na realização de um filme, ficou logo sem a câmera... mas, em todo o caso, entre outras, apresentava-se na tela a visita da comitiva de Floriano a bordo do "Benjamim Constant", um nome, até hoje muito conhecido, não é estranho a esta iniciativa... Foram inúmeros, até 1901, os "documentários" e exibidos também na Europa. Em 1905 voltaram as reportagens com maior número de operadores. Somente em 1906 Antônio Leal filmou a inauguração da Fonte da Glória que até hoje tem sido comemorado como o primeiro trabalho de filmação no Brasil.

Porém a seqüência do artigo decepciona, pois se resume quase que totalmente a uma série de datas, com as respectivas produções e equipes, havendo por vezes alguns comentários lacônicos. O último ano mencionado é 1948, com a produção *Inconfidência Mineira* (Carmen Santos, 1943), considerado um "grande tema".

O trabalho seguinte, apesar de o autor preferir o título de "repórter" ao de "historiador", ainda hoje surpreende pela quantidade de informações, com muitas das fontes especificadas, mas se limita ao aparecimento do cinema no Brasil, pois ficou inconcluso. As fontes primárias são anúncios e reportagens em jornais – *O Paiz, Jornal do Commercio, A Notícia* e *Jornal do Brasil* – e revista – *A Semana Illustrada* –, havendo várias transcrições feitas ao longo dos dois artigos. São utilizadas como fontes secundárias os livros *Serrador, o Criador da Cinelândia* – de Gastão Pereira da Silva –, *Por Qué Nació el Cine* – de F. Millingham –, *Historia del Cine* – de Carlos Fernández Cuenca –, um artigo da série "Rio Antigo" – escrito por C. J. Dunlop para a revista *Singra* –, o texto "Três Momentos Fundamentais do Cinema Mudo Português" – publicado por Paulo Emílio Salles Gomes no programa *Panorama do Cinema Português*, editado pela Cinemateca Brasileira – e matérias publicadas no jornal *Tribuna de Petrópolis* e na revista portuguesa *Cinéfilo*.

Na introdução de "A História do Cinema Brasileiro" o autor deixa clara a sua intenção:

De algum tempo que venho trabalhando na organização de uma História do Cinema Brasileiro, uma pequena homenagem aos trabalhadores da

141

câmera, neste momento em que não tenho a minha, e quando o Brasil já quase comemora sessenta anos de Cinema sem Cinema – como se diz por aí...
Procurarei demonstrar que nenhum país jamais travou luta tão longa e tão encarniçada e tão heróica para que seu público tivesse um Cinema nacional.

Praticamente com as mesmas palavras Gonzaga havia justificado o texto anterior, para o autor a história do cinema brasileiro seria a história da própria "luta" para sua existência. Aliás, no último trecho transcrito por mim das "Notas para uma História do Cinema Brasileiro", a "luta" surge encarnada no "brasileiro" que ficou sem a câmera, e o teor conspiratório é ressaltado pelas reticências utilizadas naquele texto.

Após abordar em "A História do Cinema Brasileiro" os ancestrais do aparelho cinematográfico no Brasil, o autor narra a chegada do cinema.

O cinema chegou ao Brasil, sob o nome de *Omniographo*, a 8 de julho de 1896, e a primeira sala de projeções foi instalada à rua do Ouvidor 57. No dia seguinte, nas próprias notícias que os jornais publicaram sobre o acontecimento, nascia a crítica cinematográfica brasileira.

Se por um lado Gonzaga indica com exatidão quando chegou o cinema ao Brasil e quando "nasceu" a crítica cinematográfica, por outro é bem mais cauteloso na identificação do responsável por essa exibição e qual o tipo de aparelho utilizado, acenando com algumas possibilidades. No segundo capítulo de "A História do Cinema Brasileiro", também não fecha questão sobre quem seria o primeiro realizador de um filme no Brasil, mas assevera que o primeiro crítico de cinema a assinar um artigo identificando-se foi Arthur de Azevedo. A pesquisa sobre a projeção de "cenas brasileiras" fora do Rio e de São Paulo, mencionada no artigo publicado em *Elite*, evoluiu e anuncia-se que Vittorio di Maio exibiu em Petrópolis dois filmes com títulos apontando para filmagens realizadas no Brasil. Porém, diante da falta de evidências mais profundas, Gonzaga interroga se os títulos seriam suficientes para afirmar que as filmagens foram feitas no Brasil, demonstrando um grau elevado de refinamento do pesquisador.

"A História do Cinema Brasileiro" não se limita a narrar a chegada e a recepção no Brasil dos diversos aparatos – tais como panoramas, brinquedos óticos, quinetoscópios, cinematógrafos etc. –, pois Gonzaga, sempre que possível, discorre resumidamente sobre a criação e desenvolvimento deles na Europa ou nos Estados Unidos.

O artigo "Subsídios para a História do Cinema em São Paulo"[19], que aborda o cinema paulista desde os seus primórdios, foi escrito por Múcio P. Ferreira – profissional que trabalhou em diversas funções no jornalismo, fez crítica de cinema de forma esparsa e foi um dos fundadores do segundo Clube de Cinema de São Paulo – e é extremamente influenciado por Adhemar Gonzaga. O autor ressalta inicialmente a abnegação dos pioneiros, comparando-os aos bandeirantes, e Gonzaga é denominado o "Borba Gato do cinema nacional". Múcio P. Ferreira também afirma que poucas pessoas dedicavam-se à conservação de documentos sobre cinema brasileiro, e Gonzaga seria o mais destacado de todos.

> Só ele, em São Paulo, poderia dizer-nos alguma coisa, fornecer dados e dar permissão para pesquisarmos seus enormes arquivos, que são o resultado de anos – de vida uma inteira [sic], quase diríamos – de paciente e perseverante trabalho.

Mais do que propiciar informações, Gonzaga é praticamente co-autor do texto, pois a própria estrutura da narrativa histórica é baseada nas suas idéias. A influência é reconhecida pelo autor na conclusão:

> Nosso propósito era apenas alinhar subsídios e o pouco que conseguimos o devemos a esse dedicado Adhemar Gonzaga. A ele, portanto, agradeça o leitor que ficou conhecendo dos primórdios do cinema em São Paulo.

"Subsídios para a História do Cinema em São Paulo" organiza em ordem cronológica e comenta as principais produções locais, seus diretores e artistas. O documentário, ainda que relegado a um papel secundário, é mencionado, pois

---

19. Múcio P. Ferreira, "Subsídios para a História do Cinema em São Paulo", *Jornal do Commercio*, Rio de Janeiro, 10 nov. 1957.

os filmes mais antigos realizados no estado seriam documentários e eles foram produzidos mesmo em períodos de crise. Assim como no texto de Jota Soares, porém de forma mais elaborada, a história ganha importância pelo seu caráter exemplar.

> 1917 foi o ano de ouro para o cinema paulista. O que se realizou naquele ano é qualquer coisa que se pode comparar ao que foi feito posteriormente – na atualidade. O cinema tomou verdadeiro impulso e tudo parecia indicar que nunca mais baixaria. A história, porém, se repete e com impressionante freqüência. Mas já naquela época existiam os mesmos problemas que afligem o cinema de nossos dias. Não se aprendeu a lição, portanto. As dificuldades todas do cinema nacional sempre residiram na distribuição e exibição e o produtor via-se desamparado, sozinho. De nada valeu essa experiência para os produtores de hoje.

O exemplo não se restringe ao campo econômico, mas ainda ao cultural:

> Releva notar que os temas eram sempre bem brasileiros, não havendo enredos que se poderiam desenrolar, com a mesma indiferença, tanto na Cochinchina como no arquipélago Marshall, como hoje acontece com certas fitas ditas brasileiras.

A valorização dos pioneiros ganha sentido amplo quando relacionada à história como exemplo: dever-se-ia evitar os erros do passado – a falta de distribuição e exibição –, ou, ao contrário, seguir a mesma direção – os temas "bem brasileiros". Nos dois casos foram os pioneiros que abriram o caminho, desconhecido pelos mais jovens que incorriam nos mesmos erros ou até desvirtuavam uma característica positiva.

Um último dado a ser assinalado é a referência à exibição e isso não apenas através do registro das mais antigas salas de cinema. Adhemar Gonzaga, em "A História do Cinema Brasileiro", e Vinicius de Moraes, em "Crônicas para a História do Cinema no Brasil", abordam o evento da primeira exibição no país. Múcio P. Ferreira dedica um subtítulo à exibição cinematográfica em São Paulo naquele momento, destacando os dois principais circuitos e divulgando estatísticas.

Walter Rocha

Em um país cujo consumo maciço era baseado em filmes importados, no qual o produto nacional não apenas era secundário, como freqüentemente nem chegava às salas de projeção, não se deve estranhar a possibilidade de a história do cinema nacional ser contada pela exibição e não pela produção. E foi contada.

O veterano crítico Walter Rocha, quando da edição comemorativa do *Correio Paulistano* pelo IV Centenário de São Paulo, preparou um texto intitulado "A História do Cinema em São Paulo"[20]. Este é quase inteiramente dedicado à formação do circuito exibidor na cidade, tendo apenas o cuidado de informar que a construção do primeiro estúdio e a primeira filmagem foram obras de Thomas Edison. Ou seja, o autor não tem nenhuma preocupação com a história da produção de filmes em São Paulo ou no Brasil, para ele a história do cinema em nosso país devia ser contada a partir da exibição. A principal fonte de informação de Walter Rocha foi Júlio Llorente, então diretor-gerente da Empresa Cinematográfica Serrador; Llorente é alcunhado de "o mais antigo cinematografista de São Paulo".

É claro que Walter Rocha precisa também do seu pioneiro e assim o identifica:

> O pioneiro do cinema no Brasil foi Francisco Serrador, um espanhol arrojado e dinâmico, que já movimentou outros setores do mundo das diversões e que via no cinema grandes possibilidades.

A figura de Serrador é descrita como a do empreendedor persistente, criador de várias promoções para divulgar o espetáculo cinematográfico. Segundo Walter Rocha, Serrador nunca desanimava, apesar dos prejuízos iniciais em algumas das suas casas de exibição.

O crítico rememora a apresentação de certos filmes, em especial quando marcavam a inauguração de alguma sala de cinema. A produção nacional é lembrada apenas uma vez:

---

20. Walter Rocha, "A História do Cinema em São Paulo", *Correio Paulistano*, São Paulo, 24 jan. 1954.

145

Foi o "República" o cinema que lançou em São Paulo o "Rossi-Jornal", primeiro jornal de atualidades cinematográficas produzido entre nós, pelo velho cinematografista Gilberto Rossi. Também apresentou "Sol e Sombra", outro jornal paulista, este produzido por Armando Leal Pamplona (Independencia Omnia Film), veterano elemento que ainda hoje empresta o brilho de sua inteligência e sua capacidade organizadora à Comissão Executiva do I Festival de Cinema de S. Paulo.

Walter Rocha menciona os "naturais", tão pouco destacados por Pery Ribas, Flávio Tambellini, Salvyano Cavalcanti de Paiva e Jota Soares. Hoje sabemos que a sobrevivência econômica da produção cinematográfica na primeira metade do século devia-se aos "naturais", mas nos anos de 1950 essa produção era desprezada. Walter Rocha, ao se deter na exibição, acaba por eleger a parte da produção que chegava aos cinemas de forma mais regular, os "naturais".

Francisco Silva Nobre

Francisco Silva Nobre é um caso peculiar, pois não pertenceu ao meio cinematográfico e mesmo no movimento de cultura sua atuação foi bastante discreta, ocupando apenas nos anos de 1950 a diretoria auxiliar de "Cinema e Teatro" da AABB (Associação Atlética do Banco do Brasil). Antes de ingressar no banco, foi redator da *Gazeta de Notícias* de Fortaleza. A partir dos anos de 1960 será mais expessivo o núcleo de pesquisadores sem ligações profundas com a produção ou o movimento de cultura cinematográfica, dentre os quais se destacam Araken Campos Pereira Júnior e Vicente de Paula Araújo.

Entretanto, o opúsculo *Pequena História do Cinema Brasileiro*[21] é o trabalho mais longo estudado neste capítulo, tendo suscitado algumas observações importantes como as de Paulo Emílio Salles Gomes[22] e B. J. Duarte[23], sobre a

---

21. Francisco Silva Nobre, *Pequena História do Cinema Brasileiro*, Rio de Janeiro, Associação Atlética Banco do Brasil, 1955.
22. Paulo Emílio Salles Gomes, "Pesquisa Histórica", *Crítica de Cinema no Suplemento Literário*, vol. I, Rio de Janeiro, Embrafilme/Paz e Terra, 1982, vol. I, p. 27.
23. B. J. Duarte, "Pequena História do Cinema Brasileiro", *Anhembi*, vol. XXII, n. 64, São Paulo, mar. 1956.

total ausência das fontes. Ao último, não passou desapercebido o fato de o autor ser estranho ao meio cinematográfico. Silva Nobre ainda escreveu os seguintes livros: *Mercado de Cinema no Brasil*, *Roteiro de Carlitos*, *À Margem do Cinema*, *Shakespeare e o Cinema*, *O Livro de Cinema no Brasil*, *Inventário do Cinema Brasileiro (Bibliografia)*, *Diário de um Cinemeiro*, *O Ceará e o Cinema* e *Chaplin, a Glória de um Palhaço*.

Silva Nobre apresenta-se como um "assistente cônscio" do cinema brasileiro, sem interesses particulares. Afirma que ainda não foi escrita a história dessa cinematografia e o seu trabalho não pretendia tal fim. A estrutura geral da *Pequena História do Cinema Brasileiro* é uma série cronológica precedida pela introdução, na qual o autor expõe os seus preceitos. Também há uma conclusão, amarrando seus pontos de vista. Apesar da seqüência cronológica justaposta, há comentários desenvolvidos que são retomados com freqüência, não apenas títulos de filmes e fichas técnicas. O corte nacionalista é a principal característica ideológica do texto.

> Como vemos, são múltiplos os problemas em que se debate o Cinema Brasileiro, talvez mais amplos que os assinalados por Cavalcanti em seu livro [*Filme e Realidade*], e somente a união de todos os interessados em torno de um programa de requisitos mínimos poderá obter o êxito almejado e abrir para Ele [*sic*] o caminho de progresso que todos sonhamos em proveito da cultura e da economia nacionais[24].

É importante observar que o nacionalismo de Silva Nobre não se liga à esquerda, o que é confirmado pelos ataques feitos às idéias possivelmente comunistas de Alberto Cavalcanti.

O início do cinema no Brasil é marcado tanto pelas primeiras exibições públicas como pelo primeiro "giro de manivela". Aliás, a exibição tem um certo destaque na *Pequena História do Cinema Brasileiro*: "O entusiasmo e o idealismo de Francisco Serrador, ainda em plena flor da idade, o levaram a tornar-se a primeira grande figura da Cinematografia brasileira"[25].

24. Francisco Silva Nobre, *op. cit.*, p. 122.
25. *Idem*, pp. 12-13.

Também a crônica e a crítica de cinema têm realce através da menção de revistas como *O Cinema, A Cena Muda, Cinearte* e *Filme*, bem como da criação do Chaplin Club e do Clube de Cinema de São Paulo.

Mas é na produção que se concentra o texto. Ao comentar o domínio americano no mercado brasileiro, datado por Silva Nobre de 1914, conclui não haver surgido uma "indústria cinematográfica com caráter nacional".

Os sacrifícios eram pedras no meio do caminho, sempre ultrapassados pela boa vontade e pela decisão de se fazer alguma coisa realmente útil [por parte dos pioneiros]. Mas, padecíamos, como ainda hoje, da falta de recursos; o governo não se apercebeu do que o cinema poderia representar para o Brasil como fonte de divisas e não lhe deu a ajuda de que ele merecia[26].

Para Silva Nobre, o Estado é ineficaz no cumprimento do seu papel, o que solapa qualquer tentativa de industrializar a produção. O meio cinematográfico cumpriria sua parte, trabalhando no sentido da industrialização, e o público também, assistindo aos filmes. Apesar da falta de iniciativa do governo, a partir de 1924 uma "nova fase" do cinema brasileiro inicia-se devido à fundação da Benedetti Film, ao surgimento do Ciclo de Recife e ao início da campanha de Pedro Lima na revista *Selecta* em favor do cinema nacional. Mas a "nova fase" é fulminada pelo advento do som, que não acompanhamos devido ao brutal aumento de capital para a produção e ao descompasso técnico em relação aos Estados Unidos.

Por isso, vimo-nos na contingência de retroceder aos primeiros dias da produção nativa ou, pior do que isso, assistimos ao desmoronar do que havíamos erguido com o suor e a dedicação de Leal, Benedetti, Serrador, Medina e tantos outros[27].

O autor não tenta esclarecer a contradição de o cinema brasileiro ser tão pujante na "nova fase", mas, apesar disso, frágil diante da novidade técnica.

Ao discutir os problemas contemporâneos, a posição de Silva Nobre em relação ao Estado fica mais clara. Desqualifica

26. *Idem*, p. 18.
27. *Idem*, p. 38.

o projeto do Instituto Nacional de Cinema, então tramitando no Congresso Nacional, o Estado deveria concentrar sua atuação em leis protecionistas e em eventuais "ajudas financeiras" a empresas em crise como a Vera Cruz. Apesar de toda a importância da questão estatal, o maior problema é outro:

> E este, talvez, o problema mais sério que defronta [sic] a Sétima Arte no Brasil; poucos são os filmes nacionais que apresentam, realmente, tipos, feitos, coisas, assuntos nossos. Mais do que o aspecto técnico, o guião literário traça o destino de uma película: os públicos internacionais, ávidos de novidades que vêem no Cinema o recurso mais valioso para a intercomunicação humana, buscam conhecer, através dos filmes, os costumes, as tradições, os meios de vida, de outros povos, as paisagens, as belezas e as riquezas de outros países, pois é lógico que, em condições de igualdade, dêem absoluta preferência à obra nativa[28].

Embora identifique como gênero cinematográfico nacional o musical carnavalesco, lamenta a baixa qualidade desses filmes, que se limitavam a apresentar cantores de rádio, sem cuidados que permitissem a exportação.

Silva Nobre, apesar de desligado da corporação cinematográfica, atenta para a importância da chanchada e aborda algumas das discussões principais do meio – tais como a questão da industrialização, a ação estatal e a polaridade nacional-internacional na caracterização dos filmes. As limitações do seu trabalho decorrem mais de problemas metodológicos, da pesquisa histórica apressada e das relações de causa-conseqüência rasteiras.

José Roberto D. Novaes, Carlos Ortiz, B. J. Duarte e Paulo Emílio Salles Gomes

Neste subcapítulo estão concentrados os autores mais engajados no movimento de cultura cinematográfica dos anos de 1950.

José Roberto D. Novaes, além de membro do Círculo de Estudos Cinematográficos mineiro, foi um dos fundadores da

---

28. *Idem*, p. 118.

Revista de Cinema. A série de artigos *Notas sobre o Cinema Nacional*[29] pretendia abarcar toda a cronologia do cinema no Brasil, mas somente chegou até a virada do mudo para o sonoro, pois o autor se afastou da publicação após o nº 11-12 de fevereiro-março de 1955[30]. As fontes são quase todas secundárias: *O Romance do Gato Preto* – de Carlos Ortiz –, catálogos da I e II Retrospectivas do Cinema Brasileiro, artigos na imprensa – de Alex Viany, Pedro Lima, Pery Ribas, Jurandyr Noronha, Vinicius de Moraes, Adhemar Gonzaga e Humberto Mauro – e matérias do número dedicado ao cinema brasileiro pela revista *Elite*. A única fonte primária é *O Fan*.

Assim é narrado o início do cinema brasileiro: "Ao que tudo indica, o Cinema Brasileiro nasceu a 15 de novembro de 1905, das mãos de Antônio Leal, na Avenida Rio Branco, no Rio de Janeiro".

Para Novaes, portanto, o início está ligado à produção e é utilizada a idéia de "nascimento", recorrente nas narrativas sobre a história do cinema brasileiro, conforme aponta Jean-Claude Bernardet[31]. Outra recorrência é o elogio à abnegação dos pioneiros, dentre os quais são citados Paulo Benedetti, Roquette Pinto, Luiz de Barros e o professor Venerando Graça. Mas são os "ciclos" que primeiro estruturam o cinema nacional.

> Há, na história do nosso cinema, dois movimentos que não podem ser esquecidos, uma vez que formam a base do nosso cinema. Talvez que, sem estes dois movimentos, hoje o nosso cinema nem existisse, ou estivesse em outro ponto bem diferente do em que agora se encontra. Os dois movimentos foram o Ciclo de Recife e o Ciclo de Cataguases.

---

29. José Roberto D. Novaes, "Notas sobre o Cinema Nacional – Capítulo I", *Revista de Cinema*, vol. I, n. 5, Belo Horizonte, ago. 1954; "Notas sobre o Cinema Nacional – Capítulo II", *Revista de Cinema*, vol. I, n. 6, Belo Horizonte, set. 1954; "Notas sobre o Cinema Nacional – Capítulo III (1ª Parte)", *Revista de Cinema*, vol. II, n. 8, Belo Horizonte, nov. 1954; "Notas sobre o Cinema Nacional – Capítulo III (2ª Parte)", *Revista de Cinema*, vol. II, n. 9, Belo Horizonte, dez. 1954; "Notas sobre o Cinema Nacional – Capítulo IV", *Revista de Cinema*, vol. II, n. 10, Belo Horizonte, jan. 1955.
30. José Américo Ribeiro, *Cinema Mineiro – Do Cineclubismo à Produção Cinematográfica na Década de 60, em Belo Horizonte*, São Paulo, tese de doutorado apresentada à ECA-USP, 1988, p. 84.
31. Jean-Claude Bernardet, *op. cit.*, pp. 16-33.

O autor não explica as razões da importância dos ciclos de Recife e Cataguases diante dos outros. A idéia dos "ciclos" é empregada também por B. J. Duarte, Silva Nobre, Humberto Mauro, Paulo Emílio Salles Gomes e Alex Viany – este prefere a palavra "surto". Embora nenhum desses autores conceitue "ciclo", aliás não conceituam quase nenhuma das periodizações ou recortes empregados[32], é possível interpretá-lo como relativo à produção numericamente intensa de filmes ficcionais em dado período de tempo, num espaço fora do eixo Rio-São Paulo – em geral uma cidade –, cujo declínio foi acentuado. No caso de Novaes, "ciclo" também pode ser compreendido como repetição de eventos. No próprio esquema histórico construído por ele essa acepção está subsumida.

> Assim, a Cinédia veio dar uma nova esperança aos cineastas de então. Fez, naquele tempo, o mesmo que a Metrópole fizera na década de 1920, que a Atlântida faria na de 1940 e que a Vera Cruz fez atualmente. Era um parque cinematográfico com bases seguras, que nascia.

Novaes não vê uma queda do cinema brasileiro com a chegada do sonoro. A década de 1920 foi positiva pelo aparecimento do Chaplin Club, dos "ciclos" e a maior parte das produções nacionais tinha qualidade – em filmes como *Barro Humano* e *Limite* –, já a década de 1930 foi positiva pela criação da Cinédia. "Firmou-se, portanto, o nosso cinema da década de 30 à base de um parque cinematográfico seguro, que substituía, com vantagens, os ciclos estaduais."

A palavra "substituição" é bastante adequada para compor uma ideologia na qual os conflitos do processo histórico desapareçam, e, ao mesmo tempo, possibilita um evolucionismo, afinal a "substituição" teve "vantagens". Essas são relativas à concentração de capital e continuidade de produção, representadas pela Cinédia. A narração do fim da produtora condensa bem o esquema histórico elaborado por Novaes.

---

32. A falta de conceitualização dos recortes é recorrente nas histórias do cinema e um dos maiores alvos de críticas dos historiadores contemporâneos. Ver Michèle Lagny, *op. cit.*, pp. 103-104.

E o tempo passou, a Cinédia sempre firme, continuou apresentando seus filmes normalmente. Um dia fechou as portas. Não foi um fato inglório como o da Vera Cruz, não! Foram as circunstâncias que fizeram Adhemar Gonzaga fechar sua companhia. Não havia *déficit*, nem houve auxílio do governo. Ela já vivera mais que o tempo devido, pois nosso cinema existe à base de ciclos e épocas, e o ciclo da Cinédia já tinha sido encerrado com o aparecimento da Atlântida.

É curioso notar a convergência da idéia de "ciclo" como repetição com a idéia da história como reprodução da própria vida, ou seja, marcada pelo nascimento, amadurecimento e morte. Tal convergência acaba por reiterar a falta de contradições e /ou conflitos, pois a morte da Cinédia, Novaes poderia dizer, foi devido à velhice.

Carlos Ortiz e B. J. Duarte representam neste capítulo as posições mais radicalizadas dos pontos de vista político e crítico, sendo um "crítico-histórico" e o outro "esteticista".

Carlos Ortiz publicou em 1952 *O Romance do Gato Preto*[33], uma divulgação da história do cinema mundial com um capítulo dedicado ao Brasil, intitulado "Balanço Histórico-Crítico do Cinema Brasileiro". Apesar de o livro conter bibliografia, ela só é relativa ao domínio internacional, não havendo menção das fontes para o capítulo sobre o domínio nacional. Segundo Ortiz, o trabalho em parte resultava de suas aulas no Seminário de Cinema[34].

O "Preâmbulo" de *O Romance do Gato Preto* afirma que o estudo da história permite uma compreensão mais abrangente do cinema, não se devendo ficar restrito à indexação de filmes, datas e fichas técnicas. O estudo histórico com pretensões mais amplas deveria ser feito a partir de um contexto cinematográfico e social.

No capítulo "Balanço Histórico-Crítico do Cinema Brasileiro", Ortiz demarca o início do cinema nacional na filmagem de Antônio Leal, sem nenhuma preocupação com a exi-

---

33. Carlos Ortiz, *O Romance do Gato Preto*, Rio de Janeiro, Casa do Estudante do Brasil, 1952.
34. Zulmira Ribeiro Tavares, Carlos Eduardo Ornelas Berriel e Afrânio Mendes Catani, "Entrevista com Carlos Ortiz", em Carlos Eduardo Ornelas Berriel (org.), *Carlos Ortiz e o Cinema Brasileiro na Década de 50*, São Paulo, Secretaria Municipal de Cultura, 1981, p. 20.

bição. Lista uma série de produções do período silencioso, mas não as insere em contexto algum. *Ganga Bruta* (Humberto Mauro, 1933), naquele momento compreendido como filme mudo, merece uma reflexão sobre as suas qualidades técnicas e estéticas. *Intolerância* (1916) e *O Lírio Partido* (1919), de David W. Griffith, teriam influenciado o filme de Mauro. "As obras do grande pioneiro do cinema americano influenciaram de maneira evidente e decisiva as primeiras pesquisas estéticas do cinema nacional."[35]

Mais que influências de Griffith sobre Mauro, busca-se um paralelo entre o cinema no Brasil e nos Estados Unidos. Este se desenvolvera antes, mas com alguns anos de atraso seguíramos o mesmo modelo de evolução estética.

Outro aspecto destacado por Ortiz no período silencioso diz respeito à película campineira *João da Mata* (Amilar Alves, 1923), cujo enredo tratava do caboclo expulso de suas terras por um latifundiário. O filme tinha "um cheiro forte de terra".

Sobre a passagem do mudo para o sonoro, Carlos Ortiz comenta a dificuldade de a produção acompanhar o desenvolvimento técnico, devido à falta de base industrial. Essa dificuldade trouxe a desconfiança generalizada em relação ao cinema nacional e, além disso, o filme carnavalesco, surgido com o cinema sonoro, desvirtuou a comédia de costumes que poderia se desenvolver a partir de *Lábios sem Beijos* (Humberto Mauro, 1930). Para Ortiz, o "fio da meada" inaugurado por esse filme será retomado apenas na década de 1940 através de *Uma Aventura aos 40* (Silveira Sampaio, 1947). A partir de então, outras comédias serão feitas nesse sentido, tais como: *Falta Alguém no Manicômio* (José Carlos Burle, 1948), *O Canto da Saudade* (Humberto Mauro, 1950), *O Comprador de Fazendas* (Alberto Pieralisi, 1951), *Aí Vem o Barão* (Watson Macedo, 1951) e *Simão, o Caolho* (Alberto Cavalcanti, 1952). Entendo, porém, que o "fio da meada" construído por Ortiz não funciona, já que a retomada se baseia unicamente no impressionismo do crítico. Carlos Ortiz não ataca as chanchadas ostensivamente, afinal ele mesmo lembra que o gênero fora defendido no I Congresso Nacional

---

35. Carlos Ortiz, *op. cit.*, p. 175.

do Cinema Brasileiro, mas observa que é necessário melhorar muito a qualidade desses filmes.

Assinalo mais duas passagens importantes. A primeira referente à entrada no mercado brasileiro no pós-guerra de filmes de várias procedências:

> Quando vimos vizinhos nossos, como o México e a Argentina, mandarem-nos *Maria Candelária* e *Casa de Bonecas*, perguntamo-nos uns aos outros: "Se o México e Argentina fazem cinema, e do bom, por que o não faremos também?"[36]

Deve-se atentar que Ortiz não se refere à Itália, que ao meu ver era um exemplo diferente, constituindo uma cinematografia admirada pelos jovens de esquerda mas inalcançável a curto prazo, devido ao desenvolvimento do país e de sua indústria cinematográfica em relação ao Brasil, mesmo no pós-guerra. Também a primeira pessoa do plural não é retórica, pois o autor destaca a importância dos clubes e cursos de cinema no desenvolvimento dessa atividade em São Paulo.

A segunda passagem são os dois últimos parágrafos do capítulo e do livro:

> E nas atuais condições de *cinema oprimido*, o que pode haver de mais sério e importante do que a sua libertação?
> Mas o cinema brasileiro não se libertará sozinho. A luta pela sua consolidação e defesa nada mais é do que uma frente pela nossa luta comum de libertação nacional[37] [grifo do autor].

Essa passagem parece-me a melhor para indicar a vertente de Ortiz, obviamente ligado aos "crítico-históricos". Porém, não há no texto um concatenamento efetivo entre os problemas do cinema e os problemas nacionais.

No pólo político e cinematográfico oposto a Carlos Ortiz está B. J. Duarte. Para a discussão aqui encaminhada interessa o seu texto publicado no catálogo da II Retrospectiva do Cinema Brasileiro, "As Idades do Cinema Brasileiro"[38]. As

---

36. Carlos Ortiz, *op. cit.*, p. 183.
37. *Idem*, p. 191.
38. B. J. Duarte, "As Idades do Cinema Brasileiro", *Retrospectiva do Cinema Brasileiro*, São Paulo, 1954.

fontes não são especificadas e o trabalho inicia com escusas pelo que está sendo apresentado. Isso porque os organizadores da mostra – B. J. Duarte, Caio Scheiby e Francisco Luiz de Almeida Salles – pretendiam editar um "extenso ensaio histórico", porém "fatores vários" impediram a realização do projeto inicial.

Mas, por outro lado, não era possível publicar-se um catálogo da II Retrospectiva sem, ao menos, consignar, em suas páginas de abertura, alguns dados históricos, que pudessem, num relance, fornecer ao forasteiro, ou ao amigo do cinema do Brasil, uma visão, ainda que precária, sobre o seu passado e sobre alguns homens que o dignificaram.

Saliento que a retrospectiva ocorreu no quadro do I Festival Internacional de Cinema, para o qual vieram vários nomes importantes do cinema mundial como Henri Langlois, Jean Painlevé, André Bazin, Abel Gance, Eric von Stroheim, Joan Fontaine, Irene Dunne, Edward G. Robinson e Errol Flynn.

Apesar de não afirmado, o objetivo ideológico do texto assemelha-se ao de Pery Ribas: fornecer aos historiadores mundiais o que seria, na perspectiva de B. J. Duarte, a trajetória correta do cinema brasileiro. O autor propõe a divisão da história do cinema nacional em três partes:

A idade muda ou de esplendor.
O advento do som, ou a fase da decadência.
O renascimento, ou a era do cinema paulista.

Repete-se a visão do passado glorioso conspurcado pelo advento do som, tão comum aos textos da época. O curioso na periodização adotada, conforme nota Jean-Claude Bernardet[39], é que o "renascimento" é demarcado contemporaneamente, com a criação da Vera Cruz. Para B. J. Duarte, o som por acarretar enormes dificuldades econômicas e técnicas acabou afastando quase todos os "homens dignos" que se dedicavam ao cinema no Brasil.

---

39. Jean-Claude Bernardet, *op. cit.*, p. 37.

E foi a época áurea das fitas sem planejamento, das películas feitas ao Deus-dará, dos "alôs, alôs!", apelativo vindo no rastro de uma série horrorosa de fitas carnavalescas – "Alô, Alô, Brasil!", "Alô, Alô, Carnaval!" – as de pura "cavação", melodramas medonhos, cujos títulos, até agora, nos recusamos a escrever. Não os citaremos como não mencionaremos os nomes dos autores desses crimes cometidos friamente contra o nosso cinema. O que se tinha, então, por "cinema brasileiro" era bem o reflexo de uma indústria que se arrastava precariamente no País, dotada de aparelhamento obsoleto, quase sempre improvisado e, em geral, manejado por técnicos de formação feita à última hora, ou em hora nenhuma. E o produto dessa balbúrdia acabava sendo exibido nas salas públicas de projeção, porque os seus proprietários ou eram obrigados a exibi-la, por força de leis protetoras, ou porque, de uma forma ou de outra, esse produto acabava proporcionando boas bilheterias, cobrindo as despesas de fabricação e dando certo lucro – às vezes de volume respeitável – graças à popularidade de personagens, que em seu elenco intervinham, ou ao argumento que para essas fitas se escolhia. Em verdade, tais argumentos eram os mais primários e tinham no carnaval, no samba e na favela, no futebol, na novela de rádio e em outras coisas parecidas, a sua matéria-prima mais procurada.

A transcrição acima demonstra o elitismo do autor, que leva à compreensão moral da história do cinema, ou seja, na falta dos "dignos" assumem os "cavadores". Isso acarreta uma total descontinuidade histórica, pois é impossível qualquer relação mínima de causa-conseqüência. Trata-se de uma história que se envergonha da nossa incivilidade, com o popular sempre visto de forma negativa, levando à omissão de filmes ou personalidades.

O foco na queda do cinema nacional, quando da passagem do mudo para o sonoro, parece estar embasado na tradição do Chaplin Club, tanto pela elegia ao cinema mudo quanto no seu viés elitista. Sobre o restrito clube ao qual pertenciam Octavio de Faria e Plínio Sussekind Rocha, Ismail Xavier afirma:

> As constantes reclamações contra o mercantilismo da produção cinematográfica não se desdobram numa análise que ultrapasse a condenação moral da ingerência indevida e dos "prejuízos estéticos" que ela acarreta[40].

O comentário acima é relativo à posição do Chaplin Club diante da produção contemporânea em geral. Nos anos de

---

40. Ismail Xavier, *Sétima Arte: um Culto Moderno*, São Paulo, Perspectiva/Secretaria de Estado da Cultura, 1978, p. 207.

1950, houve um deslocamento dessa posição para a construção do discurso histórico sobre cinema brasileiro. Este, tal como elaborado por B. J. Duarte, necessitava negar o início da produção sonora, em especial as chanchadas, para dissimular a primeira tentativa industrial efetiva do cinema brasileiro: a Cinédia.

O esquema histórico de B. J. Duarte desmonta-se quando chega, triunfalmente, à Vera Cruz.

> Para nós, o Cinema Brasileiro renasceu, em sua fase sonora, no dia 3 de novembro de 1949. Bem sabemos que muita gente vai protestar contra essa nossa afirmação. Mesmo assim, repetimos: o renascimento do cinema brasileiro data de 3 de novembro de 1949. Foi na tarde desse dia, numa das salas do Museu da Arte Moderna, que se concluía a escritura de constituição da Cia. Cinematográfica Vera Cruz. Muitas pessoas assinaram o documento. Homens de bem, capitalistas, comerciantes, industriais, intelectuais.

Seguindo a sua lógica, é algo externo à corporação que torna possível o "renascimento", pois os "homens de bem" do cinema brasileiro eram então muito poucos. Do ponto de vista financeiro são "capitalistas" como Zampari e Matarazzo[41]. Dos pontos de vista artístico e técnico a principal figura também é externa à corporação brasileira, trata-se de Alberto Cavalcanti. A ele vieram juntar-se, descreve B.J. Duarte, técnicos estrangeiros, os jovens dos clubes de cinema de São Paulo e o pessoal do laboratório Rex Filme. Mas o texto foi publicado no início de 1954, quando já não se podia fechar os olhos à crise da Vera Cruz.

> As nuvens da maior crise econômica por que já passou [o cinema brasileiro] ameaçam desabar de um momento para outro, arrasando tudo quanto até agora com tanto sacrifício se conquistara. Não nos cabe aqui apontar soluções a tão prementes problemas, senão apenas consignar um apelo angustiado àqueles que as podem oferecer.

A forma pela qual B. J. Duarte compreende a história só permite analisar a crise da Vera Cruz como uma catástrofe

---

41. Tanto a transferência de capitais de outras áreas da indústria nacional quanto a crença do meio cinematográfico como infestado por "cavadores" são temas recorrentes nas idéias cinematográficas brasileiras. Ver Arthur Autran, "Pedro Lima em *Selecta*", *Cinemais*, n. 7, Rio de Janeiro, set.-out. 1997.

natural, semelhante à decadência do cinema brasileiro com o surgimento do som. Tal como antes, também agora não haveria nenhum tipo de acumulação fosse de *know how*, de experiências estéticas, conhecimento sobre o mercado ou quaisquer outras coisas. Não é esboçada nenhuma explicação, principalmente porque o sistema adotado não permite. Do ponto de vista da história das idéias do cinema nacional, é o estertor da compreensão dos problemas pela moral, culpando "cavadores" ou "cavalgaduras" – como preferia Moniz Vianna – por tudo.

O final de "As Idades do Cinema Brasileiro" é melancólico, em contraste flagrante com o anúncio do "renascimento". Apela-se para algo indefinido, quem sabe os "homens de bem"? As previsões são as piores e mergulha-se no pessimismo irracional, típico do pensamento conservador.

> Aos homens do cinema brasileiro de hoje e de ontem, resta-lhes, entretanto, o consolo de haverem permanecido ao lado do morto até o fim, nem que fora apenas para lhe venerar a memória...

A partir da oposição entre Carlos Ortiz e B. J. Duarte é possível estabelecer a diferença central entre a história do cinema brasileiro formulada pelos "crítico-históricos" e a elaborada pelos "esteticistas". Para aqueles a indústria de cinema deveria existir de qualquer forma, a qualidade poderia surgir da quantidade; já para os últimos o cinema brasileiro só mereceria existir se possuísse qualidade, senão deveria ser esquecido ou ignorado. Evidentemente a tal "qualidade" possuía definições variadas de uma facção para outra.

Por último, destaco alguns artigos de Paulo Emílio Salles Gomes. A sua atenção na época concentrava-se na história do cinema mundial ou nos problemas da Cinemateca Brasileira – instituição na qual atuava –, sendo pequeno o número de textos sobre a história do cinema brasileiro. Esse período é uma espécie de ambientação para o intelectual que voltou ao Brasil em 1954, após morar por vários anos na França[42].

---

42. Paulo Emílio Salles Gomes assumiu a direção da Filmoteca do Museu de Arte Moderna assim que regressou da Europa. Em 1956 essa instituição passaria a denominar-se Cinemateca Brasileira. Ver Rudá de Andrade, "Cro-

Selecionei quatro artigos, todos publicados em *O Estado de S. Paulo* e reunidos em *Crítica de Cinema do Suplemento Literário*[43]: "Um Pioneiro Esquecido" (6 out. 1956), "Evocação Campineira" (15 dez. 1956), "Dramas e Enigmas Gaúchos" (29 dez. 1956) e "Visita a Pedro Lima" (19 jan. 1957).

Em "Um Pioneiro Esquecido", artigo sobre Aníbal Requião, o problema das periodizações mais refinadas e a relação dos estudos históricos nos países centrais e periféricos surgem de forma perspicaz:

> Propõe-se antes de mais nada o problema de situar no tempo o cinema primitivo brasileiro. No que até hoje se convencionou chamar de história mundial do cinema, mas que na realidade não passa da história do cinema europeu e norte-americano, a questão já está há muito tempo resolvida.

Paulo Emílio formula um novo ângulo para a relação da história do cinema brasileiro com a do cinema mundial. Não mais o historiador brasileiro deve fornecer informações corretas ou mais detalhadas, para que o historiador europeu ou americano escreva a história mundial, pois se denuncia essa concepção de mundo como, na realidade, relativa aos países industrialmente desenvolvidos.

Na definição do que seria o cinema primitivo brasileiro aparece o descompasso da realidade nacional em face dos países desenvolvidos. Paulo Emílio explica que na história mundial o primitivo vai dos primeiros filmes dos irmãos Lumière até a realização de *Cabiria* (Giovanni Pastrone, 1914). Já no Brasil, prossegue o autor, as informações sobre o primeiro filme aqui realizado não eram confiáveis, o que comprometia a cronologia inicial, e quanto ao término do período também havia dúvidas muito grandes sobre qual obra cristalizou pioneiramente uma maturidade narrativa.

"Evocação Campineira" trata do "ciclo" ocorrido nessa cidade nos anos de 1920. O texto é meticuloso e baseado em informações fornecidas por Adhemar Gonzaga, por participantes

---

nologia da Cultura Cinematográfica no Brasil", *Cadernos da Cinemateca*, n. 1, São Paulo, 1962.

43. Paulo Emílio Salles Gomes, *Crítica de Cinema no Suplemento Literário*, op. cit., vol. I, pp. 8-10, 45-48, 54-57, 66-70.

do ciclo e no fichário da Cinemateca Brasileira elaborado por Caio Scheiby. Demonstra-se com clareza a influência de Hollywood sobre os participantes do "ciclo", a importância de Kerrigan ao fundar uma escola de cinema chamando a atenção de investidores que financiariam a produtora APA Film, o sucesso de público de *Sofrer para Gozar* (E. C. Kerrigan, 1923) e o fracasso de *A Carne* (Felippe Ricci, 1925) – ambas películas da APA Film. Além de tudo isso, há uma observação bastante arguta:

> A história [de *A Carne*] era considerada audaciosa e temia-se que a atriz principal abandonasse o trabalho se descobrisse o sentido exato do enredo. No contorno dessa dificuldade Ricci fez que uma passagem de seu filme prenunciasse a célebre seqüência dos cavalos no *Êxtase* de Machaty, com Heddy Lamar. Não podendo filmar uma cena de amor particularmente realista num bosque, Ricci, inspirando-se no romance, apelou para estranhas imagens de um touro e de uma vaca. Ignorante das possibilidades metafóricas do cinema, a atriz não compreendia, por que depois de uma cena idílica o diretor lhe pedia que exprimisse o mais profundo cansaço.

Além do humor fino, analisa-se o nível de desenvolvimento da linguagem cinematográfica do filme campineiro, mesmo não existindo cópias. Ou seja, Paulo Emílio interpreta, a partir de informações sobre o ciclo e do seu conhecimento dos poucos filmes mudos brasileiros de ficção preservados, qual procedimento de linguagem poderia ter sido utilizado. Essa é, aliás, uma das características mais fascinantes do historiador e será retomada largamente nos textos futuros.

"Dramas e Enigmas Gaúchos" e "Visita a Pedro Lima" destacam-se pela perplexidade de Paulo Emílio diante da dificuldade em aprofundar a análise histórica pela inexistência de documentação primária acessível. No primeiro artigo, sobre o cinema mudo feito no Rio Grande do Sul, o autor afirma que as pesquisas sobre a história do cinema brasileiro iniciaram-se tardiamente, devido a isso, vários pioneiros já haviam falecido sem deixar depoimentos e seus arquivos tinham se dispersado. No segundo artigo, feito a partir de uma visita ao velho cronista cinematográfico, contam-se algumas passagens da vida deste, sublinhando que Pedro Lima, Pery Ribas e Adhemar Gonzaga eram figuras essenciais para a história do cinema brasileiro, pois os seus arquivos constituíam-se em fontes primordiais.

Após "Visita a Pedro Lima", não encontramos até 1960 nenhum texto de Paulo Emílio no Suplemento Literário de *O Estado de S. Paulo* que aprofundasse questões históricas do cinema brasileiro, limitando-se a referências sem desenvolvimento sistemático e a análises de trabalhos de outros autores, como Francisco Silva Nobre e Alex Viany.

O cuidado de Paulo Emílio com os recortes temporais, com as diferenças no desenvolvimento do cinema no Brasil e em outros países, em utilizar-se das fontes confrontando-as, em assinalar a importância dos arquivos, em interpretar informações atentamente mas ao mesmo tempo de forma criativa e sua consciência da dificuldade em escrever sobre o passado do cinema brasileiro devido ao estágio muito primário da coleta e organização de dados demonstram rigor incomum para a época. Esse rigor deriva da formação acadêmica do crítico e historiador ligada à filosofia uspiana, dos cursos que freqüentou na Cinemateca Francesa, da relação intelectual com figuras como André Bazin e Henri Langlois e da experiência escrevendo *Jean Vigo*[44], obra de impacto nos meios de cultura cinematográfica francesa.

Se na literatura, segundo Flora Sussekind, o aparecimento dos críticos formados nas faculdades de Filosofia e Letras provocou confrontos com os antigos críticos impressionistas[45], já no cinema não houve tais enfrentamentos na década de 1950. Tal fato, entretanto, não deve obscurecer um aspecto inovador: Paulo Emílio não se encaixava na divisão básica da crítica exposta no capítulo anterior, ou seja, entre "crítico-históricos" e "esteticistas", pois, ao aprender com André Bazin "a conciliar as abordagens sociológica e estética"[46], Paulo Emílio superava a dicotomia entre conteúdo e forma, baliza das discussões sobre cinema no Brasil, constituindo as bases para um novo tipo de análise na qual esses dois elementos estão indissoluvelmente ligados.

---

44. Paulo Emílio Salles Gomes, *Jean Vigo*, Paris, Seuil, 1957.
45. Flora Sussekind, "Rodapés, Tratados e Ensaios", *Folha de S. Paulo*, 12 dez. 1986.
46. Paulo Emílio Salles Gomes, "Bazin", *Paulo Emílio: um Intelectual na Linha de Frente*, op. cit., pp. 199-200.

5. AS HISTÓRIAS DE ALEX VIANY

Antecedentes

No capítulo presente são abordados os textos sobre história do cinema brasileiro escritos por Alex Viany antes da publicação da *Introdução ao Cinema Brasileiro*. Nesse sentido, destacam-se o artigo "Breve Introdução à História do Cinema Brasileiro" e a série "O Cinema Brasileiro por Dentro". Mas, logo ao regressar de Hollywood, o crítico já demonstrava interesse pelo passado da produção nacional, conforme é possível aferir em "Um Milagre, com Urgência" (*CM*, 1º fev. 1949).

> É facílimo dizer, por exemplo, que Luiz de Barros nada realizou, até hoje, digno do mais parco elogio. Mas será isso verdadeiro? Por mais dúbia que seja a capacidade cinemática desse profícuo diretor, confesso – agora que perdi, nas águas de Hollywood, o cascão de preconceitos para com o pobre filme nacional – que não posso deixar de admirá-lo. Há décadas que o homenzinho vive de cinema. Por menos que tenha feito, ajudou os poucos outros infatigáveis a manter mais ou menos vivo o nosso cineminha.

A importância concedida a Luiz de Barros não se deve à qualidade estética nem ao conteúdo dos seus filmes, mas ao fato de o diretor possuir produção contínua. Principalmente em relação ao passado mais distante, esse procedimento é constante em Alex Viany e em vários outros historiadores do cinema brasileiro. Mesmo o aspecto ideológico não é absolutamente posto em questão. O maior exemplo nesse sentido é a obra de José Medina, cujo conservadorismo só foi apontado nos anos de 1970 por Maria Rita Galvão[1]. O elogio aos pioneiros, baseado no esforço por terem realizado filmes apesar de todos os entraves, possuiu um aspecto importante ao valorizar o passado, mas com o desenvolvimento da historiografia tal procedimento, ainda nos dias atuais comum, empobrece as pesquisas pois tem como *parti pris* uma perspectiva limitada.

Voltando a Alex Viany, o interesse pelo passado não redundou de início em pesquisas e textos, ficando num nível superficial. No máximo o crítico faz algum comentário de viés evolucionista, como este sobre *Carnaval no Fogo* (Watson Macedo, 1949):

> Sem dúvida, o filme carnavalesco fez muito progresso desde aqueles abacaxis de Wallace Downey – um dos quais, enfaticamente, tinha "abacaxi" até no título. Já há uma história mais ou menos inteligível, os atores têm melhor orientação, os números musicais são encenados com um certo bom gosto, e – na parte técnica – podem mesmo ser notados alguns vestígios de continuidade e ritmo (*CM*, 7 mar. 1950).

A situação não se alterou até a viagem de Alex Viany para São Paulo em 1951. Nesse quadro, salienta-se a consciência do crítico de que o cinema brasileiro não estava começando naquele momento, no máximo cogitava-se uma nova fase.

> Dentro do panorama restrito do cinema brasileiro, *Quando a Noite Acaba* já pode ser colocado num nível superior, e é bem possível que, com outros filmes programados para breve, marque o início de uma nova época de responsabilidade artística e técnica (*CM*, 4 jul. 1950).

---

1. Maria Rita Galvão, *Crônica do Cinema Paulistano*, São Paulo, Ática, 1975, pp. 60-61.

"Breve Introdução à História do Cinema Brasileiro"

Conforme já mencionei alhures, morando em São Paulo, Alex Viany conheceu várias pessoas ligadas concomitantemente ao cinema e ao Partido Comunista. A relação com o PCB e o instrumental teórico por ele difundido, baseado no stalinismo, foi capital para que o crítico escrevesse "Breve Introdução à História do Cinema Brasileiro" (*FU*, jul. 1951). O artigo foi publicado em *Fundamentos*, revista cultural do PCB, numa edição cujo tema principal era o cinema brasileiro e que também tinha textos de Carlos Ortiz e Fernando Pedreira, além de entrevista com Alberto Cavalcanti. Em depoimento posterior para Maria Rita Galvão, Viany esclarece as suas intenções:

> Eu pessoalmente – alguns outros também – tentava desesperadamente entender como é que a situação tinha chegado naquele ponto, quais tinham sido os seus caminhos, em que momento do processo teria sido possível fazer alguma coisa, fazer o que, ou não fazer o que – em suma, era preciso entender o passado para explicar o presente, conhecer os erros do passado para evitar as arapucas em que caíram os antigos cineastas, aprender as lições da História[2].

A preocupação com as "lições da História" é marca indelével tanto na "Breve Introdução à História do Cinema Brasileiro" quanto na série "O Cinema Brasileiro por Dentro". Tal preocupação decorre da crença numa "lógica da história", característica muito comum da história do cinema tradicional, segundo Michèle Lagny[3]. Como na perspectiva de Viany a história caminha no sentido da industrialização do cinema brasileiro, podemos aprender com o passado o que devemos fazer e/ou evitar para concretizar a industrialização.

Mas não se deve confundir a posição de Alex Viany com o que poderíamos chamar de "história exemplar", representada por Múcio P. Ferreira, Adhemar Gonzaga e Jota Soares.

---

2. Maria Rita Galvão, *Burguesia e Cinema: O Caso Vera Cruz*, Rio de Janeiro, Embrafilme/Civilização Brasileira, 1981, p. 200.
3. Michèle Lagny, *De l'histoire du cinéma*, Paris, Armand Colin, 1992, pp. 43-44.

Para esses autores, em última instância, não havia nenhuma diferença entre os problemas do passado e os contemporâneos, enquanto em Viany a relação é mais complexa, pois existe a consciência das diferenças entre o passado e o presente. Além disso, para Viany o estudo histórico era regido por uma teoria que se pretendia científica, a vulgata marxista, o que inseria a questão do cinema numa perspectiva mais ampla.

Sem especificar fontes ao longo da "Breve Introdução à História do Cinema Brasileiro", Alex Viany anota como responsável pela chegada do cinema no Brasil o português Aurélio da Paz dos Reis. O historiador explica que o espetáculo cinematográfico difundiu-se rapidamente pelas maiores cidades do país, não há, entretanto, menção alguma à primeira filmagem aqui realizada. Comenta então que:

> Desde cedo, o mercado brasileiro tornou-se de grande importância para os centros produtores da época. Assim, tivemos, sucessivamente, a invasão dos filmes franceses, dos italianos, dos escandinavos e dos alemães. E, finalmente, garantidos pelos grandes bancos que pouco a pouco tinham tomado todos os estúdios os filmes norte-americanos começaram a entrar com maior força em nosso mercado, eliminando os concorrentes, tal como aconteceria através do mundo, por intermédio de suas ligações com os trustes locais.

O início do texto apresenta bem o principal objetivo do autor, a saber, demonstrar historicamente a ocupação do mercado interno pelo produto estrangeiro, sobretudo o americano.

Paulo Benedetti é apontado como o primeiro realizador a ter alguma continuidade na produção e, após referir-se à existência de "centros produtores" em Cataguases, Pouso Alegre e Recife, o autor afirma que os filmes feitos no Rio de Janeiro no final dos anos de 1920 tinham sucesso de público e eram elogiados pela crítica. Foram construídos também estúdios financiados por "capitais brasileiros". Já então as grandes produtoras americanas, através dos seus representantes no Brasil – companhias exibidoras e distribuidoras –, buscavam impedir o desenvolvimento do cinema nacional. A fim de exemplificar a ação dos "trustes", Viany conta o caso de *Barro Humano*, distribuído pela Paramount num lote de filmes americanos.

Se o exibidor queria programá-lo, tinha de ficar também com os quatro outros filmes. E a renda era dividida por igual entre os cinco.

Através dos anos, o processo de "lotear" filmes foi-se tornando menos obviamente perigoso e muito mais maquiavélico: há pouco *Caiçara* encabeçou um lote distribuído pela Universal-International, que participa financeiramente da Vera Cruz. Além dos lucros do capital empregado, esse truste anglo-americano teve lucros da distribuição – e impingiu aos exibidores, como complemento de lote, uma porção de seus filmes de terceira qualidade.

Como nenhuma fonte é citada ao longo do texto, não sabemos em que o autor baseia-se para asseverar de forma polêmica a existência de investimentos financeiros da Universal-International na Vera Cruz.

A última observação sobre o cinema silencioso trata de *Limite*, obra de "alguma importância na evolução artística de nosso cinema", não se especifica porém qual é a importância. Da mesma maneira que muitos dos primeiros historiadores, Viany analisa a chegada do som de forma totalmente negativa.

Os primeiros filmes falados aqui produzidos foram, em sua maioria, simples ajuntamentos de números musicais mal encenados e pessimamente realizados. Veio, então, a época do cinema radiofônico, liderada pelo norte-americano Wallace Downey, um cavalheiro que nada entendia de cinema, mas que possuía um apurado faro comercial. Aproveitando os cartazes do rádio, Downey iniciou a prática dos filmes carnavalescos, que ainda hoje garante as melhores rendas da Atlântida.

Apesar da situação geral ruim, são destacadas algumas películas: *Favela dos Meus Amores*, *Bonequinha de Seda* (Oduvaldo Viana, 1936), *Grito da Mocidade* (Raul Roulien, 1936) e *Aves sem Ninho* (Raul Roulien, 1939). Roulien chegou a filmar *Asas do Brasil* e *Jangada*, que se perderam em incêndios antes do lançamento. Fora *Jangada*, classificada como "uma tentativa de contar uma história bem brasileira", o autor não explica quais as características positivas, além do sucesso de público, dos outros filmes. Aqui identifico uma das maiores fraquezas do texto: Viany não articula critérios relativos ao conteúdo ou à estética que lhe permitam organizar qualquer cânone artístico. E se o único critério é o sucesso nas bilheterias, então é ilógico o autor desancar os filmes musicais.

167

Viany menciona a existência de vários projetos de "cidades do cinema", o fracasso da Cia. Americana e as dificuldades extremas de produtoras como a Cinédia e a Brasil Vita em sobreviver no mercado ocupado pelo produto americano. Completando o quadro de entraves para a industrialização, aponta: *a*) A ação nefasta de "aventureiros e golpistas" que com suas artimanhas afastavam possíveis investidores. *b*) A atuação meramente "demagógica" do governo por via de leis, não estimulando a produção nacional nem limitando a importação de filmes estrangeiros.

Nos anos de 1940 destaca-se a produção da Atlântida na fase em que foi dirigida pelos irmãos Paulo e José Carlos Burle. Mas a partir da "intervenção" do poderoso exibidor e distribuidor Luiz Severiano Ribeiro, que teria comprado a empresa por uma "ninharia", a Atlântida, apesar do sucesso das suas chanchadas, passou a realizar apenas dois filmes por ano. E Luiz Severiano Ribeiro também lutava contra a legislação de obrigatoriedade de exibição. Aventa-se que essas posições dever-se-iam ao fato de os "monopólios norte-americanos" comprometerem-se a não construir salas de cinema no Brasil. Por outro lado, tais "monopólios" necessitavam garantir para si o mercado brasileiro, assim como outros, por já terem perdido "definitivamente" os do leste europeu e da Ásia, e mesmo o mercado interno norte-americano apresentava queda nas rendas. Daí a convergência de interesses dos imperialistas e seus agentes no Brasil.

> A luta que se vem processando nos últimos anos, por intermédio da chamada Guerra Fria e do Plano Marshall, é em tudo semelhante à batalha dos imperialistas pelo petróleo e outras fontes de riqueza natural dos países ocidentais, africanos e sul-asiáticos. Como é sabido a estrutura econômica dos países capitalistas está constituída de tal forma que os imperialistas e monopolistas só poderão sobreviver mais um pouco em clima de guerra, com domínio completo das fontes de riqueza e dos mercados ainda disponíveis, e com o sacrifício da economia nacional e do próprio bem-estar de todos os povos sob a tutela dos Estados Unidos.

O esquema explicativo utilizado por Alex Viany, como ele próprio sublinha[4], era válido para qualquer campo econômico em qualquer país nas mesmas condições do Brasil, obe-

---

4. Maria Rita Galvão, *op. cit.*, p. 200.

decendo as idéias stalinistas sobre política e economia mundiais no pós-guerra, consubstanciadas no relatório de Andrei Zdhanov apresentado à Conferência de Szklarska-Poreba em 1947. Segundo o documento, o mundo estava dividido em dois campos, o "imperialista" – capitaneado pelos Estados Unidos – e o "antiimperialista" – com a União Soviética à frente. Os imperialistas pretenderiam, além de continuar explorando os países sob o seu domínio, fazer uma nova guerra visando derrotar o socialismo e a democracia; caberia aos antiimperialistas evitar a guerra e a expansão imperialista, aliando-se em todos os países com o "movimento operário e democrático, os Partidos comunistas irmãos e os combatentes do movimento de libertação nacional nos países coloniais e dependentes, todas as forças progressistas e democráticas que existem em cada país". Segundo Zdhanov, não haveria uma terceira opção aos dois campos, criticando-se duramente os socialistas da França e da Inglaterra. A simplificação excessiva da divisão do mundo, como observa Jean Elleinstein, tinha por objetivo enquadrar sob a orientação da União Soviética todos os países antiimperialistas e os partidos comunistas. Não por acaso, na conferência citada fora decidida a criação do Kominform, órgão através do qual o PC soviético passou a controlar o movimento comunista internacional[5]. Seguindo tais diretrizes e acossado pela repressão durante o governo Eurico Gaspar Dutra, quando voltou para a ilegalidade (1947) e seus deputados foram cassados (1948), o PCB tem como marco do processo de radicalização esquerdista o manifesto lançado por Luís Carlos Prestes em agosto de 1950, pela formação da Frente Democrática de Libertação Nacional[6].

Assim como, de uma hora para outra, tornou-se impossível esconder a existência de petróleo brasileiro, assim também, da noite para o dia, não mais puderam os assalariados de Hollywood encurralar o cinema nacional. Não obstante a pressão dos monopólios norte-americanos diretamente ou por intermédio de seus agentes brasileiros, a recepção que o povo dava a

---

5. Jean Elleinstein (org.), *Histoire mondiale des socialismes (1945-1960)*, Paris, Armand Colin/Editions des Lilas, 1984, vol. V, pp. 75-80.
6. Ronald H. Chilcote, *Partido Comunista Brasileiro – Conflito e Integração – 1922-1972*, Rio de Janeiro, Graal, 1982, pp. 100 e 107.

nossos filmes constituía uma base sólida para o estabelecimento de uma indústria nacional de cinema.

O paralelo acima elaborado por Alex Viany é uma tentativa de capitalizar para o cinema a extraordinária repercussão pública obtida pela campanha do petróleo, na qual o PCB teve ampla participação. Trata-se também de um esforço no sentido de ligar a questão econômica do cinema com outros problemas econômicos nacionais. Entretanto, ao forçar a comparação do petróleo com o cinema, como se os dois casos fossem absolutamente iguais, Viany acaba sendo reducionista.

Nos comentários sobre a Vera Cruz temos a ecoar observações feitas sobre o passado do cinema brasileiro. Ao contrário dos estúdios montados no Rio de Janeiro nos anos de 1920 com "capitais nacionais", a Vera Cruz teria recebido investimento americano através da Universal-International. Além disso, o alto custo financeiro da empresa de Zampari lembra a Americana, "que construiu estúdios e comprou máquinas para nada fazer".

> Seja como for, a Vera Cruz está intimamente ligada ao truste de Severiano Ribeiro e à Universal-International e, através deles, aos grandes monopólios norte-americanos. Mesmo que seja possível imaginar uma continuidade em sua produção, a fim de que, num prazo altamente hipotético de cinco anos, venha dar algum lucro, não podemos mais considerá-la como uma companhia brasileira.

Já a Maristela começou suas atividades com pontos positivos: ela própria distribuiria seus filmes, contratou bons técnicos estrangeiros e pretenderia dar oportunidade aos técnicos brasileiros. A nomeação do "italiano" Mario Civelli para chefiar a produção reverteu as expectativas, pois ele, além de não conhecer cinema, comandou a construção do estúdio – classificado de "elefante branco" – e contratou gente sem competência. Após a demissão de Civelli, "técnicos responsáveis" – entre os quais Viany – fizeram relatórios apontando os problemas da companhia e sugerindo soluções. Mas, com a entrada de Benjamin Finenberg como "interventor", a empresa entregou a distribuição para Severiano Ribeiro, demitiu funcionários – Viany entre eles – e desprogramou as produções futuras.

Encerra-se, desse modo, o círculo de aço em torno da nascente indústria cinematográfica do Brasil. A Atlântida e a Maristela estão diretamente controladas pelo truste de Severiano Ribeiro. A Vera Cruz, pior ainda, tem ligações com o truste e a Universal-International.

Como solução o historiador propõe:

> Mas, em toda essa luta, o alvo deve ser um só: o estabelecimento de um cinema nacional independente e democrático. É preciso que nossos produtores bem intencionados correspondam ao interesse do povo, dando-lhe filmes à altura de sua fé em nossa capacidade de criação cinematográfica. Que a morbidez e o desespero de *Presença de Anita* e *À Sombra da Outra* fiquem por conta dos pseudograndes. Que o folclorismo cosmopolita de *Caiçara* caracterize os falsos técnicos estrangeiros.

O autor ressalva que os técnicos estrangeiros interessados em colaborar "sinceramente" na construção da indústria cinematográfica brasileira seriam bem-vindos, citando como exemplo o fotógrafo italiano Aldo Tonti.

Quanto ao "cinema nacional independente e democrático", Alex Viany não o define claramente, limitando-se a expor o que ele não deveria ser. Podemos interrogar inicialmente quais características tornam um filme "nacional", pois não basta ele ser realizado no Brasil. Se elementos como "morbidez", "desespero" e "folclorismo cosmopolita" desnacionalizam o filme, quais seriam as características nacionais? Nem aqui nem ao longo do texto há uma resposta, quando muito sabemos da "tentativa de contar uma história bem brasileira" em *Jangada*.

E esse cinema é "independente" em relação a quem? Certamente em relação às grandes companhias produtoras – Vera Cruz, Atlântida e Maristela –, aos distribuidores de filmes estrangeiros e grandes circuitos exibidores – Luiz Severiano Ribeiro à frente de todos. Mas assim seria possível explorar comercialmente o filme de forma adequada? Seria mesmo possível realizá-lo, pois de onde viriam financiamento, equipamentos etc.? E um possível apoio do Estado alterava a "independência" do filme? Nenhuma dessas questões é levantada, apesar de já se insinuarem no ambiente cinematográfico[7].

---

7. Maria Rita Galvão, "O Desenvolvimento das Idéias Sobre Cinema Independente", *Cadernos da Cinemateca*, n. 4, São Paulo, 1980.

O último adjetivo, "democrático", também não é explicado, mas remete diretamente às posições políticas do autor, pois, naquele momento, o PCB utilizava largamente tal palavra para se autocaracterizar. E se tentarmos levar o "democrático" para o campo cinematográfico, haveria outro significado? Como, por exemplo, facilitar aos mais jovens o acesso à direção? Ou quebrar a rígida hierarquia do cinema industrial, na qual o produtor é o todo poderoso?

Diante de tanta imprecisão, a proposta do "cinema nacional independente e democrático" acaba caindo no vazio. Ademais, ao escrever uma história na qual os filmes e diretores ocupam o segundo plano, Viany não consegue elaborar um cânone artístico que possa servir como inspiração e/ou exemplo. Quanto à perspectiva principal do texto, voltada para a análise histórica da ocupação do mercado interno pelo produto estrangeiro, apesar do reducionismo do ideário stalinista, consegue explicar algumas razões do atraso do cinema brasileiro.

"O Cinema Brasileiro por Dentro"

A série de artigos "O Cinema Brasileiro por Dentro" foi publicada ao longo de 1954 pela revista *Manchete*, com os seguintes subtítulos: "Retrato de uma Criança (aos 50 Anos)", "A Escola Não Foi Risonha e Franca", "No Princípio Era o Verbo (Que Atrapalhava)" e "Viagem (com Escalas) à Terra de Vera Cruz".

As homologias entre a série e a *Introdução ao Cinema Brasileiro* já estão presentes aí, pois o livro tem capítulos intitulados "A Infância Não Foi Risonha e Franca", "No Princípio Era o Verbo (Que Atrapalhava)" e "Viagem com Escalas à Terra de Vera Cruz", retomando, portanto, o crescimento humano como metáfora para o desenvolvimento do cinema brasileiro. Além disso, informações e problemáticas levantadas na série foram desenvolvidas no livro. Há, inclusive, trechos repetidos nos dois trabalhos. É mesmo possível afirmar que "O Cinema Brasileiro por Dentro" foi o primeiro tratamento da *Introdução ao Cinema Brasileiro*.

***

Em "Retrato de uma Criança (aos 50 Anos)" (*MA*, 22 maio 1954), Alex Viany apresenta a série de artigos, reflete sobre as condições do cinema brasileiro naquele momento e relaciona várias propostas que deveriam ser implementadas permitindo assim a industrialização da produção nacional. O autor, porém, não chega a desenvolver questões de cunho histórico. Não se deve estranhar o fato, pois já vimos, no capítulo anterior, serem comuns textos que priorizam o presente e mesmo o futuro, já que o interesse pelo passado é um reflexo do desejo de desenvolver a produção.

Pode o Brasil sustentar uma indústria cinematográfica lucrativa, com filmes técnica e artisticamente aceitáveis?

A pergunta – básica em qualquer discussão dos problemas do cinema brasileiro – exige, como resposta, um estudo pormenorizado e profundo de nossas condições econômicas e culturais, que relacione as tentativas do passado com os poucos mas animadores sucessos do presente, que aponte os erros de ontem e de hoje como lições para amanhã, que leve em consideração os compromissos internacionais do Brasil, e que, acima e antes de tudo, apresente dados concretos sobre o mercado cinematográfico interno.

A preocupação com as "lições da História" continua na ordem do dia, mas agora a postura de Alex Viany é bem diferente, pois o autor abandona as afirmações peremptórias típicas do texto de 1951, conforme podemos verificar na interrogação inicial e na consciência da necessidade de "dados concretos sobre o mercado" para afinar a análise. De fundamental importância para tal mudança foi o lento mas progressivo afastamento em relação ao ideário stalinista, permitindo-lhe compreender as coisas de forma menos reducionista. Além disso, a diminuição quantitativa da produção brasileira obrigava-o a repensar suas posições.

Segundo Alex Viany, a "crise" então enfrentada pelo cinema brasileiro devia-se principalmente à derrocada da Vera Cruz[8], que semeou o desânimo e provocou a retração dos ca-

---

8. Em abril de 1954 o Banco do Estado de São Paulo assumiu o controle acionário da Vera Cruz, com Franco Zampari na presidência da produtora,

173

pitais investidos na produção. Reconhecendo pontos positivos na Vera Cruz como a "melhoria no nível técnico e artístico" dos filmes nacionais, chega a classificar a empreitada de "tentativa mais séria de industrialização" até então realizada no Brasil. Porém, critica a falta de organização da empresa, a construção dos enormes estúdios e o exagerado encarecimento da produção. É importante notar que agora Viany nem chega a citar as possíveis ligações da Vera Cruz com Severiano Ribeiro ou com a Universal-International, tão condenadas anteriormente.

> Há poucas semanas, pela primeira vez em alguns anos – desde que, com a obrigatoriedade de exibição de filmes brasileiros, demos os passos iniciais para a industrialização – *nenhum filme estava em produção em todo o Brasil* [grifo do autor].

No artigo publicado em *Fundamentos*, Alex Viany não apenas atribuía o início da industrialização à "recepção que o povo dava a nossos filmes", mas ainda entendia a ação estatal como "demagógica". Já no trecho acima, o Estado é o responsável pelo estímulo primeiro à industrialização. Devemos recordar que essa mudança ideológica sobre a atuação estatal ocorre por ocasião dos congressos de cinema, abordados no capítulo "O Realismo Socialista e o Nacional-Popular", nos quais Viany teve ampla participação. Conforme José Inácio de Melo Souza, o Estado é alçado nos congressos à condição de promotor mais importante da industrialização do cinema brasileiro[9].

A atuação estatal é retomada com mais vagar em "Retrato de uma Criança (aos 50 Anos)" quando Viany analisa a problemática do INC, a respeito do qual é reticente. A lei que gerava o INC já havia sido aprovada na Câmara Federal sem aproveitamento das sugestões do I Congresso Nacional do

---

mas apenas como figura decorativa. Ver Carlos Augusto Calil, "A Vera Cruz e o Mito do Cinema Industrial", *Projeto Memória Vera Cruz*, São Paulo, Secretaria de Estado da Cultura/Museu da Imagem e do Som, 1987, p. 21.

9. José Inácio de Melo Souza, *Congressos, Patriotas e Ilusões*, São Paulo, 1981 (datil.), pp. 60-61.

Cinema Brasileiro, o projeto agora tramitava no Senado e vários parlamentares teriam prometido estudar as resoluções tanto do I quanto do II Congresso Nacional do Cinema Brasileiro. Viany entendia que, caso as resoluções não fossem aproveitadas, o INC seria apenas um "cabide de empregos".

Se Viany é cauteloso quanto ao INC, por outro lado todos os dez pontos listados no final do artigo como fundamentais para o desenvolvimento da indústria cinematográfica brasileira, elaborados a partir dos congressos, têm em graus variáveis alguma relação com o Estado. As medidas solicitadas são as seguintes: *1*. Limitação da importação de filmes estrangeiros. *2*. Aumento na taxação de importação do filme estrangeiro. *3*. Financiamento à produção nacional através das rendas advindas da taxação anterior. *4*. Melhoria na fiscalização das rendas das salas de cinema, para que o produtor nacional recebesse do exibidor os 50% previstos na lei – o INC é indicado como possível órgão de fiscalização. *5*. Formação da distribuidora única para filmes brasileiros fiscalizada pelo governo. *6*. Criação de uma lei que proibisse a distribuição de filmes brasileiros no mercado interno por parte de empresas estrangeiras ou empresas nacionais que operassem com filmes estrangeiros. *7*. Criação de cinemas municipais que só exibiriam filmes brasileiros. *8*. Subvenção governamental para a instalação no Brasil de uma fábrica de filme virgem, e, enquanto isso não ocorresse, facilidades para a importação desse insumo. *9*. Total isenção de impostos para a importação de material cinematográfico. *10*. Financiamento de curtas e médias metragens com fins culturais, bem como fiscalização da lei que obrigava os importadores de cinejornais e documentários a comprar filmes nacionais do mesmo gênero na razão de pelo menos 10% do importado por cada um para o Brasil.

Deve-se observar que apenas as propostas 3 e 10 versam sobre financiamento, pois o autor teme os perigos do "favoritismo" e da "imposição de 'idéias oficiais' ". Em todas as outras propostas a ação estatal é de legislação (propostas 1, 2, 6, 8 e 9), fiscalização (propostas 4, 5 e 10) e comercialização (proposta 7). Ou seja, Alex Viany é amplamente favorável ao auxílio estatal, mas sem dirigismo nos rumos artísticos e ideológicos da produção e sim fornecendo meios para ela furar o bloqueio no mercado ocupado pelo produto americano. As reticências em relação ao INC decorrem justamente da desconfiança do poder centralizador do órgão.

Nessa primeira parte de "O Cinema Brasileiro por Dentro" ainda é feita uma classificação dos tipos de produção em voga: *1*. "Independentes": produções realizadas fora de estúdio, tais como *Marujo por Acaso* (Eurides Ramos, 1954). *2*. "Companhias": filmes realizados majoritariamente em estúdio, o exemplo citado é *Colégio de Brotos* (Carlos Manga, 1954) da Atlântida. *3*. "Co-produção": filmes realizados por duas companhias, como *A Outra Face do Homem* (J. B. Tanko, 1954) da Atlântida e da Multifilmes. *4*. "Co-produção Internacional": projetos envolvendo produtores brasileiros e estrangeiros, tais como *Conchita e o Engenheiro*, entre o Brasil e a Alemanha, e *A Virgem do Roncador*, entre o Brasil e a Itália. Viany ataca esse tipo de produção, que utilizaria o Brasil apenas pelo "exotismo de sua paisagem" e baixo custo da mão-de-obra local. *5*. "Programa": somente a Atlântida comprava histórias objetivando programar a produção da empresa. *6*. "Cooperativa": produção na qual a equipe receberia o pagamento em cotas dos possíveis lucros do filme, o exemplo era *Rio, 40 Graus*, então em realização.

A tipificação elaborada por Alex Viany é demonstrativa do grau de complexidade da produção nacional a partir do advento da Vera Cruz. O mais curioso é a classificação de *Rio, 40 Graus* como "cooperativa" em vez de "independente". Ao meu ver, busca-se isolar o filme de Nelson Pereira dos Santos a fim de mostrá-lo como algo novo no campo cinematográfico. O rótulo "independente" nesse momento já tinha uma certa vulgarização, a ponto de Viany denominar assim *Marujo por Acaso*, cuja produção se encaixava perfeitamente nos moldes das chanchadas realizadas nos anos de 1940 e 1950, daí a necessidade de formular novas etiquetas que pudessem dar conta de experiências diferenciadas.

***

O recorte de "A Escola Não Foi Risonha e Franca" (*MA*, 5 jun. 1954) abarca o período silencioso do cinema brasileiro, havendo ainda dois boxes separados do resto do texto: "Um Esforço Individual: Humberto Mauro" e "Um Surto Regional: Campinas". Note-se que não é utilizada a palavra "ciclo", hoje consagrada pela historiografia.

Inicialmente Alex Viany faz um resumo do estágio dos estudos históricos sobre cinema brasileiro, citando Adhemar Gonzaga, Jurandyr Noronha, Pery Ribas, Pedro Lima e Álvaro Rocha como os principais pesquisadores. Também destaca a atividade de Caio Scheiby, no Museu de Arte Moderna de São Paulo, que tentava reunir um acervo de filmes nacionais. Apesar de tais esforços, Viany entende ser difícil narrar a história do cinema brasileiro pela exiguidade de material disponível para pesquisa e pelo desaparecimento de vários filmes importantes. Essa consciência, inexistente na "Breve Introdução à História do Cinema Brasileiro", é relevante por exigir rigor maior do autor nas suas afirmações e nas relações históricas estabelecidas. Além disso, o próprio desenvolvimento global das pesquisas não apenas recuperava fatos até então desconhecidos, mas também revelava problemas, lacunas e dúvidas.

A questão das fontes melhora em relação ao texto de *Fundamentos*, mas ainda é confusa. Desta feita, Viany menciona os responsáveis por várias informações, porém não ficamos sabendo se elas foram coletadas em entrevistas com o autor, livros, artigos para revistas ou jornais etc. Os informantes citados são os pioneiros Edmundo Maia e Humberto Mauro; Alfredo Roberto Alves, filho do pioneiro Amilar Alves; e os críticos Jurandyr Noronha, Flávio Tambellini e Carlos Ortiz[10].

---

10. Não consegui descobrir de onde Alex Viany retirou as informações atribuídas a Edmundo Maia. Quanto às outras fontes, das quais Viany indica apenas o autor, as referências são as seguintes: Jurandyr Noronha, "Mostra e Filmoteca", *I Mostra Retrospectiva do Cinema Brasileiro*, São Paulo, 1952; Flávio Tambellini, "São Paulo é Hoje o Centro Mais Importante da Produção Cinematográfica de Todo o País", *Diário de S. Paulo*, 25 jan. 1954; Carlos Ortiz, *O Romance do Gato Preto*, Rio de Janeiro, Casa do Estudante do Brasil, 1952; Humberto Mauro, "O Ciclo de Cataguases na História do Cinema Brasileiro", *Elite*, São Paulo, fev. 1954; carta de Alfredo Roberto Alves para Alex Viany, Campinas, 6 jul. 1953, Arquivo Alex Viany, Cine-

177

O historiador repete que Aurélio da Paz dos Reis teria sido o primeiro a exibir filmes entre nós e, também, a asserção sobre a rápida expansão do mercado cinematográfico no país, dominado sucessivamente por produções francesas, italianas, dinamarquesas e norte-americanas. Porém, diferentemente da "Breve Introdução à História do Cinema Brasileiro", Viany especula sobre qual foi a primeira filmagem realizada no Brasil.

> Ninguém conseguiu precisar, até agora, qual foi a primeira filmagem brasileira, mas em geral aceita-se a data de 5 de novembro de 1903, quando Antônio Leal registrou em película uma cerimônia pública, ainda que se fale em dois pequenos esforços publicitários da mesma época, um para remédio, outro para água mineral.

A preocupação com a primeira filmagem é significativa da mudança de perspectiva histórica do autor, que, ao invés de concentrar-se na ocupação do mercado, passa a enfocar primordialmente a produção brasileira. Essa nova perspectiva desdobrar-se-á em dois eixos principais, presentes também no livro *Introdução ao Cinema Brasileiro*, um concernente às tentativas fracassadas de industrialização e outro no qual se busca constituir um cânone artístico.

Quanto ao primeiro eixo, o destaque é relativamente maior na série "O Cinema Brasileiro por Dentro" do que no livro, devido à derrocada então recente da Vera Cruz. Mais uma vez avulta a figura de Antônio Leal:

> Aí por 1915-1916, segundo recordações do veterano ator Edmundo Maia, que tomou parte na empreitada, Antônio Leal realizou o que talvez tenha sido a primeira tentativa de industrialização de nosso cinema. Construindo um estúdio de vidro, no Rio de Janeiro, a fim de aproveitar a luz solar, importou um diretor estrangeiro (Maia afirma ter sido o célebre ator italiano Ermete Zacconi) e fez uma versão de *Lucíola*, de José de Alencar.

Note-se que a indústria é consubstanciada na unidade de produção, ou seja, o estúdio. Segundo o historiador, houve

---

mateca do MAM (RJ). Todas as opiniões contemporâneas aos filmes campineiros citadas por Viany possivelmente foram coletadas por Alfredo Roberto Alves.

apenas mais uma "tentativa industrial" no período silencioso, levada a cabo em São Paulo pelo milionário Adalberto Fagundes. Além de adaptar um barracão em estúdio, Fagundes comprou máquinas e contratou técnicos.

Como as experiências industriais são poucas e esparsas, o historiador, objetivando dar um quadro mais completo da produção da época, parte para a enumeração dos gêneros cinematográficos surgidos no Brasil – policial, religioso e erótico –, das cidades além do Rio de Janeiro e São Paulo nas quais houve produção – Recife, Pouso Alegre, Cataguases, Campinas e Maceió – e para a exaltação daqueles pioneiros que tiveram relativa continuidade na realização de filmes ficcionais – Paulo Benedetti, José Medina, Luiz de Barros e Vitorio Capellaro.

A partir desse último pioneiro é possível começar a delinear a constituição do cânone artístico no texto.

> O notável na obra de Capellaro é sua predileção pelos assuntos tipicamente brasileiros. Enquanto os nativos nem sempre iam buscar seus temas nas coisas nacionais e regionais, preferindo muitas vezes a simples imitação de produções estrangeiras (particularmente as norte-americanas), esse inteligente italiano jamais se afastou do caminho iniciado, aí por volta de 1913, com *Iracema*, que refaria mais tarde.

Abordar "assuntos tipicamente brasileiros" é elemento relevante para um filme compor o cânone artístico de Alex Viany. Na filmografia de Capellaro esses assuntos são relativos à adaptação de romances clássicos da literatura nacional – *Iracema*, *O Guarani*, *Inocência* e *O Mulato* – e à representação de eventos da história pátria – a saga dos bandeirantes.

Nos boxes "Um Surto Regional: Campinas" e "Um Esforço Individual: Humberto Mauro" surge outro assunto tipicamente brasileiro: o interior do país. O filme campineiro *João da Mata* "era um drama 'caipira', de caráter eminentemente nacional". E, quanto ao diretor mineiro, o exemplo não se encontrava somente no passado distante, pois ele fizera há poucos anos *O Canto da Saudade*, filme não apenas com assunto típico mas ainda com "ritmo brasileiro" – o que desloca a discussão do campo temático para o estético.

179

Mauro está mais do que nunca disposto a fazer filmes nitidamente brasileiros, quase com cheiro de terra – coisas que, nos tempos mudos, seriam acompanhados ao piano com *Luar do Sertão* e *Casinha Pequenina*.

A idéia do interior como depositário das verdadeiras tradições brasileiras é recorrente na cultura nacional, inclusive na produção cinematográfica conforme demonstrou Jean-Claude Bernardet[11]. O crítico literário Eduardo Frieiro, já há muitos anos, fez uma sucinta e certeira análise histórica da questão.

> Data da segunda metade do século passado a moda do folclore, do *Volksgeist*, da poesia do povo, do paisagismo, da literatura étnica ou nacional. Tudo muito ao som e ao compasso das idéias do século XIX. Essa moda literária estava ao serviço do princípio de individualidade, nacionalidade, independência e liberdade dos povos. Na América Latina, onde a moda fez furor até há bem pouco, a literatura regionalista e nativista respondia às ânsias de rebelião contra o jugo cultural da Europa. Aspirava-se à emancipação espiritual, que devia coroar a obra de emancipação política. Reagindo contra o espírito cosmopolita dos centros urbanos, que erroneamente supunham despersonalizador, os nativistas voltaram-se para a vida roceira e a alma campesina[12].

Há duas alterações importantes entre o quadro traçado por Eduardo Frieiro e a defesa da temática rural feita por Alex Viany: *1*. Não mais o jugo cultural europeu era o principal a ser combatido e sim o jugo norte-americano. *2*. Se na literatura do século XIX a "emancipação espiritual" deveria confirmar a "emancipação política", já em Viany – assim como para a maior parte da esquerda dos anos de 1950 – o nosso processo de independência cultural só estaria realizado quando o Brasil fosse independente economicamente. Aqui nasce uma ambigüidade ideológica, pois essa independência econômica ocorreria com a industrialização do país propiciada pela fase do capitalismo – anterior à do comunismo –, enquanto a defesa da "temática rural", como nota Jean-Claude Bernardet, é

---

11. Jean-Claude Bernardet, "A Cidade, o Campo", em Celina do Rocio, Clara Satiko Kano, Rudá de Andrade *et al.*, *Cinema Brasileiro: 8 Estudos*, Rio de Janeiro, MEC/Embrafilme/Funarte, 1980, pp. 137-150.

12. Eduardo Frieiro, *Letras Mineiras*, Belo Horizonte, Os Amigos do Livro, 1937, pp. 195-196.

uma reação contra o avanço do capitalismo – e, eu acrescentaria, da industrialização – que desfiguraria as tradições e a cultura brasileiras.

Alex Viany lista os seguintes filmes como os mais importantes do período silencioso: *Limite* – sobre o qual comenta que foi influenciado pela vanguarda francesa –, *Barro Humano*, *Aitaré da Praia* (Gentil Roiz, 1925), *O Vale dos Martírios* (Almeida Fleming, 1926), *Tesouro Perdido*, *Brasa Dormida* (Humberto Mauro, 1928), *João da Mata* e *Iracema* (Vitorio Capellaro, 1918). Temos uma adaptação literária – *Iracema* – e quatro filmes com temática e/ou ambiente rural – *O Vale dos Martírios*, *Tesouro Perdido*, *Brasa Dormida* e *João da Mata*. *Aitaré da Praia*, conforme o autor explica no capítulo seguinte da série, também trata de um assunto legitimamente brasileiro, a vida dos jangadeiros, classificado como "típico" do Nordeste. Já *Limite* e *Barro Humano* escapam aos critérios estabelecidos por Viany para a composição do seu cânone artístico e ele não se preocupa em explicar a inclusão desses filmes na lista.

Como conclusão sobre o período, o historiador afirma:

> Através de erros e acertos, empreitadas honestas e desonestas, sucessos e fracassos, fora criada uma consciência cinematográfica, haviam aparecido homens e mulheres com legítima vocação para o cinema.

No trecho acima se deve ressaltar, primeiramente, uma diferença radical em relação ao texto "As Idades do Cinema Brasileiro", de B. J. Duarte, discutido no capítulo anterior. No esquema histórico elaborado por B. J. Duarte somente o lado positivo do cinema nacional mereceria ser objeto da história, o restante deveria ser esquecido ou omitido, já Alex Viany entende que tanto o lado positivo quanto o negativo necessitam ser estudados, a fim de que se torne possível compreender as razões do atraso da produção brasileira. Ao evitar a compreensão moralista da história, Viany consegue indicar as "lições da história" pois estabelece relações mínimas de causa-conseqüência, e isso foi um avanço significativo na historiografia do cinema brasileiro.

Outro ponto a ser sublinhado diz respeito à expressão "consciência cinematográfica", utilizada pela primeira vez por

Alex Viany e repetida na *Introdução ao Cinema Brasileiro*. O autor, porém, não busca explicar o que é a tal "consciência cinematográfica".

***

A terceira parte de "O Cinema Brasileiro por Dentro", "No Princípio Era o Verbo (Que Atrapalhava)" (*MA*, 17 jul. 1954), vai das primeiras experiências sonoras da produção nacional até a fundação da Companhia Cinematográfica Vera Cruz. Há também dois boxes sobre o cinema silencioso: "Um Surto Regional: Recife" e "Um Esforço Individual: Fleming".

Neste capítulo Alex Viany quase não menciona suas fontes, com exceção de Carlos Ortiz – novamente não há referência completa, trata-se de *O Romance do Gato Preto* – e das utilizadas para escrever os boxes, no primeiro caso o opúsculo *História da Cinematografia Pernambucana (Período Mudo)* escrito por Jota Soares e Pedro Salgado Filho, e no segundo, uma entrevista realizada pelo autor com o pioneiro Almeida Fleming.

Quanto ao surto pernambucano, Alex Viany destaca, além de *Aitaré da Praia* – que aborda a vida dos jangadeiros, tido como "o assunto mais típico" de Pernambuco –, a dedicação e o profissionalismo da equipe de *Jurando Vingar* (Ary Severo, 1925), pois essa produção teria sido bastante complicada. Em relação a Almeida Fleming, cujos filmes *In Hoc Signo Vinces* e *Paulo e Virgínia* (1924) eram ambientados fora do Brasil, Viany elogia *O Vale dos Martírios*, que apesar de influenciado pelo *western* passava-se em uma fazenda mineira, constituindo-se na "primeira história brasileira" dirigida por Fleming.

Alex Viany explica da mesma forma o fim da produção em Cataguases (Humberto Mauro), Campinas, Recife e Pouso Alegre (Almeida Fleming): falta de distribuição. Os filmes só eram exibidos em cinemas da própria localidade, e quando por acaso se conseguia um distribuidor não havia prestação de contas ou ele garantia para si grande parte dos lucros da exploração comercial. Não há indicações claras de Alfredo Roberto Alves sobre o assunto, mesmo assim Viany não hesita em afirmar que "com certeza" o problema em Campinas foi a distribuição. A falta de distribuição não afetava apenas os "surtos regionais" ou os "esforços individuais", servindo como explicação para os problemas da produção carioca e paulista.

O início da produção sonora no Brasil foi marcado, segundo Alex Viany, por *Enquanto São Paulo Dorme* (Francisco Madrigano, 1929), o primeiro filme com algumas cenas sonorizadas, e *Acabaram-se os Otários* (Luiz de Barros, 1929), o primeiro filme integralmente sonorizado. O autor constata as dificuldades advindas com a nova tecnologia da mesma forma que B. J. Duarte e Carlos Ortiz, mas, ao contrário deles, entende como positivas várias das primeiras realizações sonoras, inclusive os famigerados musicais, pelo fato de o gênero ter ampla aceitação de público.

Coisas Nossas (1930), porém, teve a honra não só de ser o primeiro filmusical de nosso cinema, alcançando grande sucesso popular, mas também de obter uma razoável qualidade numa época de tateios com a nova técnica.

Deve-se notar que, no texto de 1951, Alex Viany não somente criticava o filme carnavalesco como ainda desancava a figura de Wallace Downey. Em 1954, por outro lado, além de elogiar dois filmes produzidos por Wallace Downey – *Coisas Nossas* e *Alô, Alô, Carnaval* (Adhemar Gonzaga, 1935) –, também menciona ao longo do capítulo vários musicais como *Banana da Terra* (Ruy Costa, 1938) e *Berlim na Batucada* (Luiz de Barros, 1944).

No trecho citado acima a palavra "popular" expressa tão-somente que o filme teve sucesso de público, mas logo em seguida o seu significado é ampliado.

De quando em vez, nos primeiros anos do cinema falado, aparecia um filme de maior ressonância. E, cada vez, julgava-se ter sido encontrado um caminho seguro para o cinema brasileiro.

Isso primeiro aconteceu em 1935, quando Carmen Santos produziu *Favela dos Meus Amores* para a Brasil Vita Filmes. Baseado num roteiro de Henrique Pongetti (o mesmo que criticara Mauro antes como um "Freud de Cascadura"), é um marco importantíssimo, não só por ser a coisa mais séria até então feita no período sonoro, mas também por seu sentido popular.

Favela dos Meus Amores.

No caso, além de se relacionar com o sucesso de público de *Favela dos Meus Amores*, a palavra "popular" conota que o filme expressa a vida e/ou cultura do povo. Entretanto, o filme seguinte da dupla Carmen Santos–Humberto Mauro, *Cidade Mulher* (1936), foi um fracasso.

Outras experiências pareciam indicar um "caminho seguro". A Cinédia foi responsável por *Bonequinha de Seda*, de Oduvaldo Viana, grande sucesso de público; mas a segunda produção da empresa com Oduvaldo Viana na direção, *Alegria*, nem chegou a ser finalizada. Já Raul Roulien, ator brasileiro que havia feito sucesso em Hollywood, dirigiu dois filmes de interesse, *Grito da Mocidade* e *Aves sem Ninho*, mas suas duas realizações seguintes pegaram fogo, *Asas do Brasil* e *Jangada*, esta última "... uma tentativa de contar uma história legitimamente brasileira".

A acolhida do público foi "entusiástica", porém isso não bastou, pois os três produtores fracassaram. O historiador explica a causa do revés:

> Mas, Carmen Santos, Ademar Gonzaga e Raul Roulien, apesar da importância de sua obra, erraram ao enfrentar o cinema sob um prisma individualista, quase como diletantes, fugindo de qualquer coisa que se assemelhasse a organização ou continuidade de produção.

Outro exemplo de fracasso, mais retumbante ainda, foi a Companhia Americana que, mesmo construindo estúdios e comprando máquinas, realizou apenas um filme, *Eterna Esperança* (Leo Marten, 1940). Segundo o historiador, eram freqüentes os anúncios em torno da criação de "cidades do cinema", afinal nunca concretizadas.

É como oposição à falta de continuidade de produção que Alex Viany faz o elogio da Atlântida, fundada por Moacyr Fenelon, José Carlos Burle e Allnor Azevedo, entre outros. A Atlântida garantiu trabalho aos técnicos brasileiros e formou novos profissionais, consagrou os primeiros atores de bilheteria do cinema nacional – Oscarito e Grande Otelo – e produziu não apenas comédias carnavalescas mas ainda filmes com temáticas "sérias" como *Moleque Tião* (José Carlos Burle, 1943), *Vidas Solidárias* (Moacyr Fenelon, 1945) – sobre a socialização da medicina – e *Também Somos Irmãos* – sobre a questão racial. Porém, os fundadores da Atlântida aos poucos saíram da empresa, que passou a ser controlada por Luiz Severiano Ribeiro Jr.

Já na produtora Flama, Moacyr Fenelon dirigiu *Tudo Azul*, com roteiro de Alinor Azevedo, considerado por Alex Viany o melhor filme carnavalesco feito até então. A qualidade superior de *Tudo Azul* deve-se à sua "história humana e interessante", inexistente nas outras películas do gênero. A trama, não explicitada por Viany, gira em torno dos problemas cotidianos e dos sonhos de um compositor frustrado.

Nessa terceira parte de "O Cinema Brasileiro por Dentro", a temática rural – *O Vale dos Martírios* – ou assuntos típicos como a vida dos jangadeiros – *Aitaré da Praia* – continuam sendo critérios válidos para um filme integrar o cânone artístico. Mas surgem outros critérios relativos ao cinema sonoro, sem invalidar os anteriores: o "sentido popular" de *Favela dos Meus Amores*, os "temas sérios" de *Vidas Solidárias*, *Também Somos Irmãos* e *Moleque Tião* e a "história humana e interessante" de *Tudo Azul*. Aqui se manifesta novamente, sob outra forma, o apego à idéia do interior como verdadeiro depositário das tradições brasileiras, pois, apesar de indubitavelmente admirar esses filmes pelas qualidades ressaltadas, Viany não os classifica como "tipicamente nacionais" ou de "caráter nacional", já que são ambientados na cidade.

Fechando "No Princípio Era o Verbo (Que Atrapalhava)", o historiador comenta que um grupo de capitalistas capitaneados por Franco Zampari criou a Vera Cruz, companhia cuja produção teria um "critério industrial". "O cinema do Brasil entrava, assim, em sua fase mais importante."

***

Em "Viagem (com Escalas) à Terra de Vera Cruz" (*MA*, 4 dez. 1954), último capítulo de "O Cinema Brasileiro por Dentro", Alex Viany comenta as tentativas de produção industrial realizadas pela Vera Cruz, Maristela, Multifilmes e Kino Filmes. Retomando a narrativa a partir da fundação da Vera Cruz e repisando a importância de Franco Zampari, o autor acredita nas "boas intenções" e na "sinceridade" de Zampari, mas discorda da sua postura de "diletante" e de "ditatorial mecenas".

A Vera Cruz, por assim dizer, iniciou suas atividades em hostilidade a tudo o que já se fizera de cinema no Brasil. Seus porta-vozes não hesitavam em dizer que com ela começava a produção cinematográfica entre nós. Não interessava o que acontecera antes – nem mesmo como exemplo. E, naturalmente, o depoimento dos veteranos, que tanto tinham errado, de nada serviria. Zampari resolveu começar da estaca zero.

Devido a esse procedimento, Franco Zampari incorreu nos erros que levaram a Vera Cruz à derrocada: orçamentos superiores às possibilidades do mercado interno, não criação de uma linha de exibição própria, entrega da distribuição dos filmes da companhia para empresas estrangeiras, contratação de técnicos estrangeiros inadequados subestimando os brasileiros e utilização de histórias "cosmopolitas". Como sustentação às acusações de Viany estão destacadas num boxe as opiniões do "veterano" Pedro Lima, que desde 1951 teria atinado para os problemas da Vera Cruz.

Quanto a Alberto Cavalcanti, Viany reconhece tê-lo atacado no passado, mas ao seu ver a maior parte dos problemas da Vera Cruz pré-existiam à chegada do cineasta. Além disso, foi Cavalcanti quem contratou os bons técnicos estrangeiros da produtora – cita-se Ray Sturgess, Chick Fowle, Oswald Haffenrichter e Erik Rasmussen –, aumentando a qualidade técnica e artística da produção nacional.

Nem se poderia culpá-lo pelo cosmopolitismo de *Caiçara* e *Terra é Sempre Terra*, histórias escolhidas antes de seu ingresso na Vera Cruz, e até se poderia compreender sua escolha de *Ângela*, história européia jogada de qualquer jeito para o Rio Grande do Sul, se Cavalcanti não houvesse repetido os mesmos erros de *Caiçara* em *O Canto do Mar*, cuja semelhança estilística e temática com *Caiçara* chega ao ponto de forçar o uso do motivo folclórico brasileiro com as mesmas intenções de exotismo.

Os equívocos de Cavalcanti são justificados pelo fato de ele ter morado grande parte de sua vida fora do Brasil. Ao chegar aqui, além de freqüentar o "ambiente cosmopolita" dos estúdios, estava cercado por uma "malta de brasileiros desna-

187

cionalizados". Mas, desde então, ele teria identificado os verdadeiros "inimigos do cinema brasileiro", e Viany cita um depoimento no qual o diretor de fama internacional denunciava o mal do "cosmopolitismo" na produção nacional.

Alex Viany considera *O Cangaceiro* (Lima Barreto, 1952) e *Sinhá Moça* (Tom Payne e Oswaldo Sampaio, 1953) os filmes "mais brasileiros" da Vera Cruz, ou seja, uma trama ambientada no sertão e outra cujo pano de fundo é um evento histórico marcante, a abolição da escravatura. Não há, entretanto, nenhum aprofundamento na reflexão sobre as qualidades nacionais desses filmes. Aliás, também fica sem maior explicação por que *O Canto do Mar* e *Caiçara* utilizam o folclore brasileiro de forma "exótica". Tanto *O Cangaceiro* quanto *Sinhá Moça* não podiam ser creditados nem a Alberto Cavalcanti, já fora da empresa na época de ambas as produções, nem a Franco Zampari, que chegou a se opor à filmagem do primeiro e era contra "histórias genuinamente brasileiras".

É importante observar que a posição de Alex Viany em relação à Vera Cruz alterou-se muito entre o texto de *Fundamentos* e a série publicada em *Manchete*. Em 1951, Viany entendia a Vera Cruz como empresa ligada ao capital estrangeiro e, portanto, parte de um plano imperialista para dominar a indústria cinematográfica nacional. Já em 1954, a empresa é entendida como nacional, estando sujeita aos problemas causados pela ocupação do mercado interno. Os ataques de Viany dirigem-se contra a estratégia comercial e artística da empresa, representada, sobretudo, na figura de Franco Zampari, cujos erros teriam levado a companhia à derrocada e causado grave crise na produção nacional.

Naquele momento, também o PCB passou por mudanças na sua linha política. Segundo Ronald Chilcote:

> De fins de 1950 até o IV Congresso do partido, em novembro de 1954, porém, o PCB se deslocou gradativamente de uma postura inicialmente militante e revolucionária para uma estratégia e um programa de reformas sociais moderadas com objetivos a curto prazo[13].

---

13. Ronald H. Chilcote, *op. cit.*, p. 107.

Dentre as principais transformações na política do PCB anotadas por Chilcote, uma, em especial, interessa: no manifesto de agosto de 1950 a burguesia nacional não tinha nenhum papel; já a partir do "Projeto de Programa", de dezembro de 1953, esse segmento social terá lugar de destaque na formação da frente antiimperialista[14]. A nova posição rebate-se no texto de Alex Viany e demonstra que o historiador estava começando a ser influenciado pelo ideário nacional-popular, pois a crença na aliança com a burguesia nacional é um dos elementos fundamentais desse pensamento nos anos de 1950.

O próprio Zampari, tendo contribuído para o crescimento do parque fabril paulista, é um produto da era de industrialização do Brasil – como o é a potência do Banco do Estado de São Paulo, a que ele recorreria para aumentar as possibilidades de realização de seu sonho. A Vera Cruz não errou por aparecer quando apareceu, nem errou por desejar muito. Errou principalmente por querer muito sem saber como e por quê.

Outras duas empresas comentadas por Alex Viany, Maristela e Multifilmes, foram criadas por Mario Civelli. Ele, entretanto, não era dono das companhias, que pertenciam respectivamente à família Audrá e a Anthony Assunção.

De Civelli, diz-se de bem que construiu dois estúdios, ambos muito afastados do centro de São Paulo: a Maristela e a Multifilmes. E, sob a sua direção, a produção dessas companhias, até um certo ponto, levou em consideração a capacidade do mercado. Produção rápida e barata – mas, infelizmente, rápida e barata também nos valores que garantem os lucros: história, apuro técnico, qualidade artística.

Com a Vera Cruz e a Kino Filmes – empresa de Alberto Cavalcanti – paradas, a Maristela e a Multifilmes em funcionamento precário, todas as esperanças de Viany para o futuro do cinema brasileiro estão depositadas nas ações governamentais de apoio à produção. O autor comenta a atividade da Comissão Técnica de Cinema, subordinada ao Ministério da Educação e Cultura, que apesar da sua morosidade havia chegado a conclusões importantes: necessidade de auxílio finan-

14. *Idem*, p. 114. Ver também Edgard Carone, *O PCB (1943-1964)*, São Paulo, Difel, 1982, vol. II, pp. 108-109, 114 e 118.

ceiro do governo à produção, limitação da importação de filmes estrangeiros, formação da distribuidora única para filmes brasileiros e fiscalização das rendas dos filmes brasileiros. Finalizando o texto, argumenta-se que as medidas governamentais são urgentes, pois:

> Que a indústria cinematográfica interessa ao Brasil, como fator de cultura, de economia de divisas ninguém pode duvidar. Espera-se, agora, que os Audrá, Zampari, Assunção, Cavalcanti e todos os demais tenham aprendido a lição do planejamento cuidadoso, dos cálculos minuciosos e da valorização dos argumentos. Temos técnicos, temos estúdios, temos atores. Precisamos evitar que técnicos e atores sejam dispersados, precisamos evitar que aconteça com os estúdios existentes o que já aconteceu com a Cinédia, transformada em garagem, e o que quase aconteceu com a Brasil Vita, que esteve para virar depósito de uma cervejaria.

Em depoimentos posteriores, Viany afirma que defendia na época da Vera Cruz um "cinema independente, não-empresarial, e fora de estúdios"[15]. Tal asserção fica relativizada quando lemos o trecho acima. Acrescente-se ainda que, nesse último capítulo de "O Cinema Brasileiro por Dentro", ele não reflete sobre outras formas de produção. A "cooperativa" de *Rio, 40 Graus*, mencionada no primeiro texto da série, não é retomada; e as produções que a historiografia denomina "independentes" – *O Saci* ou *Agulha no Palheiro* – não merecem nenhuma referência ao longo dos quatro capítulos. Se, em 1951, Viany não vê outra saída fora o "cinema nacional independente e democrático", mas é pouco ou nada específico sobre o que significa isso; já em 1954, o historiador consegue delinear um cânone artístico ao longo da história do cinema brasileiro – que implicitamente serve de inspiração aos diretores contemporâneos – e explica com clareza os principais entraves econômicos para a industrialização, porém não desenvolve efetivamente uma proposta alternativa ao cinema empresarial em plena crise, ficando adstrito à esperança no auxílio estatal.

---

15. Maria Rita Galvão, *Burguesia e Cinema: O Caso Vera Cruz, op. cit.*, p. 198.

6. A *INTRODUÇÃO AO CINEMA BRASILEIRO*

A Publicação da Introdução ao Cinema Brasileiro

Em outubro de 1959 finalmente era editado o estudo histórico de Alex Viany, *Introdução ao Cinema Brasileiro*. Na "Introdução" o autor expõe a dificuldade para a publicação do seu trabalho, cujos originais ficaram encalhados em uma editora não especificada, que em entrevista da época é apontada como a Companhia Editora Nacional[1], desde janeiro de 1958. No início de 1959, a convite de José Renato Santos Pereira, então diretor do INL (Instituto Nacional do Livro), Alex Viany resolveu publicar seu livro por essa casa.

É errôneo pensar que Viany não tinha ligações com o mercado editorial de livros. Em 1956 ele havia feito as notas de rodapé e organizado os índices dos filmes citados na se-

---

1. Silviano Santiago, "Bate-papo com Alex Viany", *Diário de Minas*, Belo Horizonte, 8 mar. 1959.

191

gunda edição brasileira de *O Cinema*, de Georges Sadoul[2]. No ano seguinte foi o responsável por parte das notas de rodapé e pela revisão de *Argumento e Roteiro*, de Umberto Barbaro[3]. Tentou ainda publicar traduções, pela Livraria-Editora Casa do Estudante do Brasil, dos seguintes títulos: *Theory and Technique of Playwriting and Screenwriting* – de John Howard Lawson –, *Film* – de Roger Manvell – e *Storia Delle Teoriche del Film* – de Guido Aristarco[4].

Devo ressaltar que antes da *Introdução ao Cinema Brasileiro*, Alex Viany chegou a se envolver em vários projetos de livros, ao final nunca lançados: *Cinema: 1945-1948* – a partir da sua coluna "Cine-Revista", escrita quando era correspondente de *O Cruzeiro* em Hollywood –, *O Neo-realismo Italiano* – a ser lançado na coleção de livros sobre cinema da editora Páginas –, *Cinemateca de Bolso* – que faria parte da coleção "Sétima Arte" da Edições Verbum –, *Foco Profundo* – abordando estética cinematográfica, especialmente o realismo – e um volume em parceria com Walter da Silveira sobre cinema brasileiro.

Esse último projeto é particularmente importante, pois Alex Viany escreveria um texto sobre a história do cinema brasileiro e Walter da Silveira faria uma análise de cunho estético. Da carta do crítico baiano transcrevo o seguinte trecho, que é representativo das expectativas de ambos:

> Se, entretanto, em grande parte, for conseguido [a publicação do livro conforme os planos de Walter da Silveira], penso que será prestado um serviço inestimável a todos os que lutam pelo cinema brasileiro: ao menos será revelado como se deve imprimir um sentido organizado ao nosso cinema, procurando-se obter uma unidade de pensamento, uma visão de conjunto que infelizmente ainda lhe faltam[5].

---

2. Georges Sadoul, *O Cinema*, 2ª ed., Rio de Janeiro, Casa do Estudante do Brasil, 1956.
3. Umberto Barbaro, *Argumento e Roteiro*, Rio de Janeiro, Andes, 1957.
4. Carta de Alex Viany para John Howard Lawson, Rio de Janeiro, 10 jun. 1953, Arquivo Alex Viany, Cinemateca do MAM.
5. Carta de Walter da Silveira para Alex Viany, Salvador, 23 fev. 1953, Arquivo Alex Viany, Cinemateca do MAM.

BIBLIOTECA DE DIVULGAÇÃO CULTURAL
SÉRIE B — IV

ALEX VIANY

INTRODUÇÃO AO CINEMA BRASILEIRO

MINISTÉRIO DA EDUCAÇÃO E CULTURA
INSTITUTO NACIONAL DO LIVRO

Capa da 1ª edição da *Introdução ao Cinema Brasileiro*.

Certamente é essa "visão de conjunto", proporcionada por uma história do cinema brasileiro, o objetivo central de Alex Viany, pois através da "visão de conjunto" seria possível organizar um projeto ideológico hegemônico que influenciasse o meio cinematográfico.

***

A gênese da *Introdução ao Cinema Brasileiro* está ligada aos dois textos discutidos no capítulo anterior. Em meados de 1956, a redação do livro encontrava-se em pleno andamento, inclusive com esse título já fixado. O historiador pediu colaboração a várias pessoas como Pery Ribas – que retificou e ampliou a listagem de filmes brasileiros[6] – e Cavalheiro Lima – remetente das notas organizadas por Caio Scheiby no fichário da Filmoteca do MAM e comentador dos aspectos econômicos da produção discutidos por Viany[7].

Na imprensa, cá e lá, surgem notícias sobre a publicação próxima. Através da sua própria coluna na revista quinzenal *Para Todos*, Viany indicava o andamento do livro, os colaboradores e as dificuldades encontradas.

> Quem escreve, por exemplo, foi até lá [ao arquivo de Adhemar Gonzaga], num sábado, especialmente para esta reportagem; mas quem escreve, afinal de contas, tem um livrinho quase terminado a respeito do cinema brasileiro, e, está visto, não deixou de puxar brasas para suas modestas sardinhas. Resultado: quase desiste de aprontar o livro, tamanhas e tão flagrantes foram as falhas apontadas pelo dono do arquivo (*PT*, 1ª quinzena nov. 1956).

Em julho de 1957 há várias notícias sobre a entrega dos originais ao INL. Segundo Clóvis de Castro Ramon, a preparação do livro havia consumido cerca de um ano e em dois meses ele estaria pronto para ser adquirido[8]. Paulo Emílio

---

6. Carta de Pery Ribas para Alex Viany, Pelotas, 23 ago. 1956, Arquivo Alex Viany, Cinemateca do MAM.
7. Carta de Cavalheiro Lima para Alex Viany, São Paulo, 28 set. 1956, Arquivo Alex Viany, Cinemateca do MAM.
8. Clóvis de Castro Ramon, "Olavo Bilac e Coelho Netto Dirigiram Filmes e Arthur Azevedo Foi Crítico de Cinema", *Jornal do Brasil*, Rio de Janeiro, 14 jul. 1957.

Salles Gomes não esconde sua expectativa: "Tenho a impressão de que essa obra marcará o início da tão esperada fase de estudos metódicos em torno do cinema brasileiro"[9].

A publicação pelo INL não vingou naquele momento. Após os originais passarem pela Companhia Editora Nacional, eles voltaram para aquele órgão.

O INL, então subordinado ao Ministério da Educação e Cultura, desde 1956 era dirigido por José Renato Santos Pereira, figura ligada ao meio cinematográfico, que, além de ter sido assistente de direção em *Sinhá Moça*, realizou documentários de metragem curta e dirigiu com o irmão Geraldo Santos Pereira o longa *Rebelião em Vila Rica* (1957).

O relatório "Cinco Anos de Administração no Instituto Nacional do Livro" compila as realizações da diretoria José Renato Santos Pereira[10], que incluíram a produção dos documentários curtos: *Biblioteca Demonstrativa Castro Alves* (Humberto Mauro, 1956) – co-produzido pelo INCE –, *O Livro* (Lima Barreto, 1957) e *O Mestre de Apipucos e o Poeta do Castelo* (Joaquim Pedro de Andrade, 1959).

No texto supracitado são relacionados 87 registros de publicações. A linha editorial caracterizava-se pela relativa amplitude, pois há títulos de mera divulgação do próprio instituto – *22 Anos a Serviço da Cultura* –, um periódico trimestral dedicado à literatura e à cultura – a *Revista do Livro* –, edições críticas de romances clássicos – *O Guarani* ou *Memórias Póstumas de Brás Cubas* –, estudos históricos – *Política Econômica do Governo Provincial Mineiro* de Francisco Iglesias –, estudos literários – *Horas de Leitura* de Brito Broca e *Presenças* de Otto Maria Carpeaux – e estudos dedicados a outras artes – *A Expressão Dramática* de Ruggero Jacobbi, *Música do Brasil* de Eurico Nogueira França e *O Teatro no Brasil* de J. Galante de Souza.

---

9. Paulo Emílio Salles Gomes, "Literatura Cinematográfica", *Crítica de Cinema no Suplemento Literário*, Rio de Janeiro, Embrafilme/Paz e Terra, 1982, vol. I, p. 168.

10. Cinco Anos de Administração no Instituto Nacional do Livro, *Revista do Livro*, vol. V, n. 20, Rio de Janeiro, dez. 1960.

Certamente a presença de um cineasta na diretoria do órgão teve grande importância na publicação da *Introdução ao Cinema Brasileiro*. Na própria equipe de José Renato Santos Pereira havia um jovem intelectual como Alexandre Eulálio, que, além de cinéfilo, era primo de David Neves.

A ampla linha editorial aqui esboçada e a presença no INL de figuras ligadas ao meio cinematográfico criaram condições de possibilidade para a publicação do livro. Apesar de muito mais presente na vida nacional do que em qualquer década anterior, o cinema brasileiro não tinha ainda *status* cultural assentado. A publicação de um livro sobre a sua história por um órgão oficial consistiu num avanço desse *status*, possibilitando o reconhecimento social da atividade como artística e culturalmente de valor.

Não é demais lembrar toda a aura existente em torno do livro na vida intelectual nacional até meados dos anos de 1960. Publicar um livro era a unção da "seriedade" e "nível" do autor e/ou assunto, contribuindo para isso, evidentemente, a casa editorial.

O Texto da Introdução ao Cinema Brasileiro

Álvaro Lins e Noel Rosa

Alex Viany abre o livro com duas citações. A primeira extraída do discurso de Álvaro Lins pronunciado quando da sua posse na Academia Brasileira de Letras. A segunda da popularíssima música de Noel Rosa, *São Coisas Nossas*. Ambas, da forma como estão apropriadas, remetem à questão do nacionalismo, que é central para o livro.

Da citação de Álvaro Lins, transcrevo o seguinte trecho: "É necessário realizar o nacionalismo em literatura e arte. Realizar uma emancipação na ordem da cultura como se fala de emancipação econômica" (p. 7).

A homologia entre a estrutura econômica e a cultural faz-se presente já na abertura do livro[11]. Além disso, o homenagea-

---

11. Após um incidente político em 1959, quando era embaixador do Brasil em Portugal e defendeu o direito de asilo político de um dissidente do

do no discurso de Álvaro Lins, Roquette-Pinto – que ocupara a mesma cadeira na Academia Brasileira de Letras –, foi o criador do INCE, fato lembrado no discurso[12].

Já a citação de Noel Rosa, bem menor em tamanho, é esta:

> Coisa nossa, muito nossa...
> O samba, a prontidão e outras bossas
> são nossas coisas, são coisas nossas... (p. 7)

Além do nacionalismo, entra em cena a cultura popular, tendo no samba um dos seus representantes máximos.

A "Introdução" da *Introdução ao Cinema Brasileiro*

O texto propriamente dito começa na já referida "Introdução", na qual o historiador reporta-se às dificuldades para a publicação do livro, esmiuçadas anteriormente, e também aos problemas para escrever aquela narrativa de cunho histórico.

> Para mim, é importante que tais fatos fiquem consignados: quando encetei a tarefa de elaborar um pequeno apanhado da história do cinema brasileiro, mais de ano e meio antes daquela manhã de janeiro, esperava terminá-lo num máximo de três meses. Por aí se vê como ignorava o que tinha pela frente (p. 11).

Viany pensava em utilizar seus artigos sobre cinema brasileiro, em especial a série "O Cinema Brasileiro por Dentro", além de anotações e recortes. "Mas, que distância entre notas, artigos, recortes e que-tais, e o livro em perspectiva! Quando procurava solucionar uma dúvida, dez mais surgiam" (p. 11).

A dificuldade em recolher, organizar e analisar as informações sobre o passado do cinema brasileiro era sentida por

---

regime salazarista, Álvaro Lins passou a ser bastante respeitado por intelectuais de esquerda. Ver Astrojildo Pereira, "Um Discurso na Academia e uma Batalha em Lisboa", *Crítica Impura*, Rio de Janeiro, Civilização Brasileira, 1963, pp. 100-113.
    12. Álvaro Lins, *Discurso de Posse na Academia Brasileira – Estudo Sobre Roquette-Pinto*, Rio de Janeiro, MEC, 1956, p. 123.

todos que, como Viany, tentaram estabelecer um texto de cunho narrativo.

> Pois a intenção inicial, da qual não procurei fugir, era apenas lançar o assunto, numa pequena introdução ao estudo do cinema brasileiro. Assim, estaria provocando a crítica – a contribuição – alheia, tanto daqueles que consultei como dos outros que não tive a oportunidade de abordar. Com essa crítica e as pesquisas que eu vier a realizar, terei aqui um livro-piloto, base de um futuro trabalho, mais metódico, mais equilibrado, mais *crítico* [grifo do autor] (p. 12).

Afirma-se aí um verdadeiro projeto historiográfico coletivo. Este "livro-piloto", mesmo não sendo definitivo, indicará o caminho para os textos mais complexos, não apenas do próprio autor, mas daqueles que se dedicavam a escrever a história do cinema brasileiro. Não seria também essa a proposta do projeto de Walter da Silveira e do próprio Viany, anteriormente descrito? Ou ainda, a citada expectativa de Paulo Emílio Salles Gomes sobre o começo da "fase de estudos metódicos" não estaria justamente a reclamar um projeto historiográfico coletivo?

Os críticos e/ou pesquisadores preocupados com a história do cinema brasileiro são em boa parte mencionados nos agradecimentos, dando a impressão de um meio bastante solidário[13].

A pretensão de guiar os estudos históricos posteriores, a partir das linhas estabelecidas num trabalho fundador, marca também a primeira história do cinema argentino, escrita por

---

13. Alex Viany agradece, entre várias pessoas, aos seguintes críticos e/ou pesquisadores: Rudá de Andrade, Paulo Emílio Salles Gomes, Adhemar Gonzaga, Cavalheiro Lima, Pedro Lima, Jurandyr Noronha, Pery Ribas, Caio Scheiby e Gilberto Souto. Sintomaticamente B. J. Duarte não consta dos agradecimentos nem é mencionado ao longo do livro como autor do texto histórico publicado no catálogo da II Retrospectiva do Cinema Brasileiro, largamente utilizado por Viany. B. J. Duarte, conforme veremos posteriormente, foi um dos mais ferrenhos críticos do livro. Muitos anos depois Alex Viany justificaria a omissão devido a possuir um exemplar "estropiado" do catálogo, cujas páginas que indicavam o autor haviam sido perdidas. Ver Alex Viany, "Viagem (Via Hollywood) Até Humberto Mauro", *Humberto Mauro: Sua Vida/Sua Arte/Sua Trajetória no Cinema*, Rio de Janeiro, Artenova/Embrafilme, 1978, p. 42.

Domingo di Nubila e publicada em 1960[14]. Tal semelhança não se afigura casual e se explica pela pouca importância concedida ao cinema dentro dos respectivos quadros culturais nacionais, tornando o pioneirismo desses trabalhos um fato a ser assinalado e a partir dos quais a historiografia sobre cinema poderia se desenvolver.

***

Após a "Introdução" há duas grandes partes, "História" e "Informação", essa última não é um texto, mas anexos com lista de filmes, lista de profissionais, cópias de textos de leis, fotos e índices. A divisão em duas grandes partes demonstra a consciência de Alex Viany a respeito da necessidade de constituição de uma narrativa histórica sobre o cinema brasileiro, pois a simples listagem de nomes de personalidades ou títulos de filmes pouco explicava e, conforme vimos no capítulo sobre as histórias escritas nos anos de 1950, a idéia da listagem era difundida. Isso não significa que Viany considerasse irrelevante o armazenamento de dados, muito pelo contrário, aí entra a "Informação".

O texto histórico da *Introdução ao Cinema Brasileiro* divide-se da seguinte forma:

I. A INFÂNCIA NÃO FOI RISONHA E FRANCA

1. De Como o Rapazinho se Fez Homem
2. Um Esforço Individual: Almeida Fleming
3. Um Surto Regional: Campinas
4. Outro Surto Regional: Recife
5. Outro Esforço Individual: Humberto Mauro

II. NO PRINCÍPIO ERA O VERBO (QUE ATRAPALHAVA)

6. Onde o Rapazinho Leva um Tombo
7. Dois Diletantes na Indústria: Gonzaga & Santos
8. Onde o Rapazinho Enfrenta Crise após Crise

III. VIAGEM (COM ESCALAS) À TERRA DE VERA CRUZ

9. A Visita do Filho Pródigo
10. Onde se Contam Tropeços e se Dá uma Receita

---

14. Domingo di Nubila, *Historia del Cine Argentino*, Buenos Aires, Cruz de Malta, 1960, p. 7.

Conforme já indiquei nas primeiras páginas deste livro, Alex Viany na constituição da sua narrativa histórica, inspirado por Georges Sadoul, utilizou-se de dois eixos principais: um que historiciza a falta de industrialização do cinema brasileiro e outro no qual indica a formação de um cânone artístico. É através da discussão dos dois eixos que a análise da *Introdução ao Cinema Brasileiro* será encaminhada.

A Infância Não Foi Risonha e Franca

No subcapítulo "De Como o Rapazinho se Fez Homem" o recorte temporal cobre da chegada do cinema no Brasil até as últimas realizações do período silencioso. Viany inicia da seguinte forma: "A primeira exibição pública do *Cinématographe* dos irmãos Lumière teve lugar em Paris a 28 de dezembro de 1895. Meio ano depois o cinema chegava ao Brasil" (p. 19).

A partir das informações contidas na "História do Cinema Brasileiro" de Adhemar Gonzaga, publicada no *Jornal do Cinema*, Alex Viany formula um panorama da recepção do cinema no Brasil, que é afirmada como extremamente positiva e imediata. Com base nos estudos de Brito Broca e Raimundo Magalhães Júnior, respectivamente em *A Vida Literária no Brasil: 1900* e *Artur de Azevedo e Sua Época*, Viany também assegura o entusiasmo de intelectuais como Olavo Bilac e Artur de Azevedo pela novidade.

Da entusiástica recepção, o historiador passa para a dominação do mercado.

> Desde cedo, o mercado brasileiro tornou-se de grande importância para os centros produtores da época. Primeiro, vieram os filmes experimentais de Edison, Lumière e outros. Logo em seguida, as pesquisas já mais elaboradas de Méliès, Zecca, Edwin Porter etc. Depois, as epopéias italianas de Ambrosio, Pastrone e Guazzoni. Imediatamente após, os dramas escandinavos de Asta Nielsen e Valdemar Psilander. [...] Daí por diante [1915], porém, garantidos pelos grandes bancos, que pouco a pouco haviam tomado o controle dos estúdios, os filmes norte-americanos começaram a entrar com maior força em nosso mercado, eliminando gradativamente, através de uma produção e uma publicidade maciças, os demais concorrentes (pp. 24-25).

De uma concorrência relativamente plural no mercado descamba-se para o virtual monopólio da produção americana. Viany não menciona, mas utiliza Georges Sadoul para explicar o domínio americano. A diferença deve-se apenas ao fato de o francês referir-se ao cinema mundial, enquanto o brasileiro ao seu próprio país[15]. A omissão é fruto do descuido, pois o autor não tem problemas em citar historiadores estrangeiros, nesse subcapítulo o próprio Sadoul é referido pela sua *Histoire générale du cinéma*, Carlos Fernández Cuenca pela *Historia del Cine* e Marcel Lapierre por *Les cent visages du cinéma*.

Com um corte radical na estrutura do texto, que não se traduz em outro subcapítulo ou qualquer marca gráfica, passa-se de chofre do domínio americano no mercado para o surgimento do cinema brasileiro, consubstanciado na "primeira filmagem".

Michèle Lagny afirma que a preocupação com o "verdadeiro inventor" do cinema é recorrente a tal ponto que o primeiro opúsculo aparecido na França sobre cinema, *La photographie animée* (1897), aborda o assunto[16]. No caso brasileiro, a partir da impossibilidade de um inventor, Alex Viany concentra-se na "primeira filmagem", descartando alguns nomes – Antônio Leal e Aurélio da Paz dos Reis – e sugerindo sem muita convicção a hipótese de ela ter sido realizada por Vittorio di Maio. Aqui ainda sua fonte básica é Adhemar Gonzaga, junto a outras de destaque menor como Cuenca e Paulo Emílio Salles Gomes – este com o artigo "Três Momentos Fundamentais do Cinema Mudo Português".

O corte abrupto, existente na estrutura do texto de Alex Viany, é resultado da ideologia apontada por Jean-Claude Bernardet.

Este modo de escrever a história privilegia essencialmente o ato de filmar em detrimento de outras funções que participam igualmente da atividade cinematográfica como um todo, refletindo um comportamento de ci-

---

15. Georges Sadoul, *História do Cinema Mundial*, São Paulo, Martins, 1963, pp. 120-121.
16. Michèle Lagny, *De l'histoire du cinéma*, Paris, Armand Colin, 1992, p. 15.

neastas que, por mais que se preocupassem com formas de produção e comercialização, se concentram basicamente nos seus filmes em si, ou melhor, se concentram em cada um de seus filmes[17].

O historiador, ao não analisar o mercado exibidor e as relações desse com o produto nacional, acaba justapondo estruturalmente esses níveis, sem imbricá-los de forma efetiva. Segundo Viany, o mercado, até por volta de 1915, apesar do predomínio do produto estrangeiro, não parecia totalmente desfavorável ao filme nacional. Havia um desenvolvimento da produção brasileira mais ou menos no nível dos outros países devido à reprodução de assuntos homólogos. E não apenas isso, como:

> Em 1909-1910, narra-nos Adhemar Gonzaga, fizemos mais de cem filmes cada ano, naturalmente em uma parte. "Nesse tempo, o cinema brasileiro não temia a concorrência estrangeira, e nossos filmes realmente atraíam mais atenção do que *The Violin Maker of Cremona* ou *The Lonely Villa*, de Griffith. Nosso cinema dava pancada mesmo no que vinha de fora". E Gonzaga fala-nos também do que talvez tivesse sido o primeiro estúdio cinematográfico brasileiro situado em pleno centro comercial do Rio de Janeiro, perto da confluência das ruas do Lavradio e Riachuelo. Ergueu-o o italiano Giuseppe Labanca, tio do ator João Labanca, diz-se que com a bagatela de 30 contos de réis (p. 33).

Pelo depoimento de Gonzaga, assumido por Viany, o filme brasileiro impunha concorrência comercial ao estrangeiro, mesmo com a qualidade de um Griffith. Pode-se afirmar que o sentido implícito dado por Gonzaga & Viany é também de um ombreamento estético do produto nacional com o estrangeiro. Por último, mas não menos importante, há o desenvolvimento econômico em direção à industrialização, subsumido no estúdio de Giuseppe Labanca.

Nas idéias cinematográficas brasileiras o estúdio foi encarado como a corporificação do processo de industrialização. Alex Viany está inscrito em tal quadro a ponto de destacar cuidadosamente os bons estúdios aparecidos no Brasil. Nesse sentido, menciona a experiência de Antônio Leal que

---

17. Jean-Claude Bernardete, *Historiografia Clássica do Cinema Brasileiro*, São Paulo, Annablume, 1995, p. 29.

construiu, por volta de 1915-1916, um estúdio de vidro e nele filmou um dos maiores sucessos de público da época, *Lucíola* (Franco Magliani, 1916). Realizava, Antônio Leal, "o que bem pode ter sido uma das primeiras tentativas de industrialização de nosso cinema" (p. 35).

Alex Viany não estabelece o motivo do fracasso da experiência industrial de Antônio Leal, inesperado já que *Lucíola* teria sido um sucesso. Apenas uma outra vez, no período silencioso, registrou-se nova tentativa de industrialização, desta feita através do milionário paulista Adalberto Fagundes com a Visual Film. "Sua aventura industrial, porém, foi tão malsucedida como as anteriores, e de suas produções só descobrimos até agora uma intitulada *Quando Elas Querem*" (p. 48).

O fator preponderante para Viany nos fracassos industriais descritos era a dominação crescente do mercado interno pelo cinema norte-americano. O historiador aponta 1915 como o início dessa predominância, o mesmo ano da experiência de Antônio Leal. No fim do subcapítulo, a citação de um texto escrito nos anos de 1920 deixa claro o efeito negativo da ocupação do mercado: "Na indústria do filme, o Brasil ainda dorme envolto em faixas, sem saber balbuciar uma palavra, e no comércio de exibições é um dos grandes importadores a enriquecer fábricas estrangeiras" (p. 56).

Devido às dificuldades em narrar a história do cinema brasileiro a partir da sua industrialização, ou falta de industrialização, Viany opta por valorizar o passado distante através do elogio àqueles profissionais que conseguiram seguir carreira, tais como Vittorio Capellaro, Antônio Leal, Alberto Traversa, Paulo Benedetti, José Medina e principalmente Luiz de Barros. Isso significa que diante da dificuldade em organizar uma continuidade histórica através da coletividade, optase por destacar continuidades individuais.

Luiz de Barros, que conhecera o cinema europeu de perto, dirigiu a maior parte das produções da Guanabara, e, fossem quais fossem os pecados que viria a cometer, a verdade é que os veteranos muito bem falam de seus esforços da época. Sua carreira como diretor data de 1915, quando fez *Vivo ou Morto*, de cujo elenco participava um apaixonado cinemaníaco, Pedro Lima, que anos mais tarde desempenharia importante função em

Barro Humano e se tornaria um dos esteios de nossa crítica cinematográfica (p. 36).

Barro Humano foi dirigido por Adhemar Gonzaga, que também coordenou a campanha em prol do cinema brasileiro pelas páginas da revista *Cinearte*. Pedro Lima tomou parte na campanha, fato não mencionado por Viany, e hoje se sabe que Luiz de Barros teve forte influência sobre ela[18]. Devo lembrar que Alex Viany, além de cria jornalística de Pedro Lima, colheu com esse veterano e principalmente com Adhemar Gonzaga várias informações. Por meio dessas informações, certos aspectos ideológicos da campanha acabaram se refletindo na *Introdução ao Cinema Brasileiro*.

O mais notável desses aspectos é a quase total ausência dos "naturais" na história de Alex Viany, muito embora eles fossem a base econômica da produção entre os anos de 1910 e 1940. Assim, os realizadores de tais filmes só têm destaque se trabalharam em "posados" – uma das poucas exceções é a referência a *São Paulo, Sinfonia da Metrópole* (Adalberto Kemeny e Rudolf Lustig, 1929). Como é notório, a campanha de Adhemar Gonzaga e Pedro Lima desconsiderava a produção dos "naturais", privilegiando tão-somente os "posados".

A omissão também é devida ao próprio modelo historiográfico adotado por Viany, inspirado em Sadoul, pois conforme salienta Jean-Claude Bernardet: "A tendência dos historiadores foi aplicar ao Brasil, sem crítica, um modelo de história elaborado para os países industrializados em que o filme de ficção é o sustentáculo da produção"[19].

Se o "rapazinho" tem problemas com a industrialização, cujas tentativas são esparsas e inconsistentes, também não parece caminhar com facilidade para constituir o seu cânone artístico. O autor transcreve com profusão as opiniões de outros críticos e historiadores sobre vários filmes, muitas vezes sem emitir qualquer juízo próprio. Aliás, as fontes de Viany

---

18. Arthur Autran, "Pedro Lima em *Selecta*", *Cinemais*, n. 7, Rio de Janeiro, set.-out. 1997.
19. Jean-Claude Bernardet, *Cinema Brasileiro: Propostas para uma História*, Rio de Janeiro, Paz e Terra, 1979, p. 28.

nesse subcapítulo, além das já citadas, são, segundo as notas de rodapé do livro: os catálogos da I e II Retrospectivas do Cinema Brasileiro, a *Pequena História do Cinema Brasileiro* de Francisco Silva Nobre, o livro *O Fabuloso Patrocínio Filho* de Raimundo Magalhães Júnior, entrevista de Plínio Sussekind Rocha à revista *L'agê du cinéma* e artigos publicados em periódicos. Relativamente a esses, como fonte primária é utilizada *O Fan*, como fontes secundárias textos de Flávio Tambellini no *Diário de S. Paulo*, de Rex Rienits em *South West Pacific* e Brício de Abreu em *O Cruzeiro*, além de matérias da revista portuguesa *Cinéfilo* e do *Anuário da Casa dos Artistas*.

Algumas poucas pistas das características do cânone são indicadas por Viany:

> O que mais impressiona, na obra de Capellaro, é sua predileção pelos assuntos tipicamente brasileiros. Enquanto muitos cineastas nativos eram tentados pela imitação de sucessos estrangeiros, este inteligente italiano jamais se afastou do caminho iniciado, em 1915, com *Inocência*, aproveitando o célebre romance do Visconde de Taunay. De Alencar, Capellaro adaptou ao cinema *O Guarani*, primeiro em 1916, depois em 1926; e *Iracema*, em 1919. De Bernardo Guimarães, filmou *O Garimpeiro*, em 1920; de Aluísio de Azevedo, *O Mulato*, em 1917, dando-lhe o título de *O Cruzeiro do Sul* (pp. 41-42).

Nesse subcapítulo, o autor não desenvolve mais a questão do "tipicamente brasileiro", que no trecho acima pode ser apreendido como emanando de obras literárias consagradas, principalmente do Romantismo.

Três outros filmes merecem comentários que, apesar de lacônicos, os destacam na massa de títulos citados: *Barro Humano* é "um dos pontos mais altos" do cinema mudo brasileiro, *Limite* é um filme "interessantíssimo" com influência da *avant-garde* francesa e *O Crime de Paula Matos* (Paulino e Alberto Botelho, 1913) é considerado um dos "precursores do realismo" no Brasil.

Pela primeira vez no livro aponta-se a presença do realismo numa fita brasileira, e ele pode ser entendido como o recontar de uma história real, em ambiente e representação com o maior verismo possível – ou seja, o lugar onde a histó-

205

ria aconteceu ou poderia acontecer, com trajes, costumes e interpretações calcados nos tipos verdadeiros.

Ao final do subcapítulo, Viany afirma:

> Mas, aos troncos e barrancos, o cinema brasileiro caminhava, dispondo-se agora a enfrentar o monstro do som. Através de erros e acertos, empreitadas honestas e aventuras desonestas, fora criada uma consciência cinematográfica, haviam aparecido homens e mulheres com legítima vocação para o cinema (pp. 56-57).

A expressão "consciência cinematográfica" já havia sido utilizada na série "O Cinema Brasileiro por Dentro" e possui rebatimentos em outros autores, por exemplo, Paulo Emílio Salles Gomes[20]. Alex Viany não define o que seria a "consciência cinematográfica". Minha propensão é pensar que a tal consciência liga-se ao reconhecimento por parte das pessoas dedicadas à atividade cinematográfica no Brasil de que elas possuíam interesses em comum e, portanto, deveriam lutar conjuntamente na defesa desses interesses. A hipótese baseia-se no fato de que um dos principais objetivos da campanha de Adhemar Gonzaga e Pedro Lima era organizar o meio cinematográfico, a fim de reivindicar legislação protecionista e "limpar" o meio afastando as pessoas desonestas[21].

***

Os outros quatro subcapítulos são mais específicos. "Um Esforço Individual: Almeida Fleming" foi redigido a partir de uma entrevista concedida pelo pioneiro ao historiador alguns anos antes da publicação do livro. "Um Surto Regional: Campinas" teve como fontes o livro *O Romance do Gato Preto*, informações prestadas por Alfredo Roberto Alves[22] – filho de Amilar Alves – e recortes de periódicos da época do ciclo provavelmente coletados por Alfredo Roberto Alves. "Outro

20. Paulo Emílio Salles Gomes, "Pequeno Cinema Antigo", *Cinema: Trajetória no Subdesenvolvimento*, Rio de Janeiro, Paz e Terra/Embrafilme, 1980, p. 32.
21. Arthur Autran, *op. cit.*
22. Carta de Alfredo Roberto Alves para Alex Viany, Campinas, 6 jul. 1953, Arquivo Alex Viany, Cinemateca do MAM (RJ).

Surto Regional: Recife" é baseado no opúsculo *História da Cinematografia Pernambucana (Cinema Mudo)* – de Jota Soares e Pedro Salgado Filho – e no depoimento de Gentil Roiz. Por último, "Outro Esforço Individual: Humberto Mauro" tem como fontes o catálogo da I Mostra Retrospectiva do Cinema Brasileiro, artigos de Carlos Ortiz em *Fundamentos* e críticas de Octavio de Faria em *O Fan*. As fontes são citadas em notas de rodapé e por vezes no corpo do texto.

A utilização de fontes primárias como os depoimentos de Almeida Fleming e Gentil Roiz e o periódico *O Fan*, não é recorrente na *Introdução ao Cinema Brasileiro*. Sempre que possível são usados trabalhos já realizados, sem aprofundamento das pesquisas. Apenas quando há grandes lacunas Viany vai às fontes primárias, tais como documentos de época ou entrevistas com veteranos.

No subcapítulo dedicado a Almeida Fleming, após listar os filmes de ficção do realizador – *In Hoc Signo Vinces*, *Paulo e Virgínia* e *O Vale dos Martírios* –, afirma:

O terceiro filme de longa-metragem da carreira de Almeida Fleming foi feito em 1927. Chamava-se *O Vale dos Martírios*, e era a primeira história brasileira que tentava. Ambientada numa fazenda mineira, sofria uma certa influência dos *westerns* norte-americanos, mas nem por isso deixava de convencer em sua brasilidade (pp. 62-63).

Aqui o índice de "brasilidade" não é dado por um clássico da literatura, mas pela ambientação no interior brasileiro. Já *Paulo e Virgínia* não possuiria "brasilidade" por transcorrer na Europa.

Na reprodução de um trecho da entrevista feita com Almeida Fleming, reaparece a literatura como inspiradora para histórias nacionais, pois o veterano realizador acreditava que: "Nossa literatura é riquíssima em histórias para cinema. Infelizmente, nosso cinema está tomando uma rotina muito ruim imitando o cinema norte-americano. Por que não procuramos fazer um trabalho socialmente útil?" (p. 64).

Ao tratar do surto cinematográfico de Campinas, Alex Viany entende *João da Mata* como obra de "caráter eminentemente nacional", destacando que o filme se ambienta numa fazenda. Porém:

Depois de tão auspicioso lançamento, o surto cinematográfico campineiro prosseguiu com uma estranha mistura de *western* e anedota sertaneja, sob o título não menos estranho de *Sofrer para Gozar*. A direção coube a E. C. Kerrigan, possivelmente um ianque exilado[23], e daí talvez decorram os curiosos nomes de algumas personagens (Tim Barros, Bill etc.) e a invenção de um *saloon* que, se tinha um nome bem brasileiro (Bar da Onça), apresentava, por outro lado, todos os lugares comuns dos indefectíveis cabarés do *far-west* (p. 69).

Como fatores diluidores da "brasilidade" de *Sofrer para Gozar* (E. C. Kerrigan, 1923) são apontados: o diretor estrangeiro e a influência de um gênero caracteristicamente norte-americano.

No surto de Recife a primeira película produzida, *Retribuição* (Gentil Roiz, 1924), foi influenciada pelos filmes de aventura da Universal. Mas a valiosa crítica de um jornalista, que condenava a ascendência hollywoodiana e defendia a utilização de temas locais, levou à realização de *Jurando Vingar*, cuja ambientação era num engenho de açúcar, e *Aitaré da Praia*, que tematizava a vida dos jangadeiros.

Na sua conclusão sobre a importância desse surto regional, Alex Viany afirma: "Mas valera a experiência, mostrando que brasileiros, sem recursos técnicos e financeiros, sabem fazer cinema. E ficou *Aitaré da praia*, para todos os que o viram, como uma grande afirmação de cinema genuinamente nacional" (p. 82).

A "brasilidade", para ser expressa, não necessita de grandes investimentos técnicos ou financeiros. Aliás, a pobreza e o improviso são até valorizados, conforme se pode notar na reprodução de um depoimento de Humberto Mauro, no último subcapítulo.

---

23. As aventuras de Eugênio Centenaro Kerrigan ou Eugênio Cendler Warren Kerrigan ou ainda Conde Eugênio Maria Piglione Rossiglione de Farnet chamaram a atenção da historiografia clássica. Ver Paulo Emílio Salles Gomes, "Evocação Campineira", *Crítica de Cinema no Suplemento Literário*, vol. I, p. 46. Pesquisas mais recentes indicam que o nome verdadeiro desse pioneiro era Eugênio Centenaro e sua nacionalidade italiana. Ver Carlos Roberto de Souza, *O Cinema em Campinas nos Anos 20 ou uma Hollywood Brasileira*, São Paulo, dissertação de mestrado apresentada à ECA-USP, 1979, pp. 70-71.

À míngua de recursos e conforto, meu entusiasmo havia adotado desde logo o imperativo nacional: quem não tem cão, caça com gato. Sem atores, montagens, maquilagem etc., toda a família representava, e se filmava o homem da cidade e do campo em seus misteres habituais. A natureza era surpreendida, e dava-se tratos à bola para suprir com expedientes os meios mecânicos: confeccionei relâmpagos e tempestades usando a luz solar, um pano preto e um regador (p. 87).

A existência de "recursos técnicos e financeiros" não era garantia de "brasilidade", pois, segundo Viany, *Sofrer para Gozar* custou uma "fortuna" e contentava-se em imitar os faroestes. Mas atenção, a falta de recursos financeiros e meios técnicos não quer dizer que os filmes sejam ruins esteticamente. Viany reproduz elogios a *João da Mata* e *Brasa Dormida* feitos por nomes de destaque como Oduvaldo Viana e Octavio de Faria na época do lançamento dessas fitas.

A questão da "brasilidade" ganha amplitude a partir da análise da obra de Humberto Mauro. Primeiramente, devido à afirmação de que Mauro entendia o ritmo do filme brasileiro como diferente do americano, o brasileiro seria mais lento, isso retirava a discussão sobre "brasilidade" do campo temático e levava-a para o estético. Outra afirmação encontrada apenas em relação ao diretor mineiro trata da sua "consciência" sobre a importância da "brasilidade", não ficando claro se os outros veteranos do período silencioso teriam ou não tal "consciência", diferente da "consciência cinematográfica". Essa é relativa aos interesses dos que militavam no meio cinematográfico, enquanto aquela destaca a importância da "brasilidade" nos filmes. Essas duas "consciências" não são excludentes, podendo se complementar.

É de se registrar que a palavra "consciência" foi amplamente empregada no Brasil dos anos de 1950 pelos mais diferentes intelectuais, especialmente por aqueles ligados ao ISEB (Instituto Superior de Estudos Brasileiros) tais como Alberto Guerreiro Ramos e Álvaro Vieira Pinto[24]. Não me parece que Alex Viany se inspirou nesses autores, até porque

---

24. Caio Navarro de Toledo, *ISEB: Fábrica de Ideologias*, 2ª ed., São Paulo, Ática, 1978, pp. 34-39.

seu referencial teórico mais forte foi Nélson Werneck Sodré, que não utilizou em demasia aquela palavra.

***

Nos quatro subcapítulos os fracassos das experiências são atribuídos ao problema da distribuição.

Almeida Fleming, apesar de a família possuir uma cadeia de cinemas pelo interior de Minas Gerais, não recuperava o capital empatado. Ou as distribuidoras não prestavam contas ou ele nem conseguia distribuir seus filmes, sendo a cadeia da família insuficiente para o retorno financeiro.

Quanto ao surto de Campinas, Alex Viany, apesar dos poucos dados sobre o assunto fornecidos por Alfredo Roberto Alves, não hesita em afirmar: "E aí parou, repentinamente, a produção campineira, com certeza em razão das dificuldades de distribuição" (p. 70).

O surto de Recife também teve problemas com a distribuição, apesar da boa aceitação local que, mais uma vez, foi insuficiente para o retorno financeiro.

Uma citação de Humberto Mauro exprime com clareza a questão:

> Confiávamos no nacionalismo e na tolerância das platéias, o que até hoje não me desiludiu. Em breve, porém, comerciantes e técnico [respectivamente Homero Côrtes, Agenor Côrtes de Barros e Humberto Mauro], verificamos o ledo engano: o filme nacional, sob todos os pretextos, encontrava uma resistência compacta e invencível entre os distribuidores, amarrados que estavam ao monopólio estrangeiro, que avassalava com os seus produtos o mercado brasileiro, de ponta a ponta (pp. 86-87).

A maior dificuldade para a difusão do produto nacional é a ocupação do mercado pelo filme estrangeiro, que controla a distribuição. Quanto à exibição parece não haver problemas, a prova maior era o surto pernambucano, no qual o dono do cinema Royal esmerava-se para passar os filmes locais. Uma vez resolvido o problema da distribuição, os exibidores tenderiam a aceitar o produto nacional.

Tendo como ponto de partida os vetores essenciais para o livro – o estabelecimento do cânone artístico e a demonstração dos entraves para a industrialização –, pode-se começar a perceber as opções de Alex Viany.

Em relação ao cânone artístico a característica básica é a presença da "brasilidade", marcada pela ambientação no interior brasileiro ou pela tematização das coisas típicas do país – a vida dos jangadeiros, por exemplo. A adaptação de obras literárias também pode conferir "brasilidade" ao filme. *Barro Humano* e *Limite* fazem parte do cânone, mas assim como na série "O Cinema Brasileiro por Dentro" continuamos sem saber os motivos, já que ambos não se enquadram nas características gerais enunciadas e nem há maiores explicações da parte do historiador. Além disso, um filme como *O Crime de Paula Matos*, precursor do realismo, também integra o cânone.

Já no campo econômico, o autor narra as primeiras experiências industriais, mas, diante da sua exigüidade, parte para o estudo dos fatores que impediram a industrialização efetiva. O principal é a ocupação do mercado pelo produto norte-americano, que estrangularia a produção brasileira ao controlar a distribuição.

No Princípio Era o Verbo (Que Atrapalhava)

O recorte do segundo capítulo da *Introdução ao Cinema Brasileiro*, "No Princípio Era o Verbo (Que Atrapalhava)", vai das primeiras experiências sonoras da produção nacional até o aparecimento da Atlântida. As epígrafes, de autoria de Noel Rosa e Afrânio Peixoto, são ambas referentes ao surgimento do cinema sonoro.

Ao contrário de Georges Sadoul e vários historiadores estrangeiros que, segundo Michèle Lagny, muito se utilizam dos recortes da história socioeconômica[25], Alex Viany fica circunscrito a acontecimentos do cinema brasileiro, principalmente relativos à produção. Sadoul, por exemplo, na sua *História do Cinema Mundial*, utiliza a Segunda Guerra como referência nos capítulos "O Cinema Pós-hitleriano", "Os Cinemas Anglo-saxões durante as Hostilidades" e "O Após-

---

25. Michèle Lagny, *op. cit.*, p. 106.

guerra na Europa e nos Estados Unidos". É difícil determinar quais razões levaram um marxista como Viany a não recorrer a recortes da história socioeconômica, mas certamente o estágio extremamente atrasado dos estudos cinematográficos entre nós tornava difícil estabelecer relações minimamente razoáveis com a história política ou econômica.

As fontes citadas desse segundo capítulo são: *O Fan*, a *Historia del Cine* de Carlos Fernández Cuenca, *O Romance do Gato Preto* de Carlos Ortiz, informações repassadas por Jurandyr Noronha, um artigo de Pinheiro de Lemos publicado em *Cultura Política* – revista do DIP – e um artigo publicado por Alinor Azevedo em *Para Todos*.

O subcapítulo "Onde o Rapazinho Leva um Tombo" ironiza de forma tênue as imprecações do Chaplin Club contra o cinema falado. A fim de demonstrar os exageros da agremiação, afirma-se que em 1930 foram lançados vários filmes sonoros esteticamente de valor, tais como *Aleluia* (King Vidor, 1929), *Sob os Tetos de Paris* (René Clair, 1930) e *O Anjo Azul* (Josef von Sternberg, 1930), entre outros. Para Alex Viany, o principal problema da vitória do som não era a conspurcação da arte cinematográfica, mas as implicações trazidas para a produção nacional.

> No cinema silencioso, tendo de lutar contra dificuldades técnicas e artísticas de toda natureza, e enfrentando ainda uma falta quase completa de distribuição para seus filmes, alguns abnegados, não contando com o fator língua – que, no cinema falado, daria uma vantagem inicial a qualquer filme brasileiro – haviam, como vimos, conseguido estabelecer um alto nível artístico, capaz de superar as próprias deficiências materiais.
>
> Justamente quando esse nível fôra alcançado, veio o cinema falado, transformando da noite para o dia todo o panorama da arte-indústria-técnica-comércio (p. 98).

É como se o cinema brasileiro corresse atrás de um ideal estético e quando finalmente o atingisse ele não servisse mais. Está presente no raciocínio de Viany, de forma embrionária, a falta de determinação sobre a própria história a que estariam submetidas as sociedades subdesenvolvidas.

O cinema sonoro exigia tecnologia sofisticada e investimentos financeiros que, devido à pobreza da produção nacional, eram de difícil acesso. E aqui, conforme se pode observar, a decantada "caçada com gato" não foi nada eficiente. O início da produção sonora brasileira é marcada pelo curta-metragem *O Bem-te-vi* (Victor del Picchia, 1927) e pelos longas *Enquanto São Paulo Dorme*, que continha algumas cenas sonorizadas, e *Acabaram-se os Otários*, este totalmente sonorizado. O primeiro "filmusical" brasileiro foi *Coisas Nossas*, que possuía certa qualidade técnica para a época.

> Mas o que dá ao filme uma importância toda especial é o samba-título, talvez o primeiro do gênero no país. Quem o compôs foi Noel Rosa, num de seus momentos de maior espontaneidade e carioquice, traçando um verdadeiro programa temático para um futuro cinema popular-brasileiro (p. 99).

Segundo Sérgio Augusto, a música não fazia parte do filme, na realidade foi Noel Rosa quem se inspirou na fita para compor *São Coisas Nossas*[26]. Não acredito que Alex Viany torceu os fatos objetivando embasar sua ideologia nacional-popular, mas certamente a pouca disposição para aprofundar a pesquisa deve-se à adequação entre os fatos alinhavados pelo historiador e a ideologia que o mesmo professava.

Apesar de no período silencioso haver indícios do "popular-brasileiro", em filmes como *João da Mata* e *Aitaré da Praia* ou na obra de Mauro, é com o advento do som que se torna possível uma linhagem histórica efetiva, e isso porque Alex Viany atribui papel essencial à música. O destaque dado ao samba tem a pretensão de transmitir ao cinema o significado popular desse gênero, por isso o samba dá as coordenadas temáticas para a produção nacional.

No caso da música de Noel Rosa, que tem seus versos reproduzidos pelo historiador, há referências à cultura popular ("pandeiro", "samba" e "violão") e aos tipos populares urbanos ("malandro", "jornaleiro" e "motorneiro"). Na perspectiva de Alex Viany, essas temáticas seriam retomadas perfazendo uma linhagem e de certa forma um cânone artístico. "O rumo indicado pelo poeta de Vila Isabel seria

---

26. Sérgio Augusto, *Esse Mundo é um Pandeiro*, São Paulo, Companhia das Letras/Cinemateca Brasileira, 1989, p. 87.

seguido, consciente ou inconscientemente, em filmes tão diferentes entre si como *Alô, Alô, Carnaval!*, *João Ninguém*, *Moleque Tião*, *Tudo Azul*, *Agulha no Palheiro* e *Rio, 40 Graus*" (p. 100).

Homologamente, Georges Sadoul trabalha com o princípio de uma linhagem estética que uniria a história do cinema francês[27]. No caso, o naturalismo que surgiria em Lumière (*L'arrivée du train en Gare*, 1895), passando por Zecca (*Les victimes de l'alcoolisme*, 1902) e Marcel Carné (*Le jour se lève*, 1939*)*, até René Clément (*La bataille du rail*, 1946).

***

No subcapítulo "Dois Diletantes na Indústria: Gonzaga e Santos" retoma-se a questão da industrialização. Alex Viany afirma que os estúdios da Brasil Vita Filmes, de Carmen Santos, e da Cinédia, de Adhemar Gonzaga, foram os melhores do país até o surgimento da Vera Cruz.

O título desse subcapítulo é curioso, pois dá a entender a existência efetiva da indústria cinematográfica na qual os dois "diletantes" entrariam. Entretanto, a produção de longas ficcionais era pequena e marcadamente artesanal.

É de se notar que não existe conflito entre a industrialização – representada pelos estúdios – e a questão "popular-brasileira". O fato de a Cinédia possuir estúdio e equipamentos modernos não a impede de produzir *Alô, Alô, Carnaval*, considerado por Viany na linhagem de *Coisas Nossas*. A Brasil Vita Filmes, que também possuía estúdio, tem destaque maior ainda, pois produziu *Favela dos Meus Amores*, de Humberto Mauro, "um marco importantíssimo, não só por constituir a coisa mais séria dos primeiros anos do período sonoro, mas também por seu sentido popular, que apontava um rumo verdadeiro a nossos homens de cinema" (p. 108).

Além da distribuição, que o autor sempre relembra como entrave principal ao desenvolvimento do cinema nacional, um segundo problema é a falta de cuidado com que são pro-

---

27. Georges Sadoul, *op. cit.*, p. 159.

duzidos vários filmes do período, em especial os "filmusicais".

O "gênero", sempre apressado e desleixado, faria a fortuna do ianque Wallace Downey, em sua Waldow e depois na Sonofilmes, bem como, mais tarde, garantiria a permanência da Atlântida e faria, em Oscarito e Grande Otelo, os primeiros nomes por si só capazes de atrair o público aos cinemas.
A esse aspecto positivo, de habituar o povo brasileiro a ver filmes brasileiros, de popularizar nomes como fatores de bilheteria, já há uns quinze anos o cronista Pinheiro de Lemos opunha um argumento muito bem pesado e pensado, e até hoje válido: "O caso é que se gerou, talvez no cérebro de algum produtor convencido de sua própria esperteza, a idéia de que no Brasil só poderiam fazer sucesso os filmes vulgares, chulos e idiotas. De acordo com essa opinião, o público do Brasil fugiria como da peste dos filmes bem feitos, sem tolices e com intenções mais elevadas, por sua incapacidade intelectual e afetiva de compreendê-los e apreciá-los. Só o que fosse primário, errado e idiota conseguiria a adesão do público" (pp. 106-107).

O que torna contraditória a citação acima é o fato de Wallace Downey ser produtor e diretor do elogiado *Coisas Nossas*. O nacionalismo exacerbado de Alex Viany leva à necessidade de os problemas quase sempre virem de fora, trazidos para o país por estrangeiros, como uma contaminação. Mesmo a quarentena, a "ambientação", às vezes não surte efeito. Imagine-se então a temeridade de entregar a direção dos filmes *Pureza* (1940) e *Vinte Quatro Horas de Sonho* (1941), ambos produzidos pela Cinédia, a um estrangeiro "não ambientado" como o português Chianca de Garcia.

***

Em "Onde o Rapazinho Enfrenta Crise após Crise", o historiador narra as dificuldades da produção nas décadas de 1930 e 1940. Lista vários filmes e empresas, dando maior relevo para alguns casos.

Fundou-se então a Cia. Cinematográfica Americana, que construiu excelentes estúdios, comprou máquinas, e levou anos a fazer seu primeiro e único filme: *A Eterna Esperança*, título sem dúvida irônico. Apesar do fracasso da empreitada, vale ressaltar que *A Eterna Esperança* tinha como tema a seca do Nordeste (pp. 116-117).

Além de obras como *O Descobrimento do Brasil* (Humberto Mauro, 1937) e *Grito da Mocidade*, Viany destaca também a Sonofilmes, empresa de Alberto Byinton Jr. e Wallace Downey, que realizou várias chanchadas e adaptações de comédias teatrais.

> No entanto, sua [da Sonofilmes] maior contribuição ao cinema brasileiro foi uma comédia dramática não-carnavalesca e escrita especialmente para a tela por João de Barro, e com roteiro de Rui Costa. Dirigida e interpretada por Mesquitinha, e demonstrando uma inegável influência chapliniana, *João Ninguém*, além de apresentar uma seqüência colorida, tentava conscientemente captar um tipo carioca, o compositor popular irreconhecido, e outros aspectos da vida no Rio de Janeiro (p. 117).

A Atlântida, fundada num momento desanimador da produção, é o centro do subcapítulo.

> No ano seguinte [1941], pretendendo remediar a situação, um grupo de entusiastas fundava a Atlântida, lançando um manifesto (redigido por Arnaldo de Farias e Alinor Azevedo) em que se destacava seu propósito de contribuir para o desenvolvimento industrial do cinema brasileiro (p. 119).

O primeiro dado positivo da empresa é o seu interesse na industrialização do cinema nacional. Mas Alex Viany atribui também a Alinor Azevedo a idéia de seguir o caminho de *João Ninguém* (Mesquitinha, 1937), aproveitando para tanto a vida de Grande Otelo. O resultado foi o roteiro de um filme "bem brasileiro", que devido a isso foi recebido com entusiasmo pelo público. Tratava-se de *Moleque Tião*, dirigido por José Carlos Burle e estrelado pelo próprio Grande Otelo. Uma evolução importante entre a série "O Cinema Brasileiro por Dentro" e o livro é que na primeira os filmes urbanos, como *Moleque Tião*, nunca eram identificados com a "brasilidade"; já no livro isso não ocorre, pois Viany deixa de ver o campo como o único repositório das tradições brasileiras.

O elogio a várias produções da Atlântida é decorrente de características ligadas ao "nacional-brasileiro": a adaptação de obras da literatura brasileira – autores como Galeão Coutinho ou Jorge Amado –, a tematização de questões sociais relevantes – por exemplo, a socialização da medicina ou o

Grande Otelo em *Moleque Tião*.

problema racial – e a presença do elemento popular e da sua cultura. Aí tem papel essencial a dupla Oscarito e Grande Otelo, que, para Alex Viany, representavam o comportamento do malandro carioca, embora de forma bastante estilizada.

Porém, em 1947, com a entrada de Luiz Severiano Ribeiro, já naquele momento dono da distribuidora UCB e de um grande circuito de salas de exibição no país, as coisas complicam-se e a produtora dedica-se cada vez menos a um cinema com "brasilidade". Mesmo a verticalização, segundo Viany, não trouxe grandes dividendos: "Inexplicavelmente, a Atlântida, mesmo depois de ter plenamente garantidas a distribuição e a exibição de seus filmes, por intermédio da máquina de Severiano Ribeiro, nunca chegou a ter estúdios dignos desse nome" (p. 122).

A Atlântida diferia da Brasil Vita Filmes e da Cinédia, respectivamente dos "diletantes" Carmen Santos e Adhemar Gonzaga, pela continuidade maior e mais consistente da "brasilidade" dos filmes. Isso até a entrada em cena de Luiz Severiano Ribeiro. Pode-se ainda notar que a preferência pela Atlântida, em Alex Viany, deve-se ao fato dela ter sido criada por um grupo de pessoas – tais como Alinor Azevedo, Moacyr Fenelon[28], Arnaldo de Farias, José Carlos Burle, Edgar Brasil e Nélson Schultz –, enquanto as outras duas produtoras resultavam de esforços individuais.

Ao destacar a Atlântida pré-Luiz Severiano Ribeiro ante a Cinédia e a Brasil Vita Filmes, apesar de a primeira empresa nunca ter possuído estúdios "dignos", configura-se na hierarquia do historiador a preponderância dos valores artísticos decorrentes do "nacional-brasileiro" sobre os valores econômicos ligados à industrialização – subsumida nos estúdios. Ou melhor, a realização de filmes "nacionais-brasileiros" também se rebatia no campo econômico, pois eles eram muito bem recebidos pelo público, conforme o exemplo de *Moleque Tião*. Nessa altura do livro, o estúdio passa a ser discretamente problematizado como elemento fundamental para a industrialização do cinema brasileiro.

---

28. A *Introdução ao Cinema Brasileiro* é "muito especialmente" dedicada a Moacyr Fenelon, falecido em 1953.

A narração sobre essa "fase amarga" termina no louvor ao esforço do cineasta Nélson Schultz, que com muito sacrifício conseguira dirigir um filme intitulado *Sempre Resta uma Esperança* (1947).

Viagem (com Escalas) à Terra de Vera Cruz

O último capítulo, "Viagem (com Escalas) à Terra de Vera Cruz", abre-se com epígrafes do crítico teatral Décio de Almeida Prado e do crítico literário Álvaro Lins. A primeira referente à premência de uma base econômica segura para o cinema nacional, a segunda destaca a necessidade de realizar as coisas sem a necessidade de perfeição.

O capítulo vai do aparecimento da Vera Cruz até os filmes do final dos anos de 1950. As fontes mencionadas são artigos de Pedro Lima (*O Jornal* e *O Cruzeiro*), Carlos de Oliveira (*Manchete*), Alinor Azevedo (*Para Todos*), Renato Bittencourt (*O Mundo Ilustrado*), Vinicius de Moraes (*A Cigarra*), Bráulio Pedroso (*Fundamentos*), Salvyano Cavalcanti de Paiva (*Manchete*), Lima Barreto (*O Estado de S. Paulo*) e uma reportagem sem autoria publicada na edição paulista do *Última Hora*. Temos ainda os livros *Filme e Realidade* e *O Cinema: Sua Arte, Sua Técnica, Sua Economia*, respectivamente de Alberto Cavalcanti e Georges Sadoul. Por fim, serve como base ao último subcapítulo a pesquisa de Cavalheiro Lima, *Problemas da Economia Cinematográfica*.

O subcapítulo "A Visita do Filho Pródigo" é praticamente todo dedicado à Vera Cruz e, de forma colateral, às outras companhias que surgiram em São Paulo no seu rastro: Maristela, Multifilmes e Kino Filmes. A argumentação de Alex Viany sobre a Vera Cruz é praticamente a mesma da série "O Cinema Brasileiro por Dentro", centrando os ataques na figura de Franco Zampari. "Ao invadir o campo cinematográfico, porém, Zampari – como se constatou logo após, e como hoje é notório – agiu muito mais como diletante, como uma espécie de ditatorial Mecenas, do que mesmo como industrial" (p. 129).

Na violenta palavra "invadir" estão implícitas duas questões. A primeira, mais clara, é o fato – lembrado no parágrafo

219

que abre o subcapítulo – de Franco Zampari ser italiano, ou seja, um estrangeiro. Vimos a manifesta desconfiança do autor em relação aos estrangeiros, que para poder fazer cinema no Brasil deveriam estar "ambientados" – conceito este nunca definido com clareza. A segunda questão, menos óbvia, é uma espécie de corporativismo, pelo qual figuras estranhas à produção cinematográfica brasileira são alvo de desconfiança – e isso inclui exibidores e distribuidores. No caso, o tratamento de "invasor", dado a Franco Zampari, deve-se a sua falta de ligação anterior com a atividade cinematográfica. Ora, para o historiador o "invasor", por não compreender o Brasil e o cinema feito aqui, porta-se como "diletante", categoria historicamente justificada na época de Carmen Santos e Adhemar Gonzaga, mas que depois estaria totalmente superada e prejudicaria a "consolidação industrial".

A postura de "diletante" levou Franco Zampari a: não estudar o mercado interno, não ouvir os veteranos do cinema nacional, não estabelecer um programa de produção compatível com o mercado, não organizar uma distribuidora única de filmes brasileiros, não abrir casas de exibição, contratar pessoal despreparado para o cinema – de forma geral estrangeiros "desambientados", pois os estrangeiros preparados foram contratados por Alberto Cavalcanti – e, principalmente, preferir histórias "cosmopolitas" àquelas com "brasilidade". Enfim, Zampari não se enquadrava como "industrial", na acepção dada por Alex Viany a essa categoria, que estaria mais ligada à postura da Atlântida dos primeiros anos.

Os ataques a Zampari são atenuados pelo reconhecimento de que a Vera Cruz possuía os melhores estúdios até então construídos no Brasil, e, apesar das restrições apontadas no capítulo "No Princípio Era o Verbo (Que Atrapalhava)", para Alex Viany o estúdio permanece como a cristalização do processo industrial cinematográfico.

Do lado positivo, deve-se ressaltar, houve uma sensível melhora no nível técnico e artístico de nossos filmes depois do aparecimento dos estúdios de São Bernardo. Além disso, com todas as suas falhas de estrutura, programa e administração, não há dúvida de que, num sentido histórico, a Vera Cruz precipitou a industrialização do cinema no Brasil (p. 131).

De resto, Alex Viany explica a industrialização do cinema como decorrente do desenvolvimento industrial do Brasil. E critica aquele processo de industrialização devido à desconsideração com o passado do cinema nacional, pois os veteranos teriam ensinamentos a transmitir. Querendo demonstrar a importância deles é que o historiador apropria-se dos textos de Pedro Lima.

Já uma das epígrafes do subcapítulo é de autoria do antigo cronista, na qual antevê que o fracasso da Vera Cruz poderia lançar o descrédito permanente sobre o cinema nacional. O "arguto" Pedro Lima também criticou a companhia paulista por não pensar no mercado – produzindo filmes com custo muito elevado – e defendeu maiores oportunidades para os profissionais brasileiros – preteridos por estrangeiros menos qualificados. Finalmente, Pedro Lima postulava a produção de filmes autenticamente nacionais.

A apropriação das idéias de Pedro Lima tem importante papel simbólico. O decano da crítica – que desde os anos de 1920 acompanhava a produção brasileira – demonstrava, no esquema histórico montado por Viany, ser possível enfrentar os problemas do presente a partir do conhecimento do passado. Ora, para se conhecer o passado torna-se necessária a elaboração da história, daí surgiriam as suas "lições". A Vera Cruz, personificada em Franco Zampari, não deu importância ao passado e à história do cinema brasileiro, por isso não conseguiu enfrentar as questões cruciais.

É a preocupação em demonstrar a urgência da elaboração de uma narrativa histórica sobre o cinema brasileiro que leva Alex Viany a citar um longo depoimento de Vinicius de Moraes, do qual transcrevo o seguinte trecho:

> O cinema nacional, a meu ver, não nasceu com Cavalcanti, Lima Barreto ou quem quer que seja. Ele teve sua evolução normal, retrógrada sob muitos aspectos, mas definitivamente orgânica. [...] Por isso, conclui o poeta, me parece que o surto cinematográfico nacional, embora tardio, não chega atrasado, do ponto de vista brasileiro. Melhor assim do que apresentando contrafações, descaracterizações, valores neutros (p. 137).

221

Para perceber o fio dessa "evolução orgânica"[29] e evitar as "contrafações", a história torna-se necessária. Ao longo do livro, a "brasilidade" – também entendida como "nacional-brasileiro", "nacional-popular", "tipicamente brasileiro" ou "legitimamente brasileiro" – é apontada como sendo esse fio, daí toda importância na constituição do cânone artístico. Mesmo a questão industrial, encarnada no estúdio, não possui dimensão tão grande.

A prova, para o historiador, da importância da "brasilidade", está no fato de que os dois maiores sucessos de bilheteria da Vera Cruz, *O Cangaceiro* e *Sinhá Moça*, são justamente os seus filmes mais brasileiros. O primeiro deles ia mais longe, pois, além da temática, possuía um ritmo cinematográfico nacional, como preconizara Humberto Mauro.

Em relação a Alberto Cavalcanti, Alex Viany é mais brando nos ataques, quando comparados aos dirigidos contra Franco Zampari. O diretor de fama internacional contratou vários técnicos estrangeiros de valor, não podia ser responsabilizado pelos grandes orçamentos e nem pela falta de "brasilidade" em *Caiçara*, *Terra é Sempre Terra* (Tom Payne, 1951) e *Ângela* (Tom Payne e Abílio Pereira de Almeida, 1951). Mas ao realizar *O Canto do Mar*, já fora da Vera Cruz, repetiu o erro de *Caiçara* ao incorrer no "exotismo" no tratamento dispensado ao folclore. Quanto a *Mulher de Verdade*, é uma comédia "inqualificável". Sobra *Simão, o Caolho*, tolerado pelo crítico por ser "mais brasileiro".

***

No último subcapítulo do livro, "Onde se Contam Tropeços e se Dá uma Receita", Alex Viany indica os opositores da Vera Cruz.

---

29. Nélson Werneck Sodré utiliza a imagem de "fio da história" para o nacionalismo. Alex Viany no livro não o faz, mas é possível identificar o mesmo sentido nas entrelinhas. Ver Nélson Werneck Sodré, *Raízes Históricas do Nacionalismo Brasileiro*, 2ª ed., Rio de Janeiro, Instituto Superior de Estudos Brasileiros, 1960, p. 11.

Quando já se delineava a crise da Vera Cruz, e quando mais agudamente eram sentidos os crescentes problemas do cinema brasileiro, um grupo de profissionais dos estúdios e laboratórios, juntamente com críticos e estudiosos, reuniu-se no Rio de Janeiro, sob a incansável direção de Moacir Fenelon, no I Congresso Nacional do Cinema Brasileiro (p. 149).

Esse congresso foi promovido basicamente por aqueles identificados pelo autor como "descrentes" na Vera Cruz desde o seu aparecimento. Os "descrentes", conhecendo os problemas do cinema nacional, identificaram logo os erros da companhia.

O principal representante do grupo é Moacyr Fenelon, que se iniciou no cinema como técnico de som em *Coisas Nossas*, foi um dos fundadores da Atlântida, dirigiu vários filmes e, na época do mencionado congresso, era presidente do Sindicato Nacional da Indústria Cinematográfica. Exemplo de dedicação nas lutas em prol do cinema brasileiro, Fenelon na sua trajetória parece encarnar o "nacional-popular", tendo inclusive dirigido *Tudo Azul*, obra bastante destacada na *Introdução ao Cinema Brasileiro*.

Alex Viany destaca os dois Congressos Nacionais do Cinema Brasileiro devido às suas resoluções, que influenciaram não apenas os estudos sobre os problemas da produção mas ainda a elaboração da legislação que estava tramitando no Congresso Nacional.

Dentre as resoluções citadas na *Introdução ao Cinema Brasileiro* vale destacar a que definia o filme brasileiro: capital 100% nacional, feito em estúdios e laboratórios nacionais, o roteiro e a direção a cargo de brasileiros ou estrangeiros aqui radicados, no elenco os papéis centrais desempenhados por brasileiros e a formação da equipe deveria obedecer a lei dos 2/3. A preocupação com o acesso do profissional brasileiro às equipes de filmagem tinha duplo objetivo: garantir emprego ao profissional brasileiro ou estrangeiro aqui estabelecido e garantir a "brasilidade" do filme, pois era necessário que o estrangeiro estivesse "ambientado" para entender o país e sua cultura. Porém, mesmo um brasileiro, por ser "desnacionalizado", poderia realizar um filme sem "brasilidade".

Mas o problema central não era o profissional estrangeiro e sim a atuação de grupos econômicos estrangeiros. Volte-se, portanto, à distribuição.

> A raiz de todos os males, em qualquer estudo honesto, é encontrada na crescente penetração dos monopólios estrangeiros, direta ou indiretamente, na estrutura do movimento cinematográfico no Brasil.
> O campo da distribuição, como é sabido, vem sendo há muitos anos dominado pelas agências dos monopólios estrangeiros, especialmente dos norte-americanos, intimamente ligados às forças que tentaram impedir a exploração estatal do petróleo em nosso país e formando um legítimo cartel na enganosa Associação Brasileira de Cinema (pp. 157-158).

É significativa a menção à "exploração estatal do petróleo", pois, além de criar ligação com aquela que foi das principais campanhas nacionalistas dos anos de 1950, revela o papel essencial do Estado nas propostas que possibilitariam a industrialização do cinema brasileiro levantadas por Viany.

A dominação do mercado pelo produto americano, que data dos anos de 1910, é o principal entrave ao desenvolvimento da produção no Brasil. Essa dominação, o autor demonstra, dava-se por meio de um *dumping*, no qual o mercado brasileiro estava abarrotado, muito além da sua capacidade, de filmes estrangeiros, especialmente americanos. Além disso, as distribuidoras instaladas no Brasil utilizavam-se de filmes nacionais com apelo de público como "cabeças de lote" para puxar filmes estrangeiros. Elas também não cumpriam a lei de remessa de lucros, remetendo pelo câmbio oficial muito mais do que o permitido. A atenção com os estrangeiros ainda deveria ser relativa às co-produções e às fitas que tivessem o Brasil como cenário. Os dois casos quase sempre resultavam em filmes desastrosos do ponto de vista cultural, havendo poucas exceções na visão do historiador.

Alex Viany esperava que o Geic (Grupo de Estudos da Indústria Cinematográfica) – ligado à Presidência da República e presidido pelo ministro da Educação e Cultura, Clóvis Salgado – propusesse leis organizando a atuação de produtoras, distribuidoras e profissionais estrangeiros no Brasil.

Também no campo da legislação, de fundamental importância era a obrigatoriedade de exibição do filme nacional, lei já existente e que deveria ser ampliada. Para Viany, esta era a principal via de acesso do produto brasileiro no mercado interno. A baixa qualidade média dos filmes não

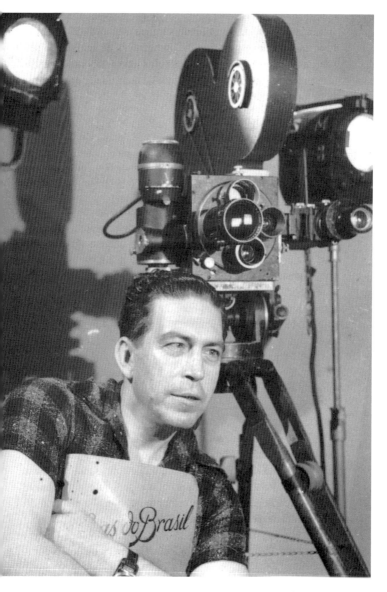

acyr Fenelon.

importava, pois da quantidade surgiria a qualidade. O autor reporta-se ao exemplo inglês, que através de legislação semelhante e também com filmes ruins havia superado a crise aumentando paulatinamente não só a quantidade como também a qualidade.

> Por outro lado, entretanto, a súbita e vertiginosa industrialização do Brasil cria para o cinema condições favoráveis que há bem poucos anos não existiam. Com o aumento da produção de filmes, por mais desordenada que seja, dentro em breve o cinema brasileiro estará, inevitável e firmemente, no caminho da *industrialização total* [grifo do autor] (p. 165).

Destaca-se no texto acima, apesar do mecanicismo pelo qual a industrialização geral do Brasil leva à industrialização do cinema, a referência mais explícita a processos nacionais que teriam nexos com o campo cinematográfico.

Apesar de vários pontos em comum – como a defesa da intervenção estatal fomentando a industrialização, do investimento estatal em setores econômicos básicos e do controle sobre o capital estrangeiro –, não se pode confundir a posição dos comunistas com a dos desenvolvimentistas nacionalistas, pois aqueles partiam de uma perspectiva revolucionária orientada pelo PCB. Tal perspectiva entendia que, para o Brasil chegar ao socialismo, era necessário primeiramente passar pela etapa capitalista, e isso implicava superar as relações "neocoloniais" que entravavam a industrialização do país[30].

Para um ideólogo de esquerda como Nélson Werneck Sodré, o processo de industrialização nacional – subsumido na siderúrgica de Volta Redonda e na Petrobrás, ou seja, duas empresas estatais – permitia ao país ingressar em uma nova fase marcada pelo desenvolvimento econômico, superando a fase caracterizada pelas "relações semifeudais" no campo e por uma economia baseada na exportação de matérias-primas e na importação de manufaturados[31]. O nacionalismo era com-

---

30. Sobre o pensamento econômico dos comunistas e suas semelhanças e diferenças com relação ao pensamento econômico dos desenvolvimentistas nacionalistas ver Ricardo Bielschowsky, *Pensamento Econômico Brasileiro*, 3ª ed., Rio de Janeiro, Contraponto, 1996, pp. 181-184.
31. Nélson Werneck Sodré, *op. cit.*, pp. 34-35.

ponente essencial da nova fase ao possibilitar a libertação do jugo imperialista, cujos interesses seriam contrários à independência econômica dos países dominados. Nas palavras de Nélson Werneck Sodré:

> [O Nacionalismo] É uma solução espontânea, e esta aparece como das suas limitações e traduz a dificuldade em assumir formas organizadas de luta política. Organizado, é invencível. O teor de paixão que o acompanha, sinal positivo de sua força e não sintoma de fraqueza, assinala a generalidade e a profundidade de seus efeitos: revela que o Nacionalismo é popular, o que não pode surpreender a ninguém, uma vez que só é nacional o que é popular[32].

A própria literatura, na visão de Nélson Werneck Sodré, só naquele momento possuiria condições de realizar-se em termos nacionais, devido à situação geral do país[33]. A cultura, assim como quaisquer manifestações sociais, para se tornar realmente independente necessitava do desenvolvimento econômico nacional, consubstanciado na industrialização.

O cinema, arte industrial por excelência, presta-se a um atrelamento muito maior a esse tipo de esquema. Cabe perguntar: então o que seria a "industrialização total" de Alex Viany? "Teremos fábrica de filme virgem, sim, como teremos estúdios e laboratórios maiores e melhores. Produziremos mais filmes ruins – e mais filmes bons. Da quantidade virá a qualidade, como em qualquer indústria" (p. 165).

Alex Viany aponta a chanchada, então o maior produto comercial do cinema brasileiro, como prova de suas afirmações, pois as qualidades técnicas e estéticas vinham melhorando em filmes como *De Vento em Popa* e *Absolutamente Certo*, que, entretanto, padeciam da falta de "brasilidade" quando comparados a outras fitas do gênero. Uma das maiores qualidades da *Introdução ao Cinema Brasileiro*, até hoje pouco reconhecida, foi tentar compreender a importância da chanchada, sem negar suas limitações ideológicas e estéticas.

---

32. Nélson Werneck Sodré, *op. cit.*, pp. 31-32.
33. Nélson Werneck Sodré, "Balanço e Perspectiva da Cultura Brasileira", *Para Todos*, vol. II, n. 30, Rio de Janeiro/São Paulo, 1ª quinzena ago. 1957.

Também em relação às preocupações com o "nacional-popular" é no filme musical carnavalesco que o autor aponta a continuidade das lições, particularmente em *Tudo Azul*. A fita, seguindo a linha de *Favela dos Meus Amores*, *João Ninguém* e *Moleque Tião*, abordava a vida do popular carioca. O próprio Viany considera-se filiado a essa tradição por ter realizado *Agulha no Palheiro*, que possuiria ainda uma preocupação "realística" derivada principalmente do neo-realismo italiano.

É sob a influência desse movimento que o crítico-historiador analisa dois filmes importantes: *Rio, 40 Graus* e *O Grande Momento*.

Sobre o filme de Nelson Pereira dos Santos, Alex Viany tece algumas considerações negativas em relação ao ritmo e à pretensão, mas o elogia por "colocar o tatibitate cineminha cá de casa num saudável caminho realista" (p. 167).

Já Roberto Santos teria sido mais feliz, pois em *O Grande Momento*, ao invés de imitar o neo-realismo, buscava feições brasileiras para as lições contidas naquele movimento, "aculturando" destarte os "postulados zavattinianos". *Rio, 40 Graus* apenas imitava tais lições, comprometendo parte de sua "brasilidade" e, no limite, o próprio sentido de realidade, pois essa não era a mesma aqui e na Itália.

Para analisar a produção mais contemporânea são formados dois pólos opostos:

> Sem dúvida alguma, o caminho dos nossos cineastas está indicado em obras tão diversas como *O Cangaceiro* e *João Ninguém*, *Sinhá Moça* e *Tudo Azul*, *Rebelião em Vila Rica* e *O Grande Momento*, *Cara de Fogo* e *Favela dos Meus Amores*. Não estará, certamente, em coisas como *A Outra Face do Homem*, *Ângela*, *Mulher de Verdade*, *Apassionata*, *Estranho Encontro*, *Fronteira do Inferno* ou *Ravina*, as três últimas, apaixonadas mas estéreis tentativas de transportar o estilo e o temperamento nórdicos de Ingmar Bergman para o Brasil (p. 170).

Ou seja, um desses pólos, o primeiro, representa o caminho a ser seguido, marcado, *grosso modo*, pelo viés "nacional-popular". O outro pólo é caracterizado por produções da Vera Cruz como *Ângela* ou *Apassionata*, pelo filme de um brasileiro "desambientado" como Alberto Cavalcanti e pelos filmes inspirados em Bergman.

ulo Goulart e Gianfrancesco Guarnieri em *O Grande Momento*.

As características do pólo "nacional-popular", que indicava o caminho a ser trilhado a partir de então pelo cinema brasileiro, eram: *1.* A militância em defesa da produção nacional e contra o domínio americano no mercado interno seguindo as diretrizes dos congressos de cinema. *2.* O compromisso com as experiências que compõem o cânone artístico, sintomaticamente Viany refere-se a *João Ninguém* e *Favela dos Meus Amores*, realizados na década de 1930. *3.* Maior preocupação com o conteúdo do filme, expresso no roteiro, do que com a forma. *4.* O conteúdo deveria mostrar o interior brasileiro como repositório das nossas tradições, momentos históricos importantes do país, inspirar-se na literatura nacional, abordar a cultura popular urbana ou problemas sociais. *5.* O pólo "nacional-popular" tenderia a desenvolver uma estética realista, "aculturando" o neo-realismo para o Brasil.

Como esse pólo está atento às "lições da história", teria capacidade de implementar a industrialização do cinema brasileiro, além de elevar o seu nível artístico e cultural.

A "Informação" da Introdução ao Cinema Brasileiro

Conforme mencionei anteriormente, a *Introdução ao Cinema Brasileiro* é formada por duas grandes partes, "História" e "Informação". A segunda parte subdivide-se em "Filmografia", "Cadastro", "Documentação", "Iconografia" e "Índices" – essa última compreendendo nomes de pessoas ou títulos de filmes citados na "História" e na "Iconografia" com a numeração da página respectiva.

Até o momento da publicação do livro, o principal trabalho de sistematização de dados sobre cinema brasileiro era desenvolvido por Caio Scheiby na Cinemateca Brasileira, cujo auxílio foi precioso para Alex Viany. Também os arquivos de Pery Ribas, Adhemar Gonzaga e Pedro Lima constituíram-se em fontes destacadas, aos quais Viany teve relativo acesso, mas cujo nível de sistematização era menor.

A "Filmografia" inicia a "Informação". Em nota introdutória, o autor explica: "Aqui vão relacionados em ordem alfabética, todos os filmes brasileiros que conseguimos descobrir, com os mais completos dados obtidos" (p. 177).

Observa-se que muito provavelmente existem falhas, principalmente relativas aos filmes mais antigos, e também as fichas técnicas são passíveis de erros. Indica-se um endereço, o do próprio Viany, para o qual interessados, estudiosos e produtores poderiam escrever dando informações. A "Filmografia" cobria dos primórdios do cinema brasileiro até os lançamentos no Rio de Janeiro em meados de 1959, além de algumas fitas prontas mas sem lançamento ou em produção.

Alex Viany anuncia que "todos" os filmes descobertos realizados no período citado estariam listados. Mas não é bem assim. A "Filmografia" concentra-se essencialmente no longa-metragem ficcional, incluindo até filmes inacabados como *A Mulher de Longe*, de Lúcio Cardoso, e *Aglaia*, de Ruy Santos. Também vários documentários de longa-metragem estão incluídos – por exemplo, *São Paulo em Festa* (Lima Barreto, 1954) ou *São Paulo, Sinfonia da Metrópole* –, o que poderia indicar um recorte implícito no qual o longa-metragem constitui-se na produção cinematográfica brasileira. Porém, para complicar as coisas, é mencionado, entre outros, o curta-metragem ficcional *O Madeireiro* (Milton Rodrigues, 1940). Também há verbetes relativos a gêneros, tais como *Filmes Cantantes* ou *Filmes Falantes*. Isso demonstra a dificuldade em determinar claramente um recorte para a "Filmografia", que, na intenção declarada de abarcar "todos" os filmes, acaba, na realidade, operando com exclusões não explicitadas – caso do documentário de curta-metragem.

Já o "Cadastro", elaborado a partir das informações contidas na "Filmografia", tem como proposta listar exclusivamente o pessoal envolvido com a produção cinematográfica no Brasil. Não fazem parte do recorte, portanto, pessoas envolvidas com distribuição e exibição. Além de evidenciar seus procedimentos, Viany aqui é mais coerente, não relacionando nem mesmo críticos ou personalidades ligadas ao movimento de cultura cinematográfica. A lógica interna emperra apenas na menção a escritores e dramaturgos que tiveram obras adaptadas para o cinema, sem nunca ter trabalhado no ramo, por exemplo, José de Alencar.

231

Apesar da maior coerência interna, é no "Cadastro" que há demonstrações claras de manipulação dos dados em pelo menos dois casos. O primeiro é no verbete referente ao próprio Alex Viany, o qual não menciona a sua participação em *Balança Mas Não Cai* como diretor de produção, pois, devido a problemas durante as filmagens, Viany preferia omitir o filme do seu currículo. O segundo caso é a ausência de Franco Zampari no "Cadastro", corroborando a idéia levantada anteriormente de que o tratamento de "invasor" dado a Zampari na "História" decorreria do fato de o empresário ser um estrangeiro não "ambientado" e da falta de ligações anteriores à Vera Cruz com a corporação cinematográfica nacional. Através de artifícios, o fato de o nome de Alex Viany não fazer parte da ficha técnica de *Balança Mas Não Cai* e nem o de Franco Zampari das fichas dos filmes da Vera Cruz constantes da "Filmografia", o historiador omite a sua participação num filme e, mais grave, consegue colocar o "invasor" Franco Zampari fora da corporação. Contraditoriamente, Viany por diversas vezes cita no "Cadastro" participações de profissionais que não constam da tal ficha técnica, mas cuja informação chegou ao autor de outra forma, caracterizando a exclusão total de Franco Zampari como ideológica.

Representativo da preocupação em não conspurcar o meio cinematográfico brasileiro são os verbetes sobre técnicos estrangeiros que trabalharam em alguma produção nacional: Leitão de Barros é "diretor do cinema português" e Aldo Tonti "diretor de cinegrafia do cinema italiano". Há um esforço em deixar claro a distância dessas pessoas em relação ao cinema brasileiro, apesar de já terem trabalhado aqui.

A "Documentação" reproduz as principais leis relativas ao cinema redigidas no país até aquele momento. Não se deve estranhar a presença de toda uma parte dedicada ao assunto, pois, no último subcapítulo da "História", a maioria das soluções aventadas para os problemas do cinema brasileiro decorrem de decisões governamentais. Significativamente, no texto introdutório à "Documentação", é mencionado o discurso por ocasião da instalação do Geic proferido por Cavalheiro Lima, autor de uma pesquisa datada de 1955 denominada *Cinema: Problema de Governo*.

TEREZA (CLÉO): Int. 55: *Rio, 40 graus.*
TERESA (MIRIAM): Int. 52: *Com ó diabo no corpo;* 53: *Três recrutas;* 55: *Golpe;* 56: *Colégio de brotos; Papai fanfarrão;* 58: *Êsse milhão é meu.*
TERRAS (DOMINGOS): Int. 53: *Sinhá Moça;* 54: *Candinho;* 57: *Barbeiro que se vira; Baronesa transviada; Rico ri à toa;* 58: *Grande vedete.*
TERSITANO (REINALDO): Int. 57: *Lei do sertão; Madrugada de sangue* (an.).
TESOURINHA: Cantor. 57: *Canjerê.*
THIRÉ (CARLOS): D. 50: *Quando a noite acaba* (cen.); 51: *Ângela* (int.); 53: *Nadando em dinheiro; Luz apagada* (tb. r.).
THOMAS (ÍRIS): Int. 29: *Escrava Isaura.*
THOMAS (OLIVETTE): Int. 29: *Veneno branco.*
TIBIRIÇÁ (ANTÔNIO): Pr. 20: *Jóia maldita* (tb. int.); 24: *Hei de vencer!* (tb. a.-int.); 26: *Vício e beleza* (tb. d.-a.); 28: *Crime da mala* (tb. d.); 34: *Honra e ciúmes* (tb. d.-a.-int.); 51: *Liana a pecadora* (tb. d.-a.-r.); 54: *Paixão tempestuosa* (tb. d.-a.-r.).
TIBIRIÇÁ (CIDA): Int. 35: *Fazendo fita.*
TIBÚRCIO (LÚCIA): Int. 18: *Garimpeiro.*
TIRIRICA: Int. 57: *Baronesa transviada; Rico ri à toa;* 58: *No mundo da lua.*
TITO (LUÍS): Int. 43: *Caminho do céu;* 44: *Corações sem pilôto;* 49: *Caçula do barulho; Iracema.*
TKACZENKO (KONSTANTIN): Cin. 53: *Luzes nas sombras* (câm.); 54: *Capricho de amor* (coord.); *Paixão tempestuosa* (s.); 55: *Armas da vingança;* 57: *Dioguinho* (tb. pr.-a.-r.); 58: *N. S. Aparecida, padroeira do Brasil.*
TKACZENKO (LUDMILA): Int. 57: *Dioguinho.*
TODARO (ALFREDO): Int. 53: *Cais do vício.*
TOFANI (SÉRGIO): As.d. 57: *Absolutamente certo;* 58: *Estranho encontro; Capanga; Ravina.*
TOJEIRO (GASTÃO): Teatrólogo. 39: *Simpático Jeremias* (p. teat.); 58: *Vou te contá* (p.teat.); *Minha sogra é da polícia* (p.teat.).
TOLEDO (BEATRIZ): Int. 52: *Beleza do diabo.*
TOLEDO (JOSÉ): Comp. 55: *Samba fantástico* (c.-int.); 56: *Genival é de morte* (d.m.).
TOMAZ (VÁLTER): As.pr. 53: *Cangaceiro.*
TOMAZONI (MANUEL): Pr. 55: *Agôsto 13, sexta-feira* (tb. cin.).
TONTI (ALDO): Cin. Diretor de cinegrafia do cinema italiano. No Brasil, em 51: *Comprador de fazendas.*
TONTOLI (CARLOS): Int. 57: *Fernão Dias.*
TORÁ (MARISA): Int. 30: *Lábios sem beijos.*

A "Iconografia" é constituída quase totalmente por reproduções de fotos de artistas ou filmes, ordenadas *grosso modo* numa cronologia que reúne primeiramente as relativas ao período silencioso e depois as relativas ao período sonoro. Uma exceção é a reprodução da capa do programa do I Congresso Nacional do Cinema Brasileiro, ocorrido em 1952, pois não apenas se trata de um evento – em vez de artista ou filme –, como ainda é a primeira reprodução da "Iconografia" – quebrando totalmente a cronologia. Esses dois fatores privilegiam o cartaz, destacando-o do conjunto. Existem ainda duas fotos que não são de filmes ou artistas, dispostas mais ou menos no meio da "Iconografia" e na mesma página, são dos estúdios da Cinédia e da Multifilmes, cuja legenda comenta o fechamento de ambos devido à crise da produção. A solução para a crise e o advento da "industrialização total" dependem de o governo acatar as sugestões dos congressos de cinema, isso já sabíamos pela "História", não é pois casual que as únicas fotos sem relação com filmes ou artistas enveredem nessa direção.

A maioria das reproduções está acompanhada por legendas explicando quem está na foto ou qual o filme em questão. As legendas às vezes alongam-se retomando colocações feitas no texto da "História", por exemplo, a respeito das fotos de *O Crime de Paula Matos* comenta que se trata de "neo-realismo criminal em 1913".

Uma das poucas quebras na cronologia silencioso/falado é de extremo interesse. Na mesma página estão dispostas as fotos de *Coração de Gaúcho* (Luiz de Barros, 1920), na parte superior, e *Paixão de Gaúcho* (Walter George Dürst, 1958), na parte inferior. A legenda comenta ser um exemplo de "permanência temática do mudo ao falado". Realiza-se assim a ligação entre o passado e o presente do cinema brasileiro, sendo importante mencionar que Walter George Dürst integrava o pólo de produção defendido por Alex Viany como herdeiro histórico da tradição "nacional-popular". Em outra página também estão dispostas conjuntamente duas fotos de filmes distantes entre si no tempo, tratam-se de duas versões de *A Escrava Isaura* (Antônio Marques Costa Filho, 1929 e Eurides Ramos, 1949), mas dessa vez não há menção a qualquer continuidade histórica, afinal Eurides Ramos não fazia parte do grupo ligado ao "nacional-popular".

Através desses comentários sobre as seções da "Informação" fica evidenciado o quanto a ideologia constitutiva do texto formador da "História" rebate-se na parte dita objetiva do livro. Como afirma Roger Chartier:

> Torna-se claro, antes de mais, que nenhum texto – mesmo aparentemente mais documental, mesmo o mais "objetivo" (por exemplo, um quadro estatístico traçado por uma administração) – mantém uma relação transparente com a realidade que apreende. O texto, literário ou documental, não pode nunca anular-se como texto, ou seja, como um sistema construído consoante categorias, esquemas de percepção e de apreciação, regras de funcionamento, que remetem para as suas próprias condições de produção[34].

No caso da "Informação", existe não apenas o modelo historiográfico proposto por Georges Sadoul servindo de base, como ainda características centrais apontadas anteriormente dos eixos industrial – estúdios e Estado – e artístico – o nacional-popular – retraduzidas.

A Recepção da Introdução ao Cinema Brasileiro

Segundo o meu levantamento, o livro de Alex Viany mereceu artigos analíticos de: José Sanz[35], José Lino Grünewald[36], Brito Broca[37], Glauber Rocha[38], Sérgio Ferraz[39],

---

34. Roger Chartier, *A História Cultural: Entre Práticas e Representações*, Lisboa, Difel, 1990, pp. 62-63.
35. José Sanz, "Introdução ao Cinema Brasileiro", *Jornal do Commercio*, Rio de Janeiro, 31 out. 1959.
36. José Lino Grünewald, "Livro e Censura – Chaplin e o Festival", *Jornal de Letras*, Rio de Janeiro, nov. 1959.
37. Brito Broca, "O Cinema Brasileiro e as Aventuras Modernistas", *Correio da Manhã*, Rio de Janeiro, 7 nov. 1959.
38. Glauber Rocha, "Introdução ao Cinema Brasileiro", *Jornal do Brasil*, Rio de Janeiro, 28 nov. 1959.
39. Sérgio Ferraz, "Introdução ao Cinema Brasileiro", *Leitura*, vol. XVIII, n. 30, Rio de Janeiro, dez. 1959.

B. J. Duarte[40], Humberto Didonet[41], Paulo Emílio Salles Gomes[42], Walter da Silveira[43], Joaquim Pedro de Andrade[44] e Elísio Valverde[45].

O ponto mais ressaltado nos textos é certamente o pioneirismo do trabalho. José Sanz, por exemplo, compara-o à parca literatura existente sobre cinema brasileiro:

> Dos livros dedicados ao nosso cinema, bastante incompletos, como é o caso de F. Silva Nobre, ou estreitos na análise, como o de Carlos Ortiz, nada podemos tirar de interessante, salvo a parte filmográfica, esta com enormes lacunas. Afora isso, Cavalcanti dedica-lhe um capítulo bastante superficial, aliás, no seu *Filme e Realidade* obra desequilibrada pelas lamentações de ordem íntima, mais próprias de um diário.
> A recente publicação, pelo Instituto Nacional do Livro, de *Introdução ao Cinema Brasileiro*, de Alex Viany, é a primeira contribuição realmente importante para um conhecimento ordenado de nosso cinema.

Paulo Emílio Salles Gomes vai mais longe do que José Sanz, dedicando todo um artigo ao estado "atrasadíssimo" das pesquisas, antes de comentar o livro de Viany[46]. Segundo Paulo Emílio, a "tomada de consciência" da existência da história do cinema brasileiro deve-se ao desenvolvimento industrial e cultural cinematográficos ocorridos a partir de 1950. Além de lembrar as contribuições de vários críticos e pesquisadores – Carlos Ortiz, Francisco Silva Nobre, Caio Scheiby, Al-

---

40. B. J. Duarte, "Introdução ao Cinema Brasileiro", *Folha de S. Paulo*, São Paulo, 3 jan. 1960; "Introdução ao Cinema Brasileiro", *Anhembi*, vol. XXXVII, n. 111, São Paulo, fev. 1960; "Ainda a *Introdução ao Cinema Brasileiro*", Anhembi, vol. XXXVIII, n. 112, São Paulo, mar. 1960.

41. Humberto Didonet, "Introdução ao Cinema Brasileiro", *O Dia*, Porto Alegre, 23 jan. 1960.

42. Paulo Emílio Salles Gomes, "Contribuição de Alex Viany", *op. cit.*, vol. II, pp. 145-149; "Decepção e Esperança", *op. cit.*, vol. II, pp. 150-155.

43. Walter da Silveira, "Um Homem de Cinema", *Leitura*, vol. XVIII, n. 32, Rio de Janeiro, fev. 1960.

44. Joaquim Pedro de Andrade, "Introdução ao Cinema Brasileiro", *Revista do Livro*, vol. V, n. 17, Rio de Janeiro, mar. 1960.

45. Elísio Valverde, "Introdução ao Cinema Brasileiro", *Revista de Cultura Cinematográfica*, vol. IV, n. 21, Belo Horizonte, maio 1961.

46. Paulo Emílio Salles Gomes, "Estudos Históricos", *op. cit.*, vol. II, pp. 139-144.

meida Salles, B. J. Duarte e Jurandyr Noronha, entre outros –, rememora eventos como a I e a II Retrospectivas do Cinema Brasileiro, em 1952 e 1954, anos que balizariam o período mais fecundo das pesquisas históricas, cujo desenvolvimento posterior não foi tão vigoroso.

Especificamente sobre a *Introdução ao Cinema Brasileiro*, Paulo Emílio publicou os textos "Contribuição de Alex Viany" e "Decepção e Esperança", o primeiro tratando da "Informação" e o segundo da "História".

Em "Contribuição de Alex Viany" o autor é entusiástico, principalmente no tocante à "Filmografia".

> Percebe-se que foi a esse apêndice que o autor dedicou mais cuidado, e o esforço foi plenamente recompensado. Com a *Filmografia* incluída em sua *Introdução ao Cinema Brasileiro*, Alex Viany tornou-se um benemérito do movimento de cultura cinematográfica no Brasil.

Com o objetivo de aprimorar a "Filmografia" são sugeridos: o acréscimo na ficha filmográfica da metragem do filme; a contribuição de Pery Ribas, Adhemar Gonzaga e Pedro Lima – figuras, conforme já indiquei, que efetivamente auxiliaram Alex Viany –; a necessidade de critérios mais definidos na elaboração da "Filmografia", pois alguns longas documentários estão relacionados e outros não; e, por fim, que os filmes deveriam ser indexados cronologicamente e não por ordem alfabética.

Mas é no comentário sobre o "Cadastro" que Paulo Emílio entra na mais importante discussão metodológica em torno do livro. B. J. Duarte, ao criticar a pesquisa de Viany no jornal *Folha de S. Paulo* e na revista *Anhembi*, dentre inúmeros ataques cobrava o fato de o "Cadastro" não relacionar críticos e estudiosos destacados como Moniz Vianna, Almeida Salles, Décio Vieira Otoni, entre outros, mas em compensação faziam parte do apêndice figuras que não teriam importância, tais como César de Alencar, Joãozinho da Goméia, o Ballet Pigalle etc. A posição de Paulo Emílio era totalmente diversa:

> De qualquer maneira, e em desacordo com a opinião expressa recentemente por B. J. Duarte, penso que Alex Viany tem razão em limitar-se, no

Cadastro, ao nome de pessoas, grupos (E. C. Corinthians ou Balé Pigalle) ou bichos (cão Duque) que participaram, diretamente ou não, como é o caso de alguns escritores, na fatura de filmes, deixando de lado os críticos, ensaístas, a gente de cinemateca e os cineclubistas, cuja atividade não se encontra obrigatoriamente ligada ao esforço concreto da produção de fitas.

B. J. Duarte não se convenceu e escreveu uma réplica, "Ainda a *Introdução ao Cinema Brasileiro*", na qual repisa que discorda do critério de Alex Viany ao formular o "Cadastro", pois enquanto nomes importantes para a história do cinema brasileiro foram omitidos, outros sem "valor histórico ou estético" estavam incluídos naquele apêndice.

Não vejo em que possa contribuir para a cultura cinematográfica de alguém cientificar-se que o Esporte Clube Corinthians Paulista tomou parte no elenco de uma fita ultra medíocre da falecida Multifilmes. Mas, é com tristeza que verifico nas páginas do "Cadastro" e nas da "Introdução" a ausência dos nomes de muitos críticos brasileiros, de ensaístas, de pesquisadores do nosso cinema, que, de modo premeditado, ou por simples ignorância e açodamento do sr. Alex Viany, foram postos à margem, nos itens do "Cadastro" e dos parágrafos da "Introdução".

O que temos em jogo nessa oposição é de um lado – Alex Viany e Paulo Emílio – a defesa de alguma forma de objetividade como critério para a elaboração da listagem e de outro – B. J. Duarte – a defesa do merecimento como critério. No primeiro caso não importa a qualidade do filme nem da participação, mas sim o fato de haver efetivamente trabalhado na produção; no segundo caso o que conta é unicamente o valor da contribuição para a arte cinematográfica e isso poderia se relacionar com a atuação de críticos que nunca militaram na produção. B. J. Duarte é coerente com seu texto "As Idades do Cinema Brasileiro", discutido anteriormente, no qual postulava que os realizadores das chanchadas não deveriam ser mencionados pelo discurso historiográfico. Não passa pela cabeça de B. J. Duarte, apesar dos seus reiterados apelos à necessidade de "ponderação" e "serenidade" por parte dos historiadores, que o tal merecimento teria diferentes significados para cada um. O articulista entende os seus pontos de vista como universais e indiscutíveis, portanto, a partir deles, poder-se-ia eleger os indivíduos – ou filmes – que mereceriam figurar na história do cinema brasileiro.

O que não faz parte do horizonte de nenhuma das resenhas do livro é o fato de o "Cadastro" não relacionar nomes de distribuidores nem de exibidores. Isso indica a cristalização da idéia de que a história do cinema brasileiro é a história da produção, idéia que não é nada evidente se lembrarmos do texto "A História do Cinema em São Paulo", de Walter Rocha, no qual o autor narrava a história da exibição na cidade.

Voltando a Paulo Emílio, no artigo seguinte, "Decepção e Esperança", há uma análise da narrativa histórica elaborada por Alex Viany e o comentário é francamente negativo. "Minha insatisfação diante desta *Introdução ao Cinema Brasileiro* é constante. Ressalvando sempre os apêndices, a contribuição pessoal de Alex Viany para os estudos históricos brasileiros afigura-se-me bem restrita."

Dentre as críticas mais significativas deve-se ressaltar: a insuficiência da documentação utilizada; ausência de rigor na organização das fontes, pois vários textos de jornais e revistas não possuíam nem a data; falta total de pesquisa sistemática sem consulta a nenhuma das principais revistas antigas de cinema; a estruturação do livro é tênue, obedecendo apenas a uma "frouxa cronologia"; e falta de "discernimento crítico" na utilização das informações coligidas, que pode ser identificada na excessiva referência a *O Fan*, órgão cuja reflexão sobre a produção cinematográfica brasileira foi reduzida. Após todas essas observações, conclui:

> Minha reação final ao empreendimento tentado por Alex Viany não é pessimista. Ele sempre afirmou que essa primeira edição da *Introdução ao Cinema Brasileiro* não passava de um esboço, um rascunho, um balão de ensaio. [...] O texto de Alex Viany chama a nossa atenção, justamente por tudo o que tem de mau, para a urgência de se iniciar a pesquisa histórica sistemática. Deposito ainda esperanças nos recursos de autocrítica de Alex Viany. Se ele avaliar bem todas as falhas da sua concepção de história do cinema e de sua metodologia, muito se poderá esperar ainda da segunda edição da *Introdução ao Cinema Brasileiro*.

Pelo trecho acima, os problemas do livro são atribuídos menos ao próprio Viany e mais ao estado geral de atraso dos estudos históricos entre nós. Paulo Emílio percebe que esse atraso tornava muito difícil escrever uma narrativa histórica panorâmica, devido às inúmeras lacunas no conhecimento do passado, daí a urgência de começar a pesquisa "sistemática".

Deve-se registrar que todos os que escreveram sobre a *Introdução ao Cinema Brasileiro* tendem a elogiar a "Informação", enquanto a "História" é bem mais polêmica. Mesmo B. J. Duarte, que fez restrições de dois tipos ao "Cadastro" – ausência dos nomes de críticos e estudiosos e ausência dos nomes de vários documentaristas destacados –, reconhece a importância da "Filmografia".

Aliás, B. J. Duarte foi certamente o maior opositor do livro, mas, ao contrário de Paulo Emílio, seus ataques freqüentemente descambam para o viés pessoal, como neste trecho do artigo publicado na *Folha de S. Paulo*:

> Ora, de casos pessoais está cheia a carreira do sr. Viany, tanto a de jornalista especializado, quanto a de profissional do cinema, como é sabido, e assim investido, faltou ao sr. Viany a necessária ponderação e o imprescindível desprendimento de espírito para focalizar os variados aspectos do cinema brasileiro e incluí-los no panorama histórico que se propôs desdobrar à frente de seus leitores.

Fora o arrazoado de ironias, há uma crítica válida que chama atenção para a quase absoluta ausência do documentário não apenas na "Informação", mas também na "História". Claro que, seguindo a sua lógica, somente os melhores documentaristas seriam alvo de atenção, e não os antigos "cavadores". Para B. J. Duarte, principalmente no campo do documentário científico haveria no Brasil uma "escola original". É curioso notar que B. J. Duarte dirigiu várias fitas desse gênero.

***

Os comentários de Walter Silveira e do seu pupilo Glauber Rocha não se concentram nas questões metodológicas, como os de Paulo Emílio e, apesar dos pesares, B. J. Duarte. Os críticos baianos, de forma geral bastante favoráveis ao livro inclusive em relação à "História", entendem ser necessária a ampliação da perspectiva de Alex Viany.

No artigo "Um Homem de Cinema", Walter da Silveira exalta a postura combativa de Alex Viany em favor do cinema brasileiro, postura essa que o levou a ser, ao mesmo tempo, "revoltado" e "terno", características também presentes no livro.

> Revolta contra todas as causas, econômicas, sociais, políticas, artísticas, que têm atrasado o nosso cinema. Ternura em face daqueles que, no passado ou no presente, disputam um papel semelhante ao seu, os que tentaram ou tentam que se reconheça, no Brasil, a necessidade de uma posição nobremente cultural para o cinema.

Para Walter da Silveira, os defeitos do livro nos capítulos dedicados ao passado mais distante justificam-se pela ausência de documentos. O maior problema concentra-se na análise do passado recente.

> Não se poderia deixar, todavia, sem estranheza a circunstância de tanto se falar nos últimos capítulos de "*cinema nacional*", censurando-se, com justeza, a saída da nossa crise artística através de tentativas cosmopolitizantes, e não se encontrar os fundamentos estéticos desse cinema em todo o livro. Poderia crer-se que Alex Viany permanece, a esse respeito, com o mesmo velho erro dos que tão bravamente participaram dos dois congressos que, em 1952 e 1953, reuniram os melhores batalhadores pelo nosso cinema: a preocupação das causas e das soluções econômicas determinou o esquecimento das causas e das soluções artísticas, culturais [grifo do autor].

Walter da Silveira não se contenta apenas com as indicações feitas por Viany das inspirações válidas para a produção, representadas na literatura nacional, no campo, na música popular, nas questões sociais etc. O crítico baiano entende como necessário o levantamento dos "fundamentos estéticos" do cinema nacional. Infelizmente, ele próprio não faz nenhuma consideração sobre quais poderiam ser os tais "fundamentos estéticos".

Também a importância da chanchada na *Introdução ao Cinema Brasileiro* é combatida: "Entretanto, prefiro que a produção nacional desça a zero a admitir que a *chanchada* seja a síntese cinematográfica do Brasil" [grifo do autor].

Mesmo que o "crítico-histórico" Walter da Silveira não chegue ao nível de elitismo do "esteticista" B. J. Duarte, para quem as chanchadas deviam ser banidas da história, note-se a postura igualmente refratária ao gênero. Os dois pólos da crítica unem-se em preconceitos estéticos arraigados. Hoje essa posição é quase incompreensível, afinal a chanchada, através de livros e filmes, transfigurou-se no símbolo de um país ingênuo, agradável e musical, mas nos anos de 1950 o valor cultural dessas fitas era entendido como nulo.

A resenha do jovem Glauber Rocha é das mais atentas. Inicialmente classifica a obra como um divisor de águas:

> A história do cinema brasileiro já pode ser dividida em dois tempos: antes e depois da Introdução ao Cinema Brasileiro, de Alex Viany. Os sessenta anos de cinema nacional que estavam em desorganização foram primariamente sistematizados no que o autor chama de livro-piloto para histórias e tratados críticos futuros.

Isso não o impede de apontar defeitos na narrativa histórica: a excessiva valorização de diretores cuja única importância era o pioneirismo, a concentração exagerada na produção carioca não obstante haver partes do livro dedicadas à produção em outros estados, a "injustiça" de não relacionar *Rio, 40 Graus* entre aqueles que contribuiriam para a "tradição do filme carioca", a "injustiça" de não citar Walter Hugo Khouri entre os melhores diretores então atuantes e a "má vontade" em relação ao filme *Limite*. Mas o principal questionamento vai na mesma direção de Walter da Silveira:

> Concordamos, inteiramente, que nosso filme não possa ser agora um testemunho estético. Tem e deve ser um testemunho social, principalmente por necessitar de infra-estrutura econômica na perspectiva de sua industrialização. Todavia uma Introdução ao Cinema Brasileiro, deveria se ater a tais problemas de ordem meramente teórica, mas que, de qualquer modo, poderiam contribuir na formação do que todos os cineastas não-alienados do Brasil desejam: uma escola típica nacional, como deseja René Clair em entrevista recente e como se constroem todas as cinematografias jovens, da Índia, do Japão, do México etc.
> [...]
> Porque mesmo – como admitimos – se o filme nacional deva ser um testemunho social e uma base para a industrialização (o cinema tem outros compromissos que não têm a poesia, a prosa e a pintura), esse testemunho não será bem dado através dos enquadramentos e das montagens mambembes que andam por aí.

Tanto Glauber Rocha quanto Walter da Silveira ainda estão presos à dicotomia entre forma e conteúdo. Entretanto, ambos, apesar de entender o conteúdo como proeminente, não deixam de reconhecer o papel fundamental da forma. E Glauber Rocha, que alguns meses antes desse artigo havia escrito *A Ira de Deus (Corisco)*, título do primeiro tratamento do roteiro de *Deus e o Diabo na Terra Sol*[47] (1964), chega a ensaiar uma resposta para a questão estética.

> Precisamos de novas formas. Não só novos temas. Mas novas expressões para os novos temas. É claro que para a insuficiência cultural de nosso meio ambiente cinematográfico é desejar muito. Mas o pior é um regionalismo ilustrado na linguagem do *western* ou neo-realismo campestre italiano ou ainda do panteísmo sueco. Há uma meta para o cinema nacional como escola: o épico, gênero que é desenvolvido na literatura de qualquer raça que se forma: exaltação dos feitos e dos atos. Mas precisamos aprender a manobrar os versos da epopéia: do contrário tudo sai raquítico, onde a força telúrica é adivinhada mas não sentida e comunicada como em Cara de Fogo, de Galileu Garcia.

A utilização da literatura como termo de comparação é pertinente, demonstrando da parte do articulista a compreensão de um dos principais objetivos da *Introdução ao Cinema Brasileiro*, qual seja, elevar o cinema ao mesmo nível de importância cultural das outras artes brasileiras. Partindo daí, Glauber Rocha coloca a questão estética: deve-se combater ou evitar o regionalismo, gênero considerado menor na literatura, e objetivar a forma expressiva que marcou a ascensão cultural de várias nações européias, o épico. Nas entrelinhas, o jovem crítico baiano aposta num importante papel para o cinema brasileiro, que teria historicamente uma função semelhante à literatura épica européia.

Aliás, reconhecendo a importância do livro no sentido de elevar o *status* cultural do cinema, Glauber Rocha não hesita em afirmar:

> Inauguração da bibliografia do cinema brasileiro o livro – no que pese a pouca importância que legam ao cinema a quase totalidade dos intelectuais

---

47. Glauber Rocha, *Roteiros do Terceyro Mundo*, organizado por Orlando Senna, Rio de Janeiro, Alhambra/Embrafilme, 1985, pp. 3-45.

brasileiros – é mais útil do que a maioria das edições romance – poesia – ensaios literários e estéticos que por aqui aparecem. É, indiscutivelmente, um dos poucos livros necessários aparecidos nos últimos anos.

Apesar da "falta de importância" do cinema para os intelectuais, a *Introdução ao Cinema Brasileiro* mereceu um artigo de Brito Broca, acatado crítico literário do *Correio da Manhã* e autor do livro *A Vida Literária no Brasil: 1900*, fonte utilizada por Alex Viany.

Brito Broca considera a *Introdução ao Cinema Brasileiro* um trabalho "da maior importância" e anuncia que no artigo tentará estabelecer relações entre o cinema e o movimento modernista. Inicialmente, indica referências ao cinema na obra de escritores como João do Rio e Alcântara Machado, além da revista *Klaxon*. Também insinua que deveriam haver ligações entre Humberto Mauro, que começou a realizar filmes nos anos de 1920 em Cataguases, e o grupo que se concentrou em torno da revista modernista *Verde*, da mesma cidade e época[48]. A consideração mais instigante é o paralelo entre alguns filmes dos anos de 1920 – como *Vício e Beleza* (Antônio Tibiriçá, 1926), *Depravação* (Luiz de Barros, 1926) e *Morfina* (Francisco Madrigano e Nino Ponti, 1928) – com a voga no mesmo momento dos romances ditos "neo-naturalistas" – por exemplo, *Ronda dos Vícios, Enervados, Torturas do Desejo* e *Cocaína*.

> Um dos chefes de fila dessa corrente ["neo-naturalista"] foi Benjamin Costallat, cujo romance de grande sucesso *Mlle. Cinéma*, não tardaria a ser filmado. E seria curioso lembrar que, na mesma década, publicava ele dois livros de crônicas intitulados respectivamente *Mutt & Jeff & Cia* e *Fitas*.
> A exploração do "realismo" sensacionalista entrou em voga. Liam-se os romances de Théo Filho e Benjamin Costallat e ia-se contemplar Carmen Santos, na adaptação cinematográfica de *A Carne*, de Júlio Ribeiro.

Infelizmente nenhum historiador aprofundou essa arguta indicação de Brito Broca. Mesmo assim, o fato de um crí-

---

48. Ao contrário do que supunha Brito Broca, o contato entre Humberto Mauro e o grupo modernista de Cataguases foi superficial. Ver Paulo Emílio Salles Gomes, *Humberto Mauro, Cataguases, Cineart*, São Paulo, Perspectiva/Edusp, 1974, pp. 172-173.

tico literário tecer considerações como as mencionadas é significativo do modo pelo qual a *Introdução ao Cinema Brasileiro* alargou o valor cultural do cinema nacional junto à intelectualidade.

7. HISTORIOGRAFIA, CINEMA NOVO E A *INTRODUÇÃO AO CINEMA BRASILEIRO*

Esta pesquisa está inserida num quadro de renovação do discurso da história do cinema. A divulgação mais sistemática no Brasil de autores como Pierre Sorlin[1], Michèle Lagny[2], Robert C. Allen e Douglas Gomery[3], que criticam de forma bastante articulada a "história tradicional do cinema", tem sugerido novos temas, recortes, abordagens e metodologias.

Por exemplo, em *De l'histoire du cinéma* são relevantes a crítica à teleologia, a crítica à "história panteão" – ou seja, aquela que se limita a apontar os grandes filmes e diretores –, a defesa de recortes mais coerentes, o alargamento dos tipos de fontes consultadas, o estabelecimento de diferentes séries na

---

1. Pierre Sorlin, *Sociología del Cine*, México, Fondo de Cultura Económica, 1985.
2. Michèle Lagny, *De l'histoire du cinéma*, Paris, Armand Colin, 1992.
3. Robert C. Allen e Douglas Gomery, *Faire l'histoire du cinéma*, Paris, Nathan, 1993.

história do cinema e o maior conhecimento e aplicação das novas teorias da história. Entretanto, a postura totalmente negativa de Michèle Lagny em relação à "historiografia tradicional", sem reconhecer qualquer contribuição, é pouco razoável, pois, como já lembrou Pierre Sorlin, os historiadores pioneiros estabeleceram alguma ordenação mínima no caos das informações sobre o passado do cinema[4].

A posição de Charles F. Altman, mais sutil quando comparada à de Michèle Lagny, é que a historiografia sobre cinema estaria passando para uma segunda fase marcada pelo interesse em explicar os fatos, enquanto a primeira fase buscou estabelecer os fatos[5]. Decorre daí a necessidade de rediscutir os autores clássicos, pois é preciso determinar como esses fatos foram construídos e a sua pertinência atualmente.

No Brasil ainda na década de 1970 foram publicados livros como *Humberto Mauro, Cataguases, Cinearte*[6], *Sétima Arte: Um Culto Moderno*[7] e *Cinema Brasileiro: Propostas para uma História*[8], que desenvolvem abordagens cujos objetos não são apenas os filmes. Nos últimos anos houve o adensamento das pesquisas que tratam do pensamento de determinados críticos, sobre as relações entre a corporação cinematográfica e suas fontes de financiamento (empresários, Estado etc.), sobre a atuação política desta corporação, entre outros temas.

Jean-Claude Bernardet, na *Historiografia Clássica do Cinema Brasileiro*, inspirou-se em algumas idéias de Michèle Lagny. No capítulo mais instigante do livro, "Acreditam os Brasileiros nos Seus Mitos? – O Cinema Brasileiro e Suas Origens", após problematizar a famosa filmagem da baía de Guanabara realizada por Afonso Segreto a bordo do paquete

---

4. Pierre Sorlin, *op. cit.*, pp. 38-39.
5. Charles F. Altman, "Towards a Historiography of American Film", *Cinema Journal*, vol. XVI, n. 2, primavera 1977.
6. Paulo Emílio Salles Gomes, *Humberto Mauro, Cataguases, Cinearte*, São Paulo, Perspectiva/Edusp, 1974.
7. Ismail Xavier, *Sétima Arte: um Culto Moderno*, São Paulo, Perspectiva/Secretaria de Estado da Cultura, 1978.
8. Jean-Claude Bernardet, *Cinema Brasileiro: Propostas para uma História*, Rio de Janeiro, Paz e Terra, 1979.

"Brésil", demonstra o quanto o "nascimento" do cinema brasileiro é um constructo.

A escolha de uma filmagem como marco inaugural do cinema brasileiro, ao invés de uma projeção pública [como na maioria das histórias do cinema de outros países], não é ocasional: é uma profissão de fé ideológica. Com tal opção, os historiadores privilegiam a produção, em detrimento da exibição e do contato com o público. Pode se ver aqui uma reação contra o *mercado*: à ocupação do mercado, respondemos falando das *coisas nossas*. E não é difícil perceber que esta data [1898] está investida pela visão corporativa que os cineastas brasileiros têm de si mesmos, e por uma filosofia que entende o cinema como sendo essencialmente a realização de filmes[9] [grifo do autor].

Para Jean-Claude Bernardet, o atrelamento do discurso histórico a essa "filosofia" do meio cinematográfico, que estaria "esgotada", acarretou na recente crise de produção do início da década o desmonte daquele discurso. Ainda segundo o ensaísta: "A situação atual da produção brasileira deve gerar um novo discurso histórico. A crise de produção leva de roldão o discurso histórico"[10].

Entretanto, ao meu ver, a construção de novo(s) discurso(s) não se deve a qualquer mudança na ideologia do meio cinematográfico, cujo cerne permanece sendo a realização dos filmes, sem maiores preocupações com a comercialização. A incrível resistência dessa ideologia encontra solo concreto atualmente nos esquemas de produção baseados na renúncia fiscal.

Desde os anos de 1970, os estudos cinematográficos, mesmo que vagarosamente, estão se institucionalizando, sobretudo através dos programas de pós-graduação universitária. Resulta daí a progressiva especialização e uma maior separação entre os que realizam filmes e os que escrevem sobre os filmes[11]. Esta separação, a princípio, tem um lado positivo e

---

9. Jean-Claude Bernardet, *Historiografia Clássica do Cinema Brasileiro*, São Paulo, Annablume, 1995, pp. 26-27.
10. *Idem*, p. 29.
11. A crítica jornalística, devido principalmente às transformações na grande imprensa ocorridas desde os anos de 1970, limita-se atualmente a uma divulgação das estréias da semana ou das mostras, sem maiores com-

outro negativo. O positivo é a possibilidade, que está se confirmando no presente, da construção de discurso(s) histórico(s) menos atrelado(s) à ideologia do meio cinematográfico. O negativo é uma falta de vitalidade da historiografia contemporânea, cuja influência restringe-se basicamente ao seu filão universitário e nem de longe alcança a repercussão ideológica e/ou cultural que Paulo Emílio Salles Gomes ou Alex Viany tiveram sobre a produção e mesmo sobre a intelectualidade de forma mais abrangente.

***

Acompanhando dez anos (1949-1959) da produção intelectual de Alex Viany foi possível constatar duas grandes fases. A primeira (1949-1951) é marcada por um esquerdismo difuso, pela defesa do realismo – especialmente do neo-realismo italiano – e pela atenção em relação à produção nacional – que se traduz na defesa da industrialização e de filmes que expressassem um conteúdo brasileiro. A segunda (1951-1959) inicia-se com a adesão do crítico ao PCB e pode ser subdivida em dois períodos, não havendo propriamente ruptura mas o deslizamento de um período para o outro: o primeiro (1951-1954) é dominado pelo sectarismo político stalinista, entende-se o realismo socialista como panacéia artística – o que redunda na observação apenas do conteúdo dos filmes –, militância intensa na produção e na política cinematográficas, crítica irascível às grandes empresas produtoras e crença no "cinema independente" como única forma de expressar "brasilidade" e de promover uma indústria realmente nacional – ou seja, sem interferência dos trustes estrangeiros –; o segundo período (1954-1959) é marcado pela distensão ideológica, pela adoção do ideário nacional-popular, maior atenção na análise das formas que pudessem contribuir para o realismo – ou seja, o conteúdo deixa de ser o único parâmetro de valor –, o Estado é alçado à condição de

promissos culturais. O sentido de formação ou de discussão analítica, salvo alguns textos isolados de determinados críticos, não existe mais.

mais importante promotor da industrialização e defende-se o realismo como proposta estética para o cinema brasileiro.

É curioso notar que, apesar de tanto o desenvolvimento artístico da produção nacional – que se traduz na expressão do conteúdo nacional ou da "brasilidade" – quanto o realismo estarem entre as principais preocupações de Alex Viany desde 1949, ele só vai imbricar efetivamente uma com a outra em 1956 a partir da análise de *Rio, 40 Graus*. Nem mesmo no nível das hipóteses o autor procurou investigar, antes de *Rio, 40 Graus*, o que poderia vir a ser o cinema realista brasileiro. Uma exceção encontra-se na correspondência ativa de Viany, pois, para o crítico-diretor, o "estilo" de *Agulha no Palheiro* seria próximo ao do "realismo italiano", mas não vai além disso[12].

Outro movimento do texto foi posicionar Alex Viany no quadro da crítica cinematográfica dos anos de 1950. A partir da oposição entre "esteticistas" e "crítico-históricos" – grupo ao qual Viany estava vinculado –, constatou-se a predominância daqueles no campo dos críticos e a posição dominada destes. Dentre as várias estratégias dos "crítico-históricos" visando inverter tal situação, a principal foi a constituição de uma história do cinema brasileiro, estratégia essa logo adotada também pelos "esteticistas". Através de amplo levantamento dos textos sobre a história do cinema brasileiro publicados antes do livro de Alex Viany, foi possível perceber qual o nível das pesquisas, os seus problemas metodológicos e os principais pontos levantados – por exemplo, as origens do cinema brasileiro, a decadência quando do advento do som, o ataque às chanchadas etc.

O interesse de Alex Viany pelo passado do cinema brasileiro, que já existia antes de 1951, intensificou-se após a sua entrada no Partido Comunista. E, apesar dos pesares, o marxismo vulgar ofereceu uma instrumentação mínima, porém necessária, que lhe possibilitou a escrita dos seus primeiros textos de cunho histórico sobre cinema brasileiro. Nos textos analisados no capítulo "As Histórias de Alex Viany" fica bem

---

12. Carta de Alex Viany para Luiz Giovannini, Rio de Janeiro, 11 abr. 1953, Arquivo Alex Viany, Cinemateca do MAM.

nítida a oscilação do autor seguindo a linha político-ideológica partidária.

A discussão sobre a *Introdução ao Cinema Brasileiro* compreendeu a narrativa histórica, os apêndices, suas condições de coleta de dados, escrita e edição, além da recepção crítica. E, ao cabo dessa recapitulação, é necessário voltar à recepção, mas num outro nível, qual seja, aprofundando a asserção feita no início do texto sobre a importância do livro junto ao Cinema Novo.

Para tanto é útil caracterizar o momento imediatamente anterior à eclosão do movimento recorrendo à argúcia habitual de Paulo Emílio Salles Gomes.

> À indiferença generalizada de alguns anos atrás, só perturbada por acontecimentos de vulto como a estréia da Vera Cruz ou o êxito de *O Cangaceiro*, substituiu-se um estado de espírito difícil de ser configurado, e que por minha parte definirei como sendo de aflição. As pessoas se afligem pelo fato de o cinema brasileiro ser tão mau. Muitos ainda se escondem atrás do sarcasmo e da ironia, porém o mal-estar que ressentem diante de nosso cinema adquire raízes sempre mais profundas. Estamos aflitos porque nosso cinema nos humilha. Sua mediocridade torna-se cada dia mais insuportável, não porque os filmes se tenham tornado piores, mas porque assumem aos nossos olhos uma importância que não lhes concedíamos antigamente. No dia em que descobri essa modificação de consciência dentro e fora de mim, e que constatei em seguida a generalidade do fenômeno, percebi que a situação estava salva, e que se anunciavam novos tempos para a cinematografia brasileira[13].

O interlocutor de Paulo Emílio nesse texto é a elite cultural, pois o público de extração popular não achava o cinema nacional ruim, tanto que comparecia em peso para prestigiar as famigeradas chanchadas.

Em graus variáveis a "aflição" era sentida por todos aqueles que pretendiam elevar o nível artístico e cultural do cinema brasileiro, inclusive os jovens que integrariam o Cinema Novo. As resenhas de Walter da Silveira e de Glauber Rocha, discutidas no último capítulo, demonstram bem a tal "aflição". Ao

---

13. Paulo Emílio Salles Gomes, "A Vez do Brasil", *Crítica de Cinema no Suplemento Literário*, vol. II, Rio de Janeiro, Embrafilme/Paz e Terra, 1982, pp. 316-317.

mesmo tempo, já não tinha cabimento negar o passado do cinema brasileiro como fez a Vera Cruz, buscando ser o início de tudo. Fazia-se necessária uma postura mais dialética, daí a importância de uma obra sobre a história do cinema brasileiro, pois, como chama atenção Michel de Certeau:

> Um grupo, sabe-se, não pode exprimir o que tem diante de si – o que ainda falta – senão por uma redistribuição do seu passado. Também a história é sempre ambivalente: o lugar que ela destina ao passado é igualmente um modo de *dar lugar a um futuro*. Da mesma maneira que vacila entre o exotismo e a crítica, a título de uma encenação do outro, oscila entre o conservadorismo e o utopismo, por sua função de significar uma falta. Sob estas formas extremas, torna-se no primeiro caso, legendária ou polêmica; no segundo, reacionária ou revolucionária. Mas estes excessos não poderiam fazer esquecer aquilo que está inscrito na sua prática mais rigorosa, a de *simbolizar o limite* e através disto *tornar possível uma ultrapassagem*. O velho *slogan* das "lições da história" retoma algum significado, desta perspectiva, se, deixando de lado uma ideologia de herdeiros, identificarmos a "moral da história" com este interstício criado na atualidade pela representação de diferenças[14] [grifo do autor].

Além de possibilitar ao Cinema Novo refletir sobre os filmes antigos, os diretores mais importantes, as características dos filmes de teor nacional-popular, as principais armadilhas econômicas impostas pela dominação do mercado, entre outras questões, a *Introdução ao Cinema Brasileiro* organizou o passado de forma a permitir que ele fosse "ultrapassado" pelo conhecimento que se tem dele. Ou melhor, não se tratava de esquecer o passado ou as suas partes vergonhosas, mas, ao contrário, assumi-lo com todos os seus problemas, possibilitando a sua superação. Ao mesmo tempo em que se demarcavam as diferenças entre o presente e o passado, não se deixava de articular um com o outro.

Aspecto de relevo nesse processo de "ultrapassagem" é a preocupação expressa na *Introdução ao Cinema Brasileiro* em valorizar culturalmente a produção nacional através: da edição por uma casa de prestígio, do fato de uma das epígrafes introdutórias ser da autoria de Álvaro Lins – e há capítulos

---

14. Michel de Certeau, *A Escrita da História*, Rio de Janeiro, Forense Universitária, 1982, p. 93.

com epígrafes de Afrânio Peixoto e Décio de Almeida Prado –, da menção aos vários intelectuais que se interessaram por cinema – ainda que não necessariamente pela produção nacional –, da citação cuidadosa das adaptações cinematográficas de obras literárias, da afirmação de que alguns filmes como *Rio, 40 Graus* e *O Grande Momento* tentaram "aculturar" o neo-realismo – movimento entendido pela elite intelectual de então como artisticamente respeitável – e da busca em relacionar a vanguarda da produção com o nacional-popular – naquele momento um movimento de ampla repercussão no campo das idéias.

A mesma preocupação foi central para o Cinema Novo e fica evidenciada, por exemplo, quando Glauber Rocha afirma que a Homenagem ao Documentário Brasileiro, organizada no âmbito da Bienal de 1961, teve a importância para o cinema brasileiro correspondente à Semana de Arte Moderna[15].

Efetivamente, nos anos subseqüentes, o cinema nacional conseguiu um destaque junto à intelectualidade e ao meio artístico nunca antes alcançado. Significativo desse processo de valorização simbólica é a análise efetuada em 1965 por Nelson Pereira dos Santos, quando esse processo já estava consolidado.

> O que a gente pode ver hoje é que esse resultado principal foi a afirmação cultural do cinema brasileiro. Aquela frase do deputado Euvaldo Pinto, de que o cinema brasileiro não é mais uma atividade divorciada das demais atividades culturais de nível mais alto do país, é inteiramente verdadeira. Assim, o Cinema Novo conseguiu transformar o cinema brasileiro, ou melhor, deu ao cinema brasileiro essa categoria de manifestação, de expressão de nossa cultura. Hoje, o diretor de cinema está no mesmo nível de qualquer outro intelectual integrado no processo cultural brasileiro, o que não acontecia antigamente, ou mesmo há dez anos[16].

Na trajetória de Alex Viany, a citada "integração" pode ser apreendida quando Nélson Werneck Sodré menciona a

---

15. Glauber Rocha, *Revisão Crítica do Cinema Brasileiro*, Rio de Janeiro, Civilização Brasileira, 1963, pp. 105-106.
16. Nelson Pereira dos Santos, Glauber Rocha e Alex Viany, "Cinema Novo: Origens, Ambições e Perspectivas", *Revista Civilização Brasileira*, vol. I, n. 1, Rio de Janeiro, mar. 1965.

Alex Viany e Orson Welles.

Introdução ao Cinema Brasileiro como "fonte fundamental"[17]. Outra demonstração no mesmo sentido foi a participação em 1963 de Alex Viany junto a Álvaro Lins, Dias Gomes, Ênio da Silveira, Jorge Amado, Nélson Werneck Sodré e Oscar Niemeyer, entre outros, do CTI (Comando dos Trabalhadores Intelectuais), comitê que apoiou as reformas de base do governo João Goulart[18]. Ora, antes dos anos de 1960 poucos críticos de cinema ou cineastas tiveram destaque nas querelas políticas cuja participação da intelectualidade foi intensa. Uma exceção nesse quadro foi Octavio de Faria, pois o ardoroso defensor do cinema silencioso publicou em 1931 *Machiavel e o Brasil*, livro que propunha uma solução política para o Brasil inspirada no fascismo e cuja repercussão foi grande especialmente nos meios intelectuais identificados com o autoritarismo[19].

E qual a posição de Alex Viany na crítica cinematográfica após a publicação do livro? Com o seu capital específico aumentado pela *Introdução ao Cinema Brasileiro* e de par com a influência crescente do Cinema Novo, Viany tornou-se, nos anos de 1960, titular do *Jornal do Brasil*, trabalhou na Civilização Brasileira como responsável pela Biblioteca Básica de Cinema – coleção que editou vários livros importantes – e foi conselheiro de redação da *Revista Civilização Brasileira*.

O trabalho de historiador foi desenvolvido através de ensaios como *O Velho e o Novo*[20] – no qual procura historicizar as raízes do Cinema Novo –, da colaboração nas enciclopédias *Delta-Larrousse* e *Mirador*, da organização de livros sobre veteranos como Humberto Mauro[21] e Luiz

---

17. Nélson Werneck Sodré, *Síntese da História da Cultura Brasileira*, 10ª ed., São Paulo, Difel, 1982, p. 83.
18. Daniel Pécaut, *Os Intelectuais e a Política no Brasil*, São Paulo, Ática, 1990, pp. 143-144.
19. Maria Tereza Aina Sadek, *Machiavel, Machiavéis: A Tragédia Octaviana*, São Paulo, Símbolo, 1978, pp. 138-146.
20. Alex Viany, *O Velho e o Novo*, São Paulo, Sociedade de Amigos da Cinemateca, 1965 (mimeo).
21. Alex Viany (oord.), *Humberto Mauro: Sua Vida/Sua Arte/Sua Trajetória no Cinema*, Rio de Janeiro, Artenova/Embrafilme, 1978.

de Barros[22], da organização de um grande arquivo – atualmente depositado na Cinemateca do MAM –, do auxílio a outros pesquisadores e em alguns filmes que dirigiu como os documentários de curta-metragem *A Máquina e o Sonho* (1974) e *Humberto Mauro, Coração do Bom* (1978) e o longa-metragem de ficção *A Noiva da Cidade* (1978) – no qual, partindo de uma idéia de Humberto Mauro, busca dialogar com o imaginário deste diretor.

Pode-se aduzir dessas informações sobre a trajetória de Alex Viany não apenas a sua "integração" ao meio intelectual, mas ainda um progressivo papel dominante na crítica. Mesmo o golpe militar de 1964 e a chegada de vários "esteticistas" aos postos de comando da burocracia cinematográfica que então se formava – notadamente Moniz Vianna e Flávio Tambellini – não arrefeceu a influência de Viany na crítica, na historiografia e como ideólogo de parte ponderável da produção.

---

22. Luiz de Barros, *Minhas Memórias de Cineasta*, organizado por Alex Viany e Maria Helena Saldanha, Rio de Janeiro, Artenova/Embrafilme, 1978.

BIOFILMOGRAFIA DE ALEX VIANY

Almiro Viviani Fialho nasceu no subúrbio carioca de Cascadura em 4 de novembro de 1918, filho de Américo Gomes Fialho e Elisabetta Viviani Fialho. O pai era médico e a mãe professora, mas a cegueira precoce do primeiro trouxe dificuldades econômicas para a família.

O jovem Almiro iniciou-se no jornalismo cinematográfico através de um concurso intitulado "O Que Pensam os Fãs?", promovido pelo cronista Pedro Lima em 1934 no *Diário da Noite* (RJ), órgão dos Diários Associados. Desde então adotou o pseudônimo de Alex Viany, corruptela "americanizada" de Almiro Viviani, pois admirava extremamente o cinema hollywoodiano. Após uma passagem pela revista *Carioca*, na qual manteve uma coluna respondendo dúvidas sobre cinema dos leitores, Viany transferiu-se em 1942 para *O Cruzeiro*. Nesse mesmo ano casou-se com Elza Moutinho Veiga, que adotou o nome Elza Veiga Fialho. Buscando equilibrar o orçamento familiar, Viany traduzia textos do inglês e trabalhou no Departamento de Imprensa e Propaganda (DIP).

Em 1945 o casal viajou para Hollywood, onde Alex Viany assumiu o posto de correspondente de *O Cruzeiro*. Além disso, também traduzia para o português filmes americanos. Durante a estadia nos Estados Unidos, aproveitou para aprofundar seus conhecimentos cinematográficos através do contato com filmes, livros e revistas de difícil acesso no Brasil, das visitas aos estúdios, de dois cursos de cinema – nos quais teve professores como o diretor Edward Dmytryk e o também diretor e roteirista Herbert Biberman – e da amizade com Hans Winge e Vinicius de Moraes – então vice-cônsul brasileiro em Los Angeles. Paulatinamente desiludiu-se com o *american way of life* e com o sistema de produção dominado pelos grandes estúdios, passando a defender idéias políticas de esquerda e atentando para o neo-realismo italiano, o documentário e os filmes "B" produzidos por Val Lewton. Devido à importância de *O Cruzeiro* e ao estilo leve e informativo dos artigos de Viany, seu nome tornou-se conhecido na imprensa brasileira.

Quando o casal voltou ao Rio de Janeiro em dezembro de 1948, Alex Viany trazia na bagagem o projeto da revista *Filme*, desenvolvido com Vinicius de Moraes. No ano seguinte são publicados os dois únicos números da revista. Passou a colaborar então em vários periódicos como *A Cena Muda*, *Revista do Globo* e *Correio da Manhã*, além de manter um programa semanal sobre cinema na rádio MEC. Ambicionando passar para a produção, escreveu em 1949 o roteiro *Última Noite*, nunca filmado.

Durante a ebulição das tentativas de cinema industrial em São Paulo, Viany mudou-se para essa cidade ao ser convidado por Mario Civelli para integrar o Departamento de Roteiros da Companhia Cinematográfica Maristela, corria o ano de 1951. Após poucos meses foi demitido em razão de uma crise na empresa. Em São Paulo conheceu Carlos Ortiz, Ortiz Monteiro, Nelson Pereira dos Santos, Galileu Garcia e Roberto Santos, entre outros simpatizantes do Partido Comunista Brasileiro, passando a alinhar-se com o stalinismo. Esse grupo, que divulgava suas idéias através da revista cultural *Fundamentos*, organizou debates que discutiam os problemas econômicos e artísticos do cinema brasileiro, opondo-se à Vera Cruz. O processo culminou no I Congresso Paulista do Cinema Brasileiro (1952) e nos I e II Congressos Nacionais do Cinema Brasileiro (1952 e 1953, respectivamente), nos quais Alex Viany teve ampla participação.

Ao voltar ao Rio de Janeiro em 1952, dirigiu *Agulha no Palheiro*, seu longa-metragem de estréia, cujo elenco é composto por Fada Santoro, Roberto Batalin, Jackson de Souza, Sara Nobre, Dóris Monteiro e Hélio Souto. O roteiro foi publicado em 1983 pela Universidade Federal do Ceará e pela CAPES. O enredo gira em torno de uma jovem interiorana que vem ao Rio de Janeiro procurar o rapaz que a engravidou, na cidade grande a moça é ajudada por uma simpática família suburbana. Com essa fita o diretor pretendia mostrar a simplicidade e dignidade do povo, além de retratar o seu cotidiano. No mesmo ano, Viany escreveu a primeira versão do roteiro de *Estouro na Praça*, que tentou filmar várias vezes sem obter êxito. Logo em seguida, 1953, foi chamado para dirigir *Rua sem Sol*, mistura de melodrama com pitadas de policial. O filme tem no elenco Glauce Rocha, Dóris Monteiro, Modesto de Souza, Carlos Cotrim e Gilberto Martinho.

Nessa época Viany trabalhou intensamente na produção cinematográfica: assistente de direção em *Aglaia* (Ruy Santos, filme inacabado), co-roteirista de *Carnaval em Caxias* (Paulo Vanderley, 1953), diretor de produção em *O Saci* (Rodolfo Nanni, 1952) e *Balança Mas Não Cai* (Paulo Vanderley, 1953). Dirigiu ainda, em 1955, *Ana*, episódio brasileiro do longa-metragem *A Rosa dos Ventos* (*Die Windrose*), produzido pela Alemanha Oriental e organizado por Joris Ivens. *Ana*, cuja história é de Jorge Amado, tem como principais atores Miguel Torres, Aurélio Teixeira e Vanja Orico, tematizando a migração de retirantes nordestinos e a exploração a que eles estão sujeitos.

A partir de 1954 Viany voltou a militar de forma contínua na Imprensa, escrevendo ao longo da década em vários periódicos: *Manchete*, *Jornal do Cinema*, *Shopping News* (RJ), *Para Todos*, *Leitura* e *Senhor*. Além disso, fez as notas para a primeira edição brasileira de *Argumento e Roteiro* (1957), de Umberto Barbaro, e a segunda edição de *O Cinema* (1956), de Georges Sadoul. Em 1959, pelo Instituto Nacional do Livro, publicou *Introdução ao Cinema Brasileiro*. O livro foi reeditado em 1987, uma co-edição Alhambra/ Embrafilme, e em 1993 pela Revan.

Com o aparecimento do Cinema Novo, Viany encontrava-se visceralmente ligado ao movimento, divulgando-o e discutindo-o em artigos e debates. O seu terceiro longa-metragem, *Sol sobre a Lama*, de 1962, está impregnado de idéias estéticas e políticas características do Cinema Novo. A história trata de uma comunidade de feirantes que enfrenta a elite econômica de Salvador, a maior inspiração artística do filme é a produção moderna japonesa, especialmente Nagisa Oshima. Dentre os principais intérpretes: Geraldo del Rey, Othon Bastos, Glauce Rocha, Gessy Gesse, Teresa Raquel e Antônio Pitanga. Entretanto, o resultado final não agradou a Viany, pois o filme foi remontado à sua revelia pelos produtores.

Nesse período, integrou o CTI (Comando dos Trabalhadores Intelectuais), formado, entre outros, por Ênio Silveira, Dias Gomes, Nélson Werneck Sodré e Álvaro Lins. O CTI era um grupo de esquerda que apoiava as reformas de base do governo João Goulart.

Nos anos de 1960, Viany passou a trabalhar na Civilização Brasileira como editor da coleção Biblioteca Básica de Cinema, que publicou títulos importantes de autores nacionais e estrangeiros. Também integrou a redação da *Revista Civilização Brasileira*, através da qual promoveu discussões sobre os rumos do Cinema Novo após o golpe militar de 1964. No campo da crítica, atuava no conceituado *Jornal do Brasil*.

Alex Viany voltou à produção em 1974, dirigindo o curta-metragem *A Máquina e o Sonho*, documentário sobre Ludovico Persici, pioneiro do cinema brasileiro que inventou uma máquina que filmava, revelava e projetava. Dirigiu ainda os curtas documentários *Humberto Mauro: Coração do Bom* (1978) e *Maxixe, a Dança Perdida* (1979). No primeiro homenageia aquele que seria, ao seu ver, o maior cineasta brasileiro, no outro investiga a importância desse ritmo musical. Ampliando o diálogo com a obra de Mauro, realizou o longa-metragem *A Noiva da Cidade*, cuja idéia original é do cineasta mineiro. O filme, de 1978, teve uma complicada produção e pouca repercussão de público. No elenco estão Elke Maravilha, Jorge Gomes, Grande Otelo, Paulo Porto e Betina Viany – filha de Alex. O universo da fita é tipicamente de Humberto Mauro, narrando a história de uma famosa atriz que volta para a sua pequena cidade natal no interior de Minas Gerais e é seduzida pelo vento.

Desenvolvendo suas atividades como historiador, Viany escreveu textos de relevo como *O Velho e o Novo* (1965), *Quem é Quem no Cinema Novo Brasileiro* (1970) e *Dois Pioneiros: Afonso Segreto e Vito di Maio* (1976). No primeiro historiciza as raízes do Cinema Novo e quais as perspectivas diante do golpe militar de 1964, o segundo é composto de pequenas biofilmografias dos principais componentes do movimento e o terceiro investiga a introdução do cinema no Brasil. Também foi editor de cinema das enciclopédias *Delta-Larrousse* e *Mirador* e organizou os livros *Humberto Mauro: Sua Vida/Sua Arte/Sua Trajetória no Cinema* (1978) – que reúne artigos sobre o diretor, sua filmografia e depoimentos – e *Minhas Memórias de Cineasta* (1978) – no qual Luiz de Barros rememora sua trajetória. Além disso, nos anos de 1970 e 1980 auxiliou inúmeras pesquisas sobre cinema brasileiro e realizou para o Setor de Rádio e Televisão da Embrafilme entrevistas com personalidades ligadas à nossa produção cinematográfica.

Alex Viany faleceu no Rio de Janeiro em 16 de novembro de 1992, com 74 anos. Seu importante arquivo pessoal encontra-se depositado na Cinemateca do MAM. Postumamente, José Carlos Avellar organizou o livro *O Processo do Cinema Novo*, publicado em 1999 pela Aeroplano, volume que reúne artigos de Viany e entrevistas realizadas por ele com os principais diretores daquele movimento cinematográfico.

BIBLIOGRAFIA

ALLEN, Robert C. "The Archeology of Film History". *Wide Angle*, vol. V, n. 2, 1982.
ALLEN, Robert C. & GOMERY, Douglas. *Faire l'histoire du cinéma*. Paris, Nathan, 1993.
ALTMAN, Charles F. "Towards a Historiography of American Film". *Cinema Journal*, vol. XVI, n. 2, primavera 1977.
AMADO, Jorge. *Navegação de Cabotagem*. Rio de Janeiro, Record, 1992.
ANDRADE, Rudá de. "Cronologia da Cultura Cinematográfica no Brasil". *Cadernos da Cinemateca*, n. 1, São Paulo, 1962.
ARAÚJO, Luciana. *A Crônica de Cinema no Recife dos Anos 50*. Recife, Fundarpe, 1997.
ARISTARCO, Guido. *História das Teorias do Cinema*. Lisboa, Arcádia, 1961.
_____. "Lukács, le cinéma et la double mimesis". *Cinéma 71*, n. 161, Paris, dez. 1971.
AUGUSTO, Sérgio. *Esse Mundo é um Pandeiro*. São Paulo, Companhia das Letras/Cinemateca Brasileira, 1989.
AUTRAN, Arthur. "Pedro Lima em *Selecta*". *Cinemais*, n. 7, Rio de Janeiro, set.-out. 1997.

BARBARO, Umberto. *Argumento e Roteiro*. Rio de Janeiro, Andes, 1957.

BARROS, Luiz de. *Minhas Memórias de Cineasta*. Organizado por Alex Viany e Maria Helena Saldanha. Rio de Janeiro, Artenova/ Embrafilme, 1978.

BEIGUELMAN, Paula. "A Propósito de uma Interpretação da História da República". *Revista Civilização Brasileira*, vol. I, n. 9-10, Rio de Janeiro, set.-nov. 1966.

BENDER, Flora Christina. *A Scena Muda*. São Paulo, tese de doutorado apresentada à FFLCH-USP, 1979.

BERNARDET, Jean-Claude. "Aventuras Ideológicas do Neo-realismo no Brasil". S.l., 1974 (datil.).

_____. *Cinema Brasileiro: Propostas para uma História*. Rio de Janeiro, Paz e Terra, 1979.

_____. "A Cidade, o Campo". In: ROCIO, Celina do; KANO, Clara Satiko; ANDRADE, Rudá de et al. *Cinema Brasileiro: 8 Estudos*. Rio de Janeiro, MEC/Embrafilme/Funarte, 1980, pp. 137-150.

_____. *Historiografia Clássica do Cinema Brasileiro*. São Paulo, Annablume, 1995.

BERRIEL, Carlos Eduardo Ornelas (org.). *Carlos Ortiz e o Cinema Brasileiro na Década de 50*. São Paulo, Secretaria Municipal de Cultura, 1981.

BIELSCHOWSKY, Ricardo. *Pensamento Econômico Brasileiro*. 3ª ed. Rio de Janeiro, Contraponto, 1996.

BOURDIEU, Pierre. "Les trois états du capital culturel". *Actes de la recherche en sciences sociales*, n. 30. Paris, nov. 1979.

_____. "Le capital social – notes provisoires". *Actes de la recherche en sciences sociales*, n. 31. Paris, jan. 1980.

_____. *As Regras da Arte*. São Paulo, Companhia das Letras, 1996.

BROCA, Brito. *Papéis de Alceste*. Coordenado por Alexandre Eulálio. Campinas, Editora da Unicamp, 1992.

BURKE, Peter. "A História Como Alegoria". *Estudos Avançados*, vol. IX, n. 25. São Paulo, set.-dez. 1995.

CALIL, Carlos Augusto. "A Vera Cruz e o Mito do Cinema Industrial". *PROJETO Memória Vera Cruz*. São Paulo, Secretaria de Estado da Cultura/Museu da Imagem e do Som, 1987, pp. 9-23.

_____. "O Dono do Chapéu". *Cinemais*, n. 15, Rio de Janeiro, jan.-fev. 1999.

CÂNDIDO, Antônio. "Literatura e Subdesenvolvimento". In: MORENO, César Fernández (coord.). *América Latina em Sua Literatura*. São Paulo, Perspectiva, 1979, pp. 343-362.

Capuzzo, Heitor (org.). *O Cinema Segundo a Crítica Paulista*. São Paulo, Nova Stella, 1986.

Carone, Edgard. *O PCB (1943-1964)*, vol. II. São Paulo, Difel, 1982.

Carr, Edward C. *Que é História?*. 6ª ed. Rio de Janeiro, Paz e Terra, 1989.

Casetti, Francesco. "Le néoréalisme italien: le cinéma comme reconquête du réel". *Cinemáction*, n. 60, Paris, jul. 1991.

Catani, Afrânio Mendes. "Vinicius de Moraes – Crítico de Cinema". *Filme Cultura*, vol. XIV, n. 38-39. Rio de Janeiro, ago.-nov. 1981.

_____. *À Sombra da Outra*. São Paulo, dissertação de mestrado apresentada à FFLCH-USP, 1983.

_____. "A Aventura Industrial e o Cinema Paulista (1930-1955)". In: Ramos, Fernão (org.). *História do Cinema Brasileiro*. São Paulo, Círculo do Livro, 1987, pp. 189-297.

_____. *Cogumelos de uma Só Manhã: B. J. Duarte e o Cinema Brasileiro. Anhembi: 1950-1962*. São Paulo, tese de doutorado apresentada à FFLCH-USP, 1991.

Certeau, Michel de. *A Escrita da História*. Rio de Janeiro, Forense Universitária, 1982.

Cervoni, Albert. "Le cinéma 'stalinien'". In: Passek, Jean-Loup (org.). *Le cinéma russe et soviétique*. Paris, Centre Georges Pompidou/l'Enquerre, 1981, pp. 78-80.

Chartier, Roger. *A História Cultural – Entre Práticas e Representações*. Lisboa, Difel, 1990.

Chilcote, Ronald H. *Partido Comunista Brasileiro – Conflito e Integração – 1922-1972*. Rio de Janeiro, Graal, 1982.

Cuenca, Carlos Fernández. *Historia del Cine*. Madri, Afrodisio Aguado, 1949.

Diegues, Carlos. *Cinema Brasileiro: Idéias e Imagens*. Porto Alegre, Editora da UFRGS/SESu/PROED, 1988.

Elleinstein, Jean (org.). *Histoire mondiale des socialismes (1945-1960)* vol. V. Paris, Armand Colin/Editions de Lilas, 1984.

"Entrevista com um Carioca Cheio de Picardia". *Pasquim*, vol. XI, n. 542, Rio de Janeiro, 16 a 22 nov. 1979.

Fabris, Mariarosaria. *Nelson Pereira dos Santos: Um Olhar Neo-realista?*. São Paulo, Edusp/Fapesp, 1994.

_____. *O Neo-realismo Cinematográfico Italiano*. São Paulo, Edusp/Fapesp, 1996.

Falcone, Fernando Trevas. *A Crítica Paraibana e o Cinema Brasileiro – Anos 50/60*. São Paulo, dissertação de mestrado apresentada à ECA-USP, 1995.

FREDERICO, Celso. "A Presença de Lukács na Política Cultural do PCB e na Universidade". In: MORAES, João Quartim de (org.). *História do Marxismo no Brasil*, vol. II. Campinas, Editora da Unicamp, 1995, pp. 183-221.

FRIEIRO, Eduardo. *Letras Mineiras*. Belo Horizonte, Os Amigos do Livro, 1937.

GALVÃO, Maria Rita. *Crônica do Cinema Paulistano*. São Paulo, Ática, 1975.

_____. "O Desenvolvimento das Idéias sobre Cinema Independente". *Cadernos da Cinemateca*, n. 4, São Paulo, 1980.

_____. *Burguesia e Cinema: O Caso Vera Cruz*. Rio de Janeiro, Civilização Brasileira/Embrafilme, 1981.

_____. "O Historiador Alex Viany'. In: VIANY, Alex. *Introdução ao Cinema Brasileiro*. 2ª ed. Rio de Janeiro, Alhambra/Embrafilme, 1987, pp. IX-XXI.

GALVÃO, Maria Rita & BERNARDET, Jean-Claude. *O Nacional e o Popular na Cultura Brasileira – Cinema: Repercussões em Caixa de Eco Ideológica*. São Paulo, Brasiliense/Embrafilme, 1983.

GERBER, Raquel. *O Cinema Brasileiro e o Processo Político e Cultural (de 1950 a 1978)*. Rio de Janeiro, Embrafilme, 1982.

GOMES, Paulo Emílio Salles. *Jean Vigo*. Paris, Seuil, 1957.

_____. *Humberto Mauro, Cataguases, Cinearte*. São Paulo, Perspectiva/Edusp, 1974.

_____. *Cinema: Trajetória no Subdesenvolvimento*. Rio de Janeiro, Paz e Terra/Embrafilme, 1980.

_____. *Crítica de Cinema no Suplemento Literário*. Rio de Janeiro, Paz e Terra/Embrafilme, 1982.

_____. *Paulo Emílio: um Intelectual na Linha de Frente*. Organizado por Carlos Augusto Calil e Maria Teresa Machado. Rio de Janeiro/São Paulo, Embrafilme/Brasiliense, 1986.

GUBERNIKOFF, Gisele. *O Cinema Brasileiro de Nelson Pereira dos Santos*. São Paulo, dissertação de mestrado apresentada à ECA-USP, 1985.

HIRSZMAN, Leon. *É Bom Falar*. Organizado por Arnaldo Lorençato e Carlos Augusto Calil. Rio de Janeiro, Centro Cultural Banco do Brasil, 1995.

KLENOTIC, Jeffrey F. "The Place of Rhetoric in 'New' Film Historiography: the Discourse of Corrective Revisionism". *Film History*, vol. VI, n. 1. Londres, primavera 1994.

KONDER, Leandro. "Estética e Política Cultural". In: ANTUNES, Ricardo & RÊGO, Walquiria Leão (orgs.). *Lukács – Um Galileu no Século XX*. São Paulo, Boitempo, 1996, pp. 27-33.

LAGNY, Michèle. *De l'histoire du cinéma*. Paris, Armand Colin, 1992.

_____. "Après la conquête, comment défricher?". *Cinemáction*, n. 65, Paris, 4º trimestre 1992.

_____. "Film History: or History Expropriated'. *Film History*, vol. VI, n. 1. Londres, primavera 1994.

LALANDE, André. *Vocabulaire technique et critique de la philosophie*. Paris, Presses Universitaires de France, 1951.

LAPIERRE, Marcel. *Les cent visages du cinéma*. Paris, Bernard Grasset, 1948.

LEBESQUE, Morvan; MARCABRU, Pierre; RIVETTE, Jacques; ROHMER, Eric & SADOUL, Georges. "Débat". *Cahiers du cinéma*, n. 126, Paris, dez. 1961.

LEBRUN, Gérard. "A 'Realidade Nacional' e Seus Equívocos". *Revista Brasiliense*, n. 44, São Paulo, nov.-dez. 1962.

LEYDA, Jay. *Historia del Cine Ruso y Soviético*. Buenos Aires, Editorial Universitario de Buenos Aires, 1965.

LIMA, Antônio & PEREIRA, José Haroldo. "Um Diretor: Alex Viany". *Filme Cultura*, n. 32, Rio de Janeiro, fev. 1979.

LINS, Álvaro. *Discurso de Posse na Academia Brasileira – Estudo Sobre Roquette-Pinto*. Rio de Janeiro, MEC, 1956.

LÖWY, Michael. *Ideologias e Ciência Social: Elementos para uma Análise Marxista*. 12ª ed. São Paulo, Cortez, 1998.

LUKÁCS, Georg. *Ensaios Sobre Literatura*. Rio de Janeiro, Civilização Brasileira, 1965.

_____. *Realismo Crítico Hoje*. Brasília, Coordenada, 1969.

MAGNY, Joël. "Flux et Reflux'. *Cinéma*, n. 300, Paris, dez. 1983.

MAST, Gerald. "Film History and Film Histories". *Quarterly Review of Film Studies*, vol. I, n. 3, ago. 1976.

MIRANDA, Luiz Felipe. *Dicionário de Cineastas Brasileiros*. São Paulo, Art Editora/Secretaria de Estado da Cultura, 1990.

MORAES, Dênis de. *O Imaginário Vigiado*. Rio de Janeiro, José Olympio, 1994.

MORAES, Vinicius de. *Obra Poética*. Organizado por Afrânio Coutinho. Rio de Janeiro, José Aguilar, 1968.

_____. *O Cinema de Meus Olhos*. Organizado por Carlos Augusto Calil. São Paulo, Companhia das Letras/Cinemateca Brasileira, 1991.

MORETZ-SOHN, Cláudia & ESPÍRITO SANTO, Jorge. "Alex Viany". *Cine Imaginário*, vol. I, n. 9, Rio de Janeiro, ago. 1986.

MOTA, Carlos Guilherme. *Ideologia da Cultura Brasileira (1933-1974)*. 6ª ed. São Paulo, Ática, 1990.

NEVES, David. "O Escritor Alex Viany". In: VIANY, Alex. *Introdução ao Cinema Brasileiro*. 2ª ed. Rio de Janeiro, Alhambra/Embrafilme, 1987, pp. VII-VIII.

Nobre, Francisco Silva. *Pequena História do Cinema Brasileiro*. Rio de Janeiro, Associação Atlética do Banco do Brasil, 1955.

_____. *O Livro de Cinema no Brasil*. Fortaleza, Gráfica Editorial Cearense, 1976.

_____. *Inventário do Cinema Brasileiro (Bibliografia)*. Fortaleza, Gráfica Editorial Cearense, 1978.

Nubila, Domingo di. *Historia del Cine Argentino*. Buenos Aires, Cruz de Malta, 1960.

Ortiz, Carlos. *O Romance do Gato Preto*. Rio de Janeiro, Casa do Estudante do Brasil, 1952.

Parada, Maurício B. A. "A Fundação do Museu de Arte Moderna do Rio de Janeiro: a Elite Carioca e as Imagens da Modernidade no Brasil dos Anos 50". *Revista Brasileira de História*, vol. XIV, n. 27, São Paulo, 1994.

Paulo Netto, José. *Georg Lukács*. São Paulo, Brasiliense, 1983.

Pécaut, Daniel. *Os Intelectuais e a Política no Brasil*. São Paulo, Ática, 1990.

Pellizzari, Lorenzo & Valentinetti, Claudio M. *Alberto Cavalcanti*. São Paulo, Instituto Lina Bo e P. M. Bardi, 1995.

Pereira, Astrojildo. *Crítica Impura*. Rio de Janeiro, Civilização Brasileira, 1963.

Prédal, René. "France – Depuis la Guerre". *Cinémaction*, n. 69, Paris, 4º trimestre 1993.

Ramos, José Mário Ortiz. *Cinema, Estado e Lutas Culturais (Anos 50/60/70)*. Rio de Janeiro, Paz e Terra, 1983.

Rapp, Bernard & Lamy, Jean-Claude (orgs.). *Dictionnaire mondial des films*. Paris, Larousse, 1995.

Ribeiro, José Américo. *Cinema Mineiro – Do Cineclubismo à Produção Cinematográfica na Década de 60, em Belo Horizonte*. São Paulo, tese de doutorado apresentada à ECA-USP, 1988.

Rocha, Glauber. *Revisão Crítica do Cinema Brasileiro*. Rio de Janeiro, Civilização Brasileira, 1963.

_____. *Revolução do Cinema Novo*. Rio de Janeiro, Alhambra/Embrafilme, 1981.

_____. *Roteiros do Terceyro Mundo*. Organizado por Orlando Senna. Rio de Janeiro, Alhambra/Embrafilme, 1985.

_____. *Cartas ao Mundo*. Organizado por Ivana Bentes. São Paulo, Companhia das Letras, 1997.

Rosental, Mark. *O Método Dialético Marxista*. Rio de Janeiro, Vitória, 1951.

Rubim, Antônio Canelas. *Partido Comunista, Cultura e Política Cultural*. São Paulo, tese de doutorado apresentada à FFLCH-USP, 1986.

SADEK, Maria Tereza Aina. *Machiavel, Machiavéis: A Tragédia Octaviana*. São Paulo, Símbolo, 1978.
SADOUL, Georges. *O Cinema*. 2ª ed. Rio de Janeiro, Casa do Estudante do Brasil, 1956.
_____. *História do Cinema Mundial*. São Paulo, Martins, 1963.
SALEM, Helena. *Nelson Pereira dos Santos – O Sonho Possível do Cinema Brasileiro*. Rio de Janeiro, Nova Fronteira, 1987.
SALLES, Francisco Luiz de Almeida. *Cinema e Verdade: Marylin, Buñuel, etc. Por um Escritor de Cinema*. Organizado por Flora Christina Bender e Ilka Brunhilde Laurito. São Paulo/Rio de Janeiro, Companhia das Letras/Cinemateca Brasileira/Fundação do Cinema Brasileiro, 1988.
SANTOS, Nelson Pereira dos. *Manifesto por um Cinema Popular*. Depoimento a Marcelo Beraba. Rio de Janeiro, Federação dos Cineclubes do Rio de Janeiro/Cineclube Macunaíma/Cineclube Glauber, 1975.
SANTOS, Nelson Pereira dos; ROCHA, Glauber & VIANY, Alex. "Cinema Novo: Origens, Ambições e Perspectivas". *Revista Civilização Brasileira*, vol. I, n. 1, Rio de Janeiro, mar. 1965.
SARACENI, Paulo César. *Por Dentro do Cinema Novo*. Rio de Janeiro, Nova Fronteira, 1993.
SCHWARZ, Roberto. "As Idéias Fora do Lugar". *Estudos CEBRAP*, n. 3. São Paulo, jan. 1973.
_____. *O Pai de Família e Outros Estudos*. Rio de Janeiro, Paz e Terra, 1978.
SILVEIRA, Walter da. "A Crítica Cinematográfica no Brasil". *Tempo Brasileiro*, vol. IV, n. 9-10. Rio de Janeiro, abr.-jun. 1966.
_____. *A História do Cinema Vista da Província*. Salvador, Fundação Cultural do Estado da Bahia, 1978.
SIMIS, Anita. *Estado e Cinema no Brasil*. São Paulo, Annablume/Fapesp, 1996.
SODRÉ, Nélson Werneck. *Introdução à Revolução Brasileira*. Rio de Janeiro, José Olympio, 1958.
_____. *História da Literatura Brasileira*. 3ª ed. Rio de Janeiro, José Olympio, 1960.
_____. *Raízes Históricas do Nacionalismo Brasileiro*. 2ª ed. Rio de Janeiro, Instituto Superior de Estudos Brasileiros, 1960.
_____. *Memórias de um Escritor*. Rio de Janeiro, Civilização Brasileira, 1970.
_____. *Síntese da História da Cultura Brasileira*. 10ª ed. São Paulo, Difel, 1982.
SORLIN, Pierre. *Sociología del Cine*. México, Fondo de Cultura Económica, 1985.

Souza, Carlos Roberto de. *O Cinema em Campinas nos Anos 20 ou uma Hollywood Brasileira*. São Paulo, dissertação de mestrado apresentada à ECA-USP, 1979.

Souza, José Inácio de Melo. *Congressos, Patriotas e Ilusões*. São Paulo, 1981 (datil.).

_____. "Almeida Salles Crítico de Cinema. Observações Preliminares". *Comunicações e Artes*, vol. XV, n. 25, São Paulo, jun. 1991.

_____. *Cinema Brasileiro em Revista: Bibliografia (1950-1975)*. São Paulo, 1987 (datil.).

_____. *A Carga da Brigada Ligeira: Intelectuais e Crítica Cinematográfica (1941-1945)*. São Paulo, tese de doutorado apresentada à ECA-USP, 1996.

Sussekind, Flora. "Rodapés, Tratados e Ensaios". *Folha de S. Paulo*, São Paulo, 12 dez. 1986.

Toledo, Caio Navarro de. *ISEB: Fábrica de Ideologias*. 2ª ed. São Paulo, Ática, 1978.

Veriano, Pedro (org.). *A Crítica de Cinema em Belém*. Belém, Secretaria de Estado da Cultura, Desportos e Turismo, 1983.

Viany, Alex. *Introdução ao Cinema Brasileiro*. Rio de Janeiro, Instituto Nacional do Livro, 1959.

_____. "Primordi del Cinema Sonoro in Brasile". In: Amico, Gianni (org.). *Il Cinema Brasiliano*. Gênova, Silva, 1961, pp. 43-50.

_____. *O Velho e o Novo*. São Paulo, Sociedade de Amigos da Cinemateca, 1965 (mimeo.).

Viany, Alex (coord.). *Humberto Mauro: Sua Vida/Sua Arte/Sua Trajetória no Cinema*. Rio de Janeiro, Artenova/Embrafilme, 1978.

_____. *Agulha no Palheiro*. Fortaleza/Brasília, Universidade Federal do Ceará/CAPES, 1983.

Viany, Alex; Avellar, José Carlos & Hirszman, Leon. "Cinema". *Ciclo de Debates do Teatro Casa Grande*. Rio de Janeiro, Inúbia, 1976, pp. 11-38.

Xavier, Ismail. *Sétima Arte: um Culto Moderno*. São Paulo, Perspectiva/Secretaria de Estado da Cultura, 1978.

ARTHUR AUTRAN é professor de História e Teoria do Cinema no Departamento de Artes e Comunicações da Universidade Federal de São Carlos. Nasceu em Manaus, em 1971. Mestre em Cinema pela Escola de Comunicações e Artes da Universidade de São Paulo, desenvolve atualmente a sua pesquisa de doutorado no Instituto de Artes da Universidade Estadual de Campinas. Colaborou na *Enciclopédia do Cinema Brasileiro* (Org. Fernão Ramos e Luiz Felipe Miranda. São Paulo: Senac, 2000), escreveu com Nanci Fernandes a "Introduçao" ao volume *Cinema: Arte & Indústria*, de Anatol Rosenfeld, (São Paulo: Perspectiva, 2002), publicou ensaios em periódicos como *Cinemais*, *Sinopse* e *Sessões do Imaginário*, bem como nos catálogos de mostras dedicadas ao Cinema Marginal, ao cinema brasileiro dos anos 90 e ao cineasta Ozualdo Candeias. Dirigiu o curta-metragem *Minoria Absoluta*. Integra o conselho da Cinemateca Brasileira.

Impressão e Acabamento
Bartira
Gráfica
(011) 4123-0255